Thinking the future about children and education

岡部 美香 編著
OKABE, Mika

子どもと教育の未来を考える Ⅱ

佐々木暢子 SASAKI, Michiko
高田俊輔 TAKADA, Shunsuke
森岡次郎 MORIOKA, Jiro
上林梓 UEBAYASHI, Azusa
國崎大恩 KUNISAKI, Taion
近藤凜太朗 KONDO, Rintaro
知念渉 CHINEN, Ayumu
馬上美知 MAGAMI, Michi
藤高和輝 FUJITAKA, Kazuki
髙橋舞 TAKAHASHI, Mai
古波蔵香 KOHAGURA, Kaori

北樹出版

執筆者・担当一覧　　　　　　　　　　　　　　　　　　　敬称略　執筆順　編者＊

　　　　　　　　　　　　　　　　　　　　　　　　　　　第 1 部
岡部　美香（おかべ　みか）＊　　大阪大学准教授　　　　　第 1 章・第 4 章
佐々木暢子（ささき　みちこ）　　光徳幼稚園　　　　　　　第 2 章
高田　俊輔（たかだ　しゅんすけ）大阪大学大学院博士後期課程　第 3 章
森岡　次郎（もりおか　じろう）　大阪府立大学准教授　　　　第 4 章
上林　梓（うえばやし　あずさ）　大阪大学大学院博士後期課程　第 5 章
國崎　大恩（くにさき　たいおん）神戸常盤大学講師　　　　　第 6 章
近藤凛太朗（こんどう　りんたろう）大阪大学大学院博士前期課程　第 7 章
　　　　　　　　　　　　　　　　　　　　　　　　　　　第 2 部
知念　渉（ちねん　あゆむ）　　　神田外語大学講師　　　　　第 1 章
馬上　美知（まがみ　みち）　　　成蹊大学准教授　　　　　　第 2 章
藤高　和輝（ふじたか　かずき）　大阪大学非常勤講師　　　　第 3 章
髙橋　舞（たかはし　まい）　　　立教女学院短期大学講師　　第 4 章
古波蔵　香（こばぐら　かおり）　大阪大学大学院博士後期課程　第 5 章・補論

はしがき

　私たちは、2009年に教職課程・教育原理のテキスト『子どもと教育の未来を考える』を出版した。その初版発行から8年が経過し、子どもと教育をめぐる状況が大きく変化したことに鑑み、このたび内容を大幅に刷新して新たなテキストを編むことにした。

　現代日本に生起しているさまざまな教育課題のうち、本書が特に注目したのは、教育格差、（子どもの）貧困、ジェンダー等、社会のなかに〈中心－周縁〉あるいは〈マジョリティ－マイノリティ〉という権力構造を作り出し、人々を差異化・序列化し、さらにはそれを固定化することで人々の協働・共生を困難にするという動向と関わるものである。近代以降、教育、とりわけ学校教育は、身分や属性等による不平等の解消と平等で公正な社会の構築・発展とに寄与してきた。少なくとも、そのように寄与することをめざして営まれてきたはずだった。ところが、近年の教育学研究の成果は、（学校）教育こそが社会の不平等を再生産するとともに固定化する機能を果たしているという事実を明らかにした。なぜ、このような事態を招いてしまったのか。また、この事態といかに向き合うべきなのか。

　これらの問いを考察し、今後の教育のあり様を展望するための手がかりを提供することが、本書の目的である。まず、第Ⅰ部では、近代以降の教育と教育思想の歴史的変遷を辿り、第Ⅱ部では、いくつかの今日的な教育課題について具体的に検討する。第Ⅰ部は、第Ⅱ部で主題となる諸課題の歴史的・社会的背景を理解するための一助となるだろう。

　上述のように、本書は、教員志望の大学生のためのテキストではあるが、子どもと教育に関心があり教育と教育学の基礎を学びたいと考える高校生や一般の方々にも、ぜひ、ご一読いただきたい。

　最後に、本書の構想・企画から刊行に至るまでの約1年半、若手研究者を中心とする執筆陣を暖かく見守り支え続けてくださった北樹出版の古屋幾子氏に深く感謝の意を捧げたい。

　　2017年8月

　　　　　　　　　　　　　　　　　　　　　　　　　　　岡部　美香

目　次

第1部　日本の学校教育の歴史

第1章　近代学校の成立と展開
　　　　──小学校はいかなる社会的機能を果たしてきたか……10
- 1　〈子ども〉の発見　(12)
- 2　近代学校の成立　(15)
  - (1) 学校制度の確立　(15)
  - (2) 天皇制を支える教育　(18)
  - (3) 国民育成と労働者養成のための教育　(20)
- 3　近代学校の展開　(21)
  - (1) 教育方法の開発とその社会的意義　(21)
  - (2) 戦前と地続きの戦後　(24)

第2章　幼児教育史
　　　　──「母性」の変遷から見る保育者の専門性……30
- 1　子どもは誰が育てるのか？　(31)
- 2　子育ての主体としての「母親」の誕生　(32)
- 3　「母性」の誕生　(34)
- 4　「3歳児神話」の誕生と幼稚園と保育所の二分化　(36)
- 5　「3歳児神話」の否定と保育所機能の拡大　(39)

第3章　中等学校史
　　　　──社会はどのような「大人」を求めてきたのか……43
- 1　ヨーロッパにおける中等教育の歴史　(43)
  - (1) 中世から近代まで　(43)
  - (2) 近代から現在まで　(45)
- 2　日本における中等教育の歴史　(49)
  - (1) 明治期から戦後まで　(52)

（2）戦後の中等教育　(55)

第4章　特別支援教育の歴史と課題
　　——すべての人を包摂する「共生社会」の実現に向けて……62

1. 黎明期　幕末から「学制」発布まで　(63)
2. 戦前・戦中の障がい児教育　(66)
　　（1）小学校令による就学猶予・免除規定と長野県の「特別学級」　(66)
　　（2）大正期の障がい児教育　(67)
3. 戦後の教育改革と障がい児教育　(69)
　　（1）憲法、教育基本法における「その能力に応じて」教育を受ける権利　(69)
　　（2）学校教育法への位置づけ　(70)
4. 「特殊教育」から「特別支援教育」へ　(71)
　　（1）「養護学校義務化」をめぐる議論　(71)
　　（2）障がい児教育の国際的潮流と「特別支援教育」の理念　(72)

第5章　西洋における近代学校の成立と展開
　　——子どもとは誰をさすのか……77

1. 子どもと学校　(78)
2. デイム・スクール　(79)
3. 産業革命と工場法の成立　(82)
4. モニトリアル・システムの登場　(85)
5. 新教育　(86)

第6章　近代教育思想
　　——私たちの教育観を西洋教育史から問い直す……90

1. 教育を再定義する試み——コメニウスとロック　(91)
　　（1）17世紀の危機と体制の転換　(91)
　　（2）社会改革のための教育——コメニウス　(92)
　　（3）統治の技術としての教育——ロック　(95)
2. 「近代」を超える近代教育思想——ルソー　(99)
　　（1）ルネサンス的人間とルソー的「人間」　(100)

　　　　（2）欲望する機械としての「子ども」から類としての「人間」へ　(101)

　　3　学校教育の思想──ペスタロッチ、フレーベル、ヘルバルト　(106)

　　　　（1）学校教育の転換期としての19世紀　(106)
　　　　（2）自然の歩みに沿った教育方法の構想──ペスタロッチ　(106)
　　　　（3）幼児教育への着目と幼稚園教育──フレーベル　(109)
　　　　（4）成長発達の哲学と教育地図──ヘルバルト　(112)

第7章　社会教育の歴史と「生涯学習」施策の動向
　　　　──なぜ、いま「生涯学習」が求められるのか……117

　　1　日本における社会教育と「生涯学習」の歴史　(118)

　　　　（1）明治期の社会教育　(118)
　　　　（2）大正期・ファシズム期の社会教育　(120)
　　　　（3）社会教育法の成立　(122)
　　　　（4）「生涯学習」施策の動向　(123)

　　2　「生涯学習」施策推進の背景　(125)

　　　　（1）福祉予算の削減と「生涯学習」　(125)
　　　　（2）「自立」支援と「生涯学習」──シングルマザーへの就労支援を事例に
　　　　　(126)

第2部　現代日本の教育課題

第1章　教育格差
　　　　──不平等を再生産する装置としての学校……132

　　1　教育格差とは何か　(133)

　　2　教育格差の推移　(135)

　　　　（1）国際学力調査：TIMSSとPISAについて　(135)
　　　　（2）男性と女性の教育格差　(135)
　　　　（3）家庭背景による教育格差　(136)

　　3　教育格差に対するまなざしの変化　(137)

　　　　（1）学力低下から学力格差へ　(137)
　　　　（2）見過ごされていた「格差」問題　(139)

4　学校の社会的機能——社会化・配分・正統化　(141)

(1)「社会化」という機能　(141)

(2)「選抜・配分」という機能　(142)

(3)「組織化・正統化」という機能　(142)

5　教育に何ができないか／できるか　(144)

(1) 不平等を再生産する装置としての学校　(144)

(2) 教育に「できないこと」　(147)

(3) 教育に「できること」　(148)

第2章　子どもの貧困と学校の役割
　　　　——平等な自由のための教育……………………………………151

1　貧困のなかの子ども　(151)

(1) 日本の「子どもの貧困」と貧困率　(151)

(2) 貧困世帯の生活状況　(153)

(3) 健康格差　(154)

(4) 児童虐待　(155)

(5) 世帯所得と学力　(156)

(6) 社会的排除　(158)

2　問題の所在と支援の方向性　(158)

(1) 子どもの貧困はなぜ問題なのか　(158)

(2)「機会の平等」というルールの意味　(159)

(3) ケイパビリティ・アプローチの革新性　(162)

3　学校ができること　(163)

第3章　フェミニズム教育に向けて
　　　　——ジェンダー／セクシュアリティの視点から……………167

1　「女性活躍」の時代？　(169)

2　ジェンダーと第二波フェミニズム　(173)

3　ジェンダーと異性愛規範　(176)

4　性別二元論と公共スペース　(179)

第4章　グローバリゼーションと国際理解教育

　　　　　──日本の教育課程における国際理解教育の位置づけと課題────────184

　1　世界の国際理解教育の歴史　(184)

　　　(1) 国際理解教育という言葉の由来　(185)
　　　(2) 国際理解教育から国際教育へ　(186)
　　　(3) ESD（Education for Sustainable Development）の方へ　(187)

　2　日本の教育課程のなかの国際理解教育　(189)

　　　(1) 1960年代～1990年代：「国際化に対応した教育」の時代　(189)
　　　(2) 2000年代～現在：国際教育の時代へ　(191)

　3　「グローバリゼーションと国際理解」の教育　(193)

　　　(1) 国際理解教育の用語を使い続ける意義　(193)
　　　(2) 越境学としての国際理解教育　(195)

第5章　共通歴史教科書が示唆するもの
　　　　　──共に、そして複層的に語る歴史の可能性────────────200

　1　ドイツ・フランスによる歴史教科書対話　(202)

　　　(1) ドイツ・フランスの高校生による要望　(202)
　　　(2) 対話の始まり　(203)

　2　独仏共通歴史教科書の作成過程とその課題　(205)

　　　(1) 共通歴史教科書の作成過程　(205)
　　　(2) 残された課題　(208)

　3　日本・中国・韓国による共通歴史教材作成の試み　(209)

　　　(1) 動き出した試み　(209)
　　　(2) 共通歴史教材の作成過程　(210)
　　　(3) 立ち現れた認識の壁　(211)
　　　(4) 共通歴史教材の作成過程を再考する　(212)

補論　出来事を物語ること、出来事の物語りを聴くこと
　　　　　──"かげ"に思いを馳せる──────────────────────217

　1　"事実"の傍らで漂う"かげ"　(218)

　2　"かげ"を物語るということ　(220)

　3　物語ること、物語りを聴くことの可能性　(223)

第1部　日本の学校教育の歴史

近代学校の成立と展開

小学校はいかなる社会的機能を果たしてきたか

　子どもは、学校で教育を受けて大人——いわゆる社会人——へと成長・発達する。これは、現代の日本では、あらためて問うまでもない、至極、当然の事実だと思われている。

　実際、『平成27年度　文部科学白書』によれば、今日、義務教育期間にある子どもたちの就学率はほぼ100％であり、高等学校・高等専門学校への進学率も98％を超えている。2000年代には、大学・短期大学等への進学率も50％を超えるようになった。幼稚園への就園率は50％台に留まってはいるが、保育園への在籍率と合わせると、5歳～6歳児における就学前教育・保育機関への在籍率は100％に近い（内閣府『平成27年度　子供・若者白書』）。

　また、2016（平成28）年には、「義務教育の段階における普通教育に相当する教育の機会の確保等に関する法律」が公布された。この法律は、憲法第26条に則り、年々、増加している不登校の児童・生徒や生活困窮等の理由から就学できなかった人々に対して、義務教育段階の普通教育を受ける権利を保障しようとするものである。具体的には、フリースクールや夜間中学等、学校教育法の第1条で規定されている学校[1]とは異なる施設において、義務教育の学校の普通教育に相当する学習の機会と水準が確保できるよう、国や地方公共団体、民間団体が連携して制度や設備、条件の整備を進めようとしている。これを機に、障がいや病気だけでなく年齢や国籍、興味関心等、子どもたちが抱えるさまざまな事情にかかわらず、一人ひとりの子どものニーズに応じた多様な教育・学習の機会を保障しようという動きが、フリースクールや各種学校において活発化しつつある。

　さらに、学校教育やこれに相当する教育の放課後・修了後にも、学校ないし

学校に準ずる施設や事業所に通う人々が少なくない。例えば、経済産業省の「特定サービス産業動態統計調査」(2017)によると、近年の少子化傾向にかかわらず、学習塾の受講者数は約945万人(2004)から約1,290万人(2016)へと増加している。習い事を含めれば、その数はさらに膨らむであろう。高等学校や大学を卒業した後に、専修学校や職業訓練施設に入学する人々も多い。そして、生涯学習が称揚される今日、働きながら、あるいは退職した後にカルチャースクールに通ったり学校に再入学してリカレント教育を受けたりする人々も、もはや珍しくはない。

このように、現代の日本では、子どもから大人へと至る成長・発達の過程において、また大人になってからの成熟の過程においても、学校教育を経ることに多大な、ともすれば過重な価値が置かれており、かつ、そうした価値観が社会全体に隈なく浸透している。つまり、現代の日本は総じて「学校化社会」(I.イリイチ)だといえるのである。

だが、歴史を振り返るなら、日本で学校教育が制度化されたのはいまから150年ほど前、明治維新後のことにすぎない。小学校への就学率が男女ともに90%を超えたのは、さらに40年後の1900年代初頭であるし、高等学校への進学率となると、1980年代に入るころ、ようやく90%を超えるようになった。それまでの日本では、多くの人々が学校教育を経ることなく、あるいは学校教育を10代前半で早々に修了して、大人になっていた。換言するなら、かつての日本には、学校ではない場で、学校教育とは異なる仕方で、人を大人にする習俗が存在し、機能していたのである。

ここでは何も、かつての習俗による教育の「よさ」を取り立てて論じたいわけではない。あるいは、それと比較して今日の学校教育の課題を指摘したいわけでもない。ただ、人間の成長・発達や成熟の過程において学校教育とこれに準ずる教育のみが偏重されがちな今日、教育へのそうした価値づけをいったん留保して問うてみたいことがある。それは、近代以降の日本で学校教育が果たしてきた社会的機能であり、また、その社会的機能が果たされてきたがゆえに実現しなかったのかもしれない学校教育の潜在的可能性である。

学校教育は、人を生育ないし生成変容させるための最善の方法でもなければ、

その万能薬でもない。それは、近代の産業化社会においてこそ最もよく機能する人間の社会化の一手段にすぎない。にもかかわらず、それを子どもから大人へ、さらにより成熟した大人へと至る唯一の過程として捉え価値づけてしまうなら、私たちは人間の教育という営みの可能性を、とりわけ人間の教育という観点から見た学校教育の可能性を縮減してしまいかねない。

そこで本章では、日本の近代学校の成立と展開の過程を、江戸時代におけるその前身から現代まで、それぞれの時代の社会的動向、特に政治的・経済的動向との関連に着目しながら辿っていく。これを通して、近代以降の日本で学校教育が果たしてきた社会的な機能について考察したい。この考察にあたっては、日本社会の近代化過程に独特の貢献をなした小学校に焦点を当てる。これらの考察を踏まえて最後に、これからの学校教育のあり方について展望する一つの視点を提示してみたい。

1 〈子ども〉の発見

先述のように、日本において学校教育が制度化されたのは明治維新後のことである。だが、それ以前にも、学校のような施設は存在した。朱子学者・林羅山が基礎を築いた幕府直轄の昌平坂学問所、諸藩の藩士を養成する藩校（水戸藩の弘道館や長州藩の明倫館等）、庶民の子弟にも開かれていた郷校（岡山藩の閑谷学校等）、朱子学以外の儒学や国学、蘭学を教授した私塾（伊藤仁斎の古義堂、本居宣長の鈴屋、緒方洪庵の適塾等）がそうである。

また、これらの学問所や私塾に上がる前の子どもたちが手習いすなわち文字の読み書きを学ぶための塾や寺子屋が全国各地に存在した。幕末期には、少なく見積もっても16,000軒以上あったといわれている。戦乱の世とは異なり、武力ではなく法や教化によって統治が行われるようになった江戸時代には、幕府や藩が法度・触書・高札等の文書を通して命令や指示を出していたこともあり、文字の読み書きは、武士のみならず庶民の子弟にとっても、生きていく上で最も必要な教養の一つであった。女子の場合も、仮名は読めた方がよい、という考えから塾や寺子屋に通う者が少なくなく、長じては家事や子育てをしながら自ら塾や寺子屋を開いて弟子をとる女性もいた。

こうした塾や寺子屋では、6歳から20歳近くになる人たちが入り混じって学んでいたという。むろん、すべての子どもがそこに通っていたわけではない。経済的な事情等によって、武士の子弟であっても弟子入りしない場合があった。また、日々の始業・終業時間、時間割も定まっておらず、始業式・終業式もなく、入学・卒業すべき時期も決まっていなかった。ただ、子ども本人やその家族が必要だと思う時に弟子入りをし、不要だと思ったら通わなくなるのだった。

山川菊栄は『武家の女性』のなかで、水戸藩のとある塾に通う子どもたちの様子を描いている。塾といっても特別な建物はなく、子どもたちは、すぐ隣に人が住んでいる長屋の一角の細長いがらんとした畳敷きの部屋で、普段は隅に片づけてある机を必要な時にだけ取り出してきて学んでいた。当時は「朝読み」と呼ばれる習慣があったようだ。これは、まだ夜が明けきらないころに、朝食前の子どもたちが三々五々、塾に集い、来た者から各自、声を張り上げて賑やかに『論語』や『孝経』といった漢文の素読をするというものである。この時、師匠はまだ塾にはいない。子どもたちの自学自習である。一通り素読が終わった者からまた三々五々に、子どもたちはいったん自宅に戻り、朝食をすませて、また塾に来る。登塾すべき定まった時刻はなく、子どもたちはそれぞれ弁当をもってやはり三々五々にやって来る。そして、一日中、師匠から渡されたお手本に従って読み書きを習う。お手本は、年齢や能力に応じて、それぞれの子どもに異なるものが渡された。子どもたちは、時間割も休み時間もないなかで、与えられたお手本の通りに音読し、文字を書いた。「ずいぶん単調な、退屈な学校だったでしょう」と山川は伝えている。

庶民の子どもたちが通う寺子屋では、『往来物』と呼ばれる冊子を用いて、各地の地名、人名、商品や農作物の名前の読み書き、そして書簡の書き方等が学ばれていた。実学志向の強い内容ではあったが、子どもたちがそれぞれ与えられたお手本通りにひたすら音読して書く、という方法は塾と同じであった。庶民の子どもたちもやはり退屈だったのだろうか。寺子屋の様子を描いた当時の浮世絵には、まじめに勉強する子どもの横で寝ている子どもや師匠の目を盗んで遊ぶ子どもの姿が生き生きと描かれている（図1-1参照）。

このような浮世絵の存在からもうかがえるように、江戸時代、とりわけ18世

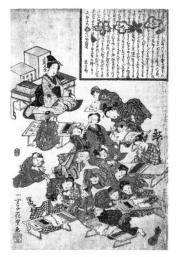

図1-1　寺子屋の子どもたちの様子
（公文教育研究会所蔵）

紀以降には、子どもの「小ささ」や「稚さ」が人々の目に興味深く映るようになっていた。本田和子は、江戸時代の赤本や子どもをめぐる記録類を分析し、「大人と子どもが境もなく一体化して」いたあり様から「大人が抜けだし子どもだけが一塊とされ」、大人と子どもの生きる世界が分かれていく過程を明らかにしている（本田和子「『子ども』の時間・『子ども』の空間」「産育と教育の社会史」編集委員会『生活の時間・空間　学校の時間・空間』新評論、1984年）。江戸時代の人口動態を見ると、特に前半期には、世界的にも類を見ないほどの人口上昇率が示されている。つまり、急激に増え始めた小さくて元気な生き物に、人々のまなざしは強く惹きつけられたのである。

　江戸時代の人々が子どもに向けたこのまなざしを、Ph.アリエスが論じたような近代西欧における「〈子ども〉の発見」に類するものだと見なすには、いささか無理がある。確かに、人口動態が多産多死から多産少死へと推移し、幼い人々を見る大人たちのまなざしに変化が生まれた、という点では共通している。だが、近代西欧の大人たちは、子どもたちをただ愛でたのではない。彼（女）らは、子どもたちのなかに未熟ではあっても理性の存在を確認しようとし、さらには（学校）教育という特別な営みを通して子どもたちを理性的な人間に育てようと試みた。宮澤康人は、大人のこの態度を「規律訓練」と呼んでいる。ここでいう規律訓練とは、単なる厳しいしつけを意味するのではない。それは、心から子どものためだと信じながら隅々にまで教育的配慮を行き届かせようとするものであり、時にそれが結果として子どもにとって過大かつ深刻な抑圧ともなり得るものであった（宮澤康人「アリエスの近代と子ども・家族・学校」宮澤康人編『社会史のなかの子ども』新曜社、1988年）。これと対比するなら、江戸時代の人々のまなざしは、子どもと呼ばれる生き物に対する愛着や好奇心のようなものであったといえるかもしれない。

日本において規律訓練と呼ぶべき態度が大人から子どもへと向けられるようになるのは、明治時代のことである。児童文学史の通説によると、1910（明治43）年出版の小川未明『赤い船』が、近代日本における児童文学の端緒だとされる。未明がその著作のなかで描いた子ども、すなわち、どの大人にもかつてあったはずの観念的なユートピアとして、ロマンティックに、かつノスタルジックに愛でるべき幼児期。あるいはまた、未明が読者として想定した子ども、すなわち、現実社会のなかで調和的に生きられるよう、大人が教え導くべき子ども。これらこそ、近代日本の大人たちが発見した〈子ども〉であった。

　柄谷行人によれば、ここで発見された〈子ども〉は、実は、明治の初期に制定された学校制度によって「作り出された」ものだという。学校制度は、それまでそれぞれの生活共同体に具体的に属しながら生きていた子どもたちを、その生活共同体から切り離し、学校という名の施設に囲い込み、年齢別（学年別）に配置し、能力別に配列して、教育を通して彼（女）らに集団の規律を訓練した。そうして、理性的な人間かつ合理的な国民へと成長・発達することが期待されるような〈子ども〉を作り出したのである（柄谷行人「児童の発見」柄谷行人『日本近代文学の起源』講談社、1980年）。

　では、実際、〈子ども〉はどのような過程を経て作り上げられていったのだろうか。次節では、近代日本における学校制度の成立過程を概観していくことにしよう。

2　近代学校の成立
（1）学校制度の確立

　1854（嘉永7）年、日米和親条約の締結を機に鎖国体制を解くこととなった日本は、近代国家体制の迅速な整備を迫られていた。1871（明治4）年、廃藩置県によって中央集権的な統治体制を整えた明治政府は同年、文部省を設置。翌1872（明治5）年に「学制」を頒布した。学制は、日本で最初の近代的な学校制度であり、当時、中央集権的であったフランスの制度にならって制定された。学制の序文「学事奨励ニ関スル被仰出書」には、明治政府の教育理念である国民皆学と実学志向が謳われている。

しかしながら、開国直後の日本社会は政情も経済状況も安定せず、小学校から大学までに至る学制の構想を一気に実現することは至難だといわざるを得なかった。そこで文部省は、まずは小学校と小学校教師を養成する師範学校の整備に力を注いだ。というのも、読み書き計算等の基礎的な内容を教授する小学校ならば、すでに全国各地に数多く存在していた塾や寺子屋、藩校や郷校を拠点に整備を進めることができたからである。

　実際、長野県諏訪郡・伊藤源蔵氏の回想録によると、学制の頒布と同時に、村内の私塾はすべて廃止され、「学校」へと移行したそうだ。とはいうものの、しばらくの間は、私塾の師匠がそれまでと同じ仕方で子どもたちを教えていたという。そのうち、新しい教則と教授内容とを携えてよそから教師がやって来るようになると、私塾の師匠たちは退職し、世話役として学校の事務仕事に従事するようになった。森重雄は、当時、全国各地で生起していたであろうこの変化を、庶民の生活にずっと馴染んできた手習いがよそから入ってきた学校教育に侵蝕され排除されていく過程として分析している（森重雄『モダンのアンスタンス』ハーベスト社、1993年）。

　だが、開国したといっても、庶民の生活共同体を支える社会的・経済的基盤がすぐに近代化に向けて大きく様変わりするわけではない。当時、農業、漁業、林業等に従事していた人々にとってはもちろん、職人や商人にとっても、子どもたちは生活共同体をともに営む一員であり、実質的な働き手であった。その子どもたちが小学校に就学すると、彼（女）たちには生活や労働の手伝いが従来ほど期待できなくなってしまった。そればかりか、彼（女）たちは、実際の生活や労働には直接関係のないことばかり、学校で学んできた。しかも、就学にかかる費用は、国や府県ではなく、子どもたちの親が負担することになっていた。親たちにとって、これは家族や地域共同体から子どもたちを「盗られる」ことに等しかった。

　それゆえ、学制や小学校に対する反対・抵抗運動が、徴兵令に対する反対・抵抗運動ともあいまって全国各地で勃発した。学制頒布の翌年、1873（明治6）年には、敦賀で真宗徒による「越前護法大一揆」が、岡山や鳥取等、西日本を中心に農民による「血税一揆」が生起し、小学校校舎が少なからず焼き払われ、

教師を含め、多くの死傷者を出した。

　学制へのこうした激しい反発を重く見た文部省は、1879（明治12）年、学制を廃止し、新たに「教育令」を制定した。教育令は、地方分権的な教育行政制度を敷くアメリカの学校制度を参照して作成されたものである。これによって、就学義務に関わるいくつかの規定が緩やかになったほか、地域の住民から選出された委員が学校の設置や子どもたちの就学を管理できるようになった。このように、地方統治に対する中央政府からの干渉を縮減し、自由主義を謳ったところから、この教育令は「自由教育令」とも呼ばれている。

　ところが、教育令が施行されるや否や、全国で小学校の就学率が軒並み低下し始め、学校整備事業が停滞ないし衰退するという事態が発生した。中央政府にとって、この事態は国家の近代化そのものの停滞ないし衰退を意味していた。これに危機感を抱いた文部省は翌1880（明治13）年、教育令を改正し、再び中央集権的な教育行政体制を強化した。改正後は、地方の教育行政に対する文部省や府県知事の権限が増強された。そのため、この教育令を「干渉教育令」と呼ぶこともある。

　この教育令はまた、そのなかで「家庭教育」という言葉が初めて公式に使われたことでも知られている。ここでいう家庭教育とは、一家団欒のなかで行われる教育ではなく、家庭で学校の教科課程に即して教育することを意味していた。これ以降、家庭教育は、学校教育に従属し、予習、復習、宿題を通してその準備や補完をするための教育として位置づけられ、それがしだいに社会全体に定着していくこととなった。

　近代的な学校制度の確立をめぐって上述のように情勢が二転三転するなか、1885（明治18）年、内閣が発足し、初代総理大臣・伊藤博文の下、森有礼が初代文部大臣に就任する。森は、1886（明治19）年に、帝国大学令、師範学校令、中学校令、小学校令を制定・発布した。一般に、戦前の日本における学校制度は、これをもって基本的に確立したといわれている。それは、天皇制という国家体制をその根幹において支えるものであった。では、天皇制の下における学校教育とはいったいどのような社会的機能を果たすものであったのか。次にそれを見ていくことにしよう。

（2）天皇制を支える教育

　伊藤博文は、組閣後、日本を近代的な立憲主義国家として確立するべく憲法の制定に尽力した。憲法の起草にあたっては、人心を結びつけ一つにまとめ上げるような「国家の機軸」を確定することが急務であった。伊藤が建国のモデルにしていた西洋諸国では、その役割をキリスト教が果たしていた。だが、明治維新以降、廃仏毀釈を推進してきた日本には、キリスト教に相当するような社会的影響力をもつ宗教が存在しなかった。そこで、伊藤は、神格化された天皇を「国家の機軸」として位置づけようと企図したのである。

　そもそも立憲主義を掲げて文明開化政策を推進していた伊藤は、天皇による政治権力の直接的な行使を支持する元田永孚（ながざね）──後に、教育勅語の起草者の一人となる──と当初は対立していた。1879（明治12）年、文明開化政策を批判し儒教道徳に基づく教育を奨励するという天皇の見解を明らかにした「教学聖旨（こわし）」が示された時も、伊藤は井上毅とともに反対の意志を示す文書を天皇に提出している。ところが、1880年代に入ると、活発化した自由民権運動の一部が激化し、その社会的影響が看過できなくなってきた。これを憂慮した全国の府県知事からの要請もあり、伊藤は、名実相伴う統一国家の建設に向け、天皇制の確立へと歩みを進めることになった。

　その大きな一歩が「教育ニ関スル勅語（教育勅語）」の起草である。揺るぎのない「国家の機軸」であるためには、天皇は「神聖不可侵」でなければならない。したがって、起草を主導した井上毅が最も意を用いたのは、他の代替物と比較して天皇の正統性が論議されるという事態が引き起こされないよう、教育勅語の文面から宗教や哲学等の思想性を徹底的に稀薄化することであった。だが、これはすなわち、教育勅語の内容を理論的に根拠づけるものがないことを意味する。そこで井上は、すでに庶民の日常生活に馴染んでいる道徳項目を列挙することによって、教育勅語の内容の妥当性を実証的に根拠づけることにした。親・先祖への孝行や友人への信頼等、すでに庶民の日常生活に馴染んでいる道徳項目には特定の原作者はいない。それらは人々が先祖代々、守り継いできたもの、天皇にとっては「皇祖皇宗の遺訓」である。したがって、教育勅語の文面は、先祖の遺訓を受け継ぐ意思を天皇が表明するという形式をとること

になった。さらに、内閣総理大臣以下の国務大臣が輔弼(はひつ)する他の勅令等とは明確に区別するために、政治上の文書でありながら国務大臣の副署を伴うべきではないと判断された。これが、戦前の天皇は超法規的存在であった、といわれる一つの所以である(三谷太一郎「『教育勅語』はいかに作られたのか」三谷太一郎『日本の近代とは何であったか』岩波新書、2017年)。

　このように、形式上、その内容に責任を取るべき原著者が存在しない政治文書として作成された教育勅語は、1890(明治23)年に発布された。しかしながら、それは、同年に施行された大日本帝国憲法と矛盾するものであった。大日本帝国憲法の第4条によれば、天皇は国家元首として統治権を有し、その行使は憲法の条規に基づく、とされる。つまり、天皇も立憲君主として憲法を遵守すべきであり、憲法に権利の行使を制限される存在であると明記されていたのである。大日本帝国憲法が規定する天皇のこの位置づけは、上述のような教育勅語における天皇の超法規性と矛盾している。

　この矛盾を国民にとって不可視化するのに結果的に貢献したのが学校教育、特に小学校教育であった。1890(明治23)年、第二次小学校令が公布され、小学校教育が普通教育、道徳教育、国民教育の基礎を担うものとして明確に規定された。続く、1891(明治24)年、文部省は「小学校祝日大祭日儀式規程」を制定し、国家の祝日と国家神道の式日に小学校で勅語奉読式を行うことを法制化する。奉読式には、子どもたちはもちろん、教職員や保護者、そして地域の人々が参列した。桐の箱から恭しく取り出され奉じられる教育勅語を、校長が祝詞のような調子で声高らかに読み上げる。祝祭日の厳かな雰囲気と校長らの忠君愛国の訓話は、教育勅語が描き出す天皇の神聖不可侵性をいや増すものであっただろう。地域の「優良」校に対して優先的に御真影(天皇の肖像写真)を下賜するという文部省の施策も、学校や地域が国家の指針に積極的・自発的に同調するという効果をもたらしたといわれている(佐藤秀夫『教育の文化史1　学校の構造』阿吽社、2004年)。教育勅語とそれが描出する天皇の神聖不可侵性は、このように小学校を媒介として全国に広く浸透していったのである。他方、大日本帝国憲法の内容は、戦前、大学以外の学校では詳しく教えられることがほとんどなかった。したがって、天皇の位置づけをめぐる教育勅語と大日本帝国

憲法との間の矛盾に気づく者は、実際にはほとんどいなかったのである。

(3) 国民育成と労働者養成のための教育

　上で見てきたように、明治政府は、近代統一国家としての日本の礎を学校教育、とりわけ小学校教育を通して築こうとした。だが、実際のところ、1890（明治23）年の小学校への就学率は、男子が60％台、女子が30％台に留まっていた。国家の礎を築くという政府の企図も、小学校への就学率が100％に近づかなければ、実現するのは難しかった。

　就学率上昇のきっかけは日清戦争（1894-1895）である。繊維業を始め軽工業の領域ではすでに始まっていた産業革命が、この戦争での勝利を機に、重化学工業の領域へと拡大し、工場労働者が大量に必要とされるようになった。きちんと働いてくれる工場労働者を輩出するには、小学校教育の充実が欠かせない。なぜなら、小学校教育を通して子どもたちに、読み書き計算等の基礎的な学力のみならず、工場で働くための規律を身につけさせることができるからである。

　例えば、時間に関わる規律が挙げられる。農業の場合、天候や気候の変化、作物の成長の様子によって、忙しい時期、さほど忙しくない時期がある。これに対して、工場は、どのような天候や気候であっても、年間を通して毎日、同じように稼働する。労働者は、毎日、定時に出勤し、決められた工程表に従って間違いのないように業務をこなし、定時に休憩を取り、定時に退勤しなければならない。労働者のこの生活習慣を、小学校で、毎日、定時に登校し、決められた時間割と教育課程に従って試験で間違わないように勉強し、定時に休憩を取り、定時に下校するという生活習慣を身につけることで養成するのである。授業中は、気分が乗ろうが乗るまいが、座って勉強（するふりを）しなければならないという姿勢も、学級を担任する教員の指示通りに（するふりを）しなければならないという態度も、工場で、就業中はどのような気分であろうと働く、上司の指示通りに動くという振る舞いができるようになるための基礎である。このように、小学校は、子どもたちの心身と生活習慣を、産業化社会で労働するのに適するよう、合理的・効率的に組み替えていく場所であった。

　明治政府は、労働者養成という産業界からの強い要請に応えるべく、1900

(明治33)年、第三次小学校令を公布する。この法令によって、尋常小学校への修業が義務として規定され、その年限は全国一律に4年と定められた。そして、公立学校の場合、授業料は原則、無償とされた。ここに、義務教育制度の確立を見ることができる。

産業化社会への移行と義務教育の無償化によって、小学校への就学率は一気に上昇し、1904(明治37)年には男女ともに90％を超えるに至った。小学校に通う子どもの数が急増したため、校舎の新設や教員の補充が間に合わず、子どもたちを二分して午前と午後に同じ授業を二度行う「二部教授」が実施された地域もあった。なお、義務教育は1907(明治40)年に6年制に改正されている。

以上に述べてきたように、明治期に制定された学校制度は、人々をその生まれ育ってきた生活共同体から切り離し、集団の規律を訓練することによって、天皇制という国家体制の下における国民を育成するとともに、産業化社会の質のよい労働者を養成するという社会的機能を果たした。当初は学校制度への反対・抵抗もあったが、社会構造の産業化が進行するにつれてそれも減少・減退し、人々は積極的・自発的に学校制度に合わせて生活様式や人生過程を整えるようになっていった。

3　近代学校の展開
(1) 教育方法の開発とその社会的意義

さて、明治時代には、学校制度とともに教育方法も大きく様変わりした。それ以前の塾や寺子屋では、第1節で述べたように、子どもたちが各々、師匠から渡されたお手本の通りに音読して書くことをくり返していた。これに対し、小学校では、欧米流の近代的な教育方法を身につけた教師の授業を、何人もの子どもたちが同時に一緒に受けるようになった。これを「一斉教授」と呼ぶ。一斉教授を可能にする教育方法として、ベルとランカスターが開発した助教法(モニトリアル・システム)や号令で子どもたちに一斉に同じ動作をさせる指令法等が導入されたほか、明治20年代には、ヘルバルト学派の5段階教授法が、ドイツから招聘されたお雇い外国人教師であるハウスクネヒトによって紹介され、広く普及した。

机と椅子、黒板、指教図等の備品や教材・教具も、同様に欧米から輸入された。教科書もまた輸入された教材の一つである。当初は、欧米の教科書をそのまま日本語に翻訳しただけのものが使用されていたが、しだいに独自の内容で構成されるようになっていった。1904（明治37）年からは、修身・国史・地理・国語を皮切りに国定教科書も作成されるようになった。

こうして小学校教育は整備され、日本全国に普及し、大正期に入るころには就学率も男女ともにほぼ100％近くになった。だが他方では、普及したことによる問題も生じつつあった。具体的には、ヘルバルト学派の教授法が形骸化し、授業やその他の教育実践が画一化・硬直化するという事態がしばしば見られるようになってきたのである。

この事態を受け、各地で教育改革運動が生起する。大正自由教育運動（大正新教育運動）と呼ばれるこの運動は、子ども中心主義を標榜した点、すなわち、子どもを自発的に学習し成長する主体として捉え、子どもの自発的活動を重視するような教育方法を開発・実践した点に特徴がある。代表的な理論家・実践家として、千葉県師範学校附属小学校の手塚岸衛や「分団式動的教育法」の開発で知られる兵庫県明石女子師範学校附属小学校の及川平治、「合科学習」の主導者である奈良女子高等師範学校附属小学校の木下竹次らを挙げることができる。また、自由教育の実践校としては、沢柳政太郎の成城小学校、羽仁もと子の自由学園、赤井米吉の明星学園、小原國芳の玉川学園等がある。

列挙した学校名を見ると、大正自由教育運動に関係しているのは、ほとんどが師範学校の附属学校か私立学校である。このことから、この運動が、ある特定の富裕層の子どもたちを対象とした教育改革運動であったことがうかがえる。具体的に述べるならば、産業化社会が生み出した中流階級である新中間層の子どもたちと彼（女）たちを国家の主導者たる国民へと養成するための学校とにほぼ限定された教育改革運動だったといえるのである[2]。

この運動は、また別の意味でも限定的であった。というのも、教育の目的を問うことなく、教育の方法だけが研究・開発されるきらいがあったからである。元来、方法というものは、ある目的を達成するのに適切かどうかで、その質（つまり有効性）が評価される。いわば、方法は目的に従属するのである。それ

にもかかわらず、方法だけを切り離して洗練させようとするならば、その方法はおのずとある脆弱さを宿すようになる。それは、一つには、目的が意識されるようになったとたん、方法が軽視されるようになるというもの、もう一つには、方法そのものは使用されつづけるが、当初の目的とは異なる目的のもとに従属させられるというものである。このような脆弱さは、ともすれば宿痾として、その方法を使用する人々、その方法が適用される人々やものごと、そして人々の暮らす社会を蝕んでいくことがある。

　大正後期から昭和初期にかけて、すなわち1920年代後半から1930年代にかけて日本で生起したのも、まさにそのような事態であった。大正自由教育運動は、限定的ながらもある一定の高揚を示し、1921（大正10）年には、自由教育の主導的理論家・実践家8人による講演会「八大教育主張」が開催され、多くの聴衆を集めた。だが一方で、この時期、第一次世界大戦（1914-1918）や関東大震災（1923）等の影響を受け、日本は立て続けに金融恐慌に陥り、長期にわたって社会的に不安定な状態がつづいていた。この状況を打開し社会を安定化させるために政府が尽力したのは、天皇を「国家の機軸」とする政治・社会体制の強化と護持であった。学校教育と社会教育を通して国民の思想を天皇制という国家体制（国体）の強化と護持へとさし向け、安定した統一国家体制を維持すること――教育界におけるこの「思想善導」の動きは、1925（大正14）年の治安維持法の制定を機に、よりいっそう推進されるようになる。国体の護持と思想善導という教育目的が強く意識されるようになると、子ども中心主義を標榜する大正自由教育運動は、その自由主義的な教育方法が教育目的を阻害し得ると懸念されるようになり、政府や地方自治体からの批判や抑圧を受けるようになった。自由教育を支持する教員のなかには、国定教科書を授業の最初から使用しなかったというだけの理由で不当な処分を受けた者もいた。だが、これに対しても反対・抵抗運動がほとんど展開されないまま、大正自由教育運動は急速に衰退していった。

　これ以降、日本は戦時体制へと入っていく。1937（昭和12）年、日中戦争が勃発。これに伴い、内閣総理大臣の諮問機関である「教育審議会」が設置される。ここでは、「国体ノ本義」に即して国民を「錬成」するための教育のあり

方が検討された。この審議会の答申に基づいて、1941（昭和16）年、「国民学校令」が制定される。この法令により、尋常小学校は「国民学校」へと再編された。国民学校の教科課程は、国民科を筆頭に、理数科、体錬科、芸能科、実業科から構成されていた。国民科は、修身・国語・国史・地理という4科目から構成される教科であり、天皇と国体に対する絶対的な忠誠、建国神話に基づく「神国日本」の成り立ち、日本の国土や伝統文化に対する賛美の精神等を学ぶことが目的であった。また、授業外でも、御真影奉安殿への拝礼や国旗掲揚等の儀礼が日々、奨励されていた。

　戦時体制下の教育が国家主義的、軍国主義的であったことは確かであり、同じ教育をくり返さないために、その戦争責任を問うことは、戦後70年を経たいまも重要な教育（学）的課題である。だが、ここで留意してほしい。戦時教育体制は、国体の護持とそのための思想善導を目的とするという点において、大正自由教育運動が最も盛んだった時期の学校教育体制と確かに地続きなのである。さらに述べれば、大正自由教育運動が最も盛んだった時期の学校教育は、明治初期に制度化された学校教育と同じ社会的機能、すなわち天皇制を確立して統一的な国家体制を強化するとともに産業化社会の振興に貢献するという社会的機能を担うものである。この点に留意するならば、戦時体制下の教育の問題性を問うためには、日本の近代学校制度とこれを必要とした日本社会の近代化過程そのものに内在する問題もまた広く射程に捉えつつ、学校教育のあり方を考察・検討することが重要だといえるだろう。

（2）戦前と地続きの戦後

　実のところ、戦後の学校教育の社会的機能に関する考察・検討も、同様の射程の下で行う必要がある。

　確かに、戦後教育は、戦前の教育を反省し、それと決別しようとするところから出発している。1945（昭和20）年、連合国最高司令官総司令部（GHQ）の民間情報教育局（CIE）が文部省に対して発令した「教育の四大指令」は、教職追放や国民科3科目（修身・国史・地理）の停止を命じるものであったし、1946（昭和21）年、日本の戦後教育改革に関してアメリカ対日教育使節団が提言した

内容もまた、学校教育からの国家主義・軍国主義の払拭を強く要請するものであった。

　文部省も、平和国家としての日本の再建をめざし、戦後直後から、教科書の軍国主義的な内容を子どもたちに塗りつぶさせたり（墨塗教科書）、国民科に代わる新教科として公民科の設置を検討したりと、さまざまな改革に着手している。

　1946（昭和21）年、日本国憲法が公布され、教育を受けることが国民の権利として規定された[3]。これに基づいて、1947（昭和22）年、教育基本法と学校教育法が制定され、戦前とは異なる新しい学校制度が発足した。1947年には、学習指導要領（試案）も公表されている。これは、教育課程や授業内容を文部省が画一的に統制するのではなく、地域や学校の特性を反映しながらそれぞれの教師の創意工夫で教育実践が展開できるよう、配慮されたものであった。さらに、1948（昭和23）年には、教育勅語の失効が国会で決議されている。これらはすべて、戦前の国家主義・軍国主義的な教育を反省し、批判した上で、戦後教育を民主主義的なものとして開始することを謳ったものである。

　だが他方で、例えば、1945（昭和20）年に日本政府が自主的に策定した戦後教育改革案「新日本建設ノ教育方針」には、平和国家の建設とともに、戦前に引き続き国体を護持することが宣言されている。むろん、後者の宣言は、日本国憲法を始め教育基本法、学校教育法、学習指導要領（試案）には盛り込まれていない。しかしながら、1951（昭和26）年に発表された「国民実践要領」や1966（昭和41）年の中央教育審議会・答申の別記「期待される人間像」等、愛国心の育成を強調する文書や姿勢が政府から示されるたび、戦前の国家主義が復活するのではないかとの懸念が生じている。2017（平成29）年にはまた、「憲法や教育基本法の趣旨に反しない限り」という限定つきながらも、学校教育における道徳的な学習材として教育勅語の使用を容認しようとする姿勢が、内閣総理大臣を始めとする政府関係者によって明示され、大きな波紋と論争を喚起している。

　このことと関連して、1950年代以降に見られるようになった、戦後直後の民主化路線に反するかのような、教育の「逆コース」と呼ばれる動きにも言及し

ておきたい。具体的には、1956（昭和31）年に「地方教育行政の組織及び運営に関する法律」が可決されたり、1958（昭和33）年以降、「試案」という表記を伴わない学習指導要領が法的拘束力をもつようになったり等、地方教育行政や学校、教師に対する文部省からの管理統制が強化されていく、という動きである。

　留意すべきは、こうした教育界の動向が、日本社会の政治的・経済的領域における動向と連動している、あるいはそれらの領域からの強い要請を受けているという点である。例えば、地方教育行政や学校、教師に対する管理統制の強化は、冷戦体制の下、反共産主義的な政策を推進するとともに、レッド・パージによる思想統制を活発に展開していたアメリカの影響を受けたものである。また、上述の「期待される人間像」という文書は、中央教育審議会・答申『後期中等教育の拡充整備について』の別記であるが、この答申は、1960（昭和35）年に閣議決定された「国民所得倍増計画」や1963（昭和38）年の経済審議会・答申『経済発展における人的能力開発の課題と対策』を受けて、高等学校から優秀な技術者と労働者を輩出するために、その教育の多様化と能力主義の推進を謳うものであった。つまり、「期待される人間像」における愛国心の育成は、私的な利益の飽くなき追求によって市場の競争を活性化する一方で、社会体制の安定化を図るべく、そうした競争が生み出しやすい道徳的な混乱や退廃に歯止めをかけるためのものでもあった。さらに、2000年代以降、子どもたちには「PISA型学力」を身につけることが強く要請されている。だが、PISA（Programme for International Student Assessment：国際的な生徒の学習到達度調査）を実施する主体はOECD（Organisation for Economic Co-operation and Development：経済協力開発機構）である。測定されている学力は、あくまで国家的・国際的規模の経済成長や貿易拡大、開発途上国援助といった市場、とりわけ労働市場を将来的に活性化し得るだろうと想定される力に過ぎない。

　戦後教育は、果たして、戦前の教育を十分に反省した上で、それと決別できているのか。あるいは、両者は、社会的機能や構造において、いまも地続きなのか。戦後の学校教育は、戦前に軍事戦争へと向けられていた総動員体制を、経済戦争へとさし向けただけだ、という説も根強い。戦前と戦後との連続性・

非連続性という観点から戦後の学校教育をどのように評価し、必要ならば改革していくのか。これは、戦後の学校教育を享受してきた私たち一人ひとり、また、いま、そしてこれからそれを子どもたちに提供しようとしている私たち一人ひとりが考えるべき課題である。

　　　　　　　　＊　　　　　　＊　　　　　　＊

　以上、本章では、日本における近代学校の成立と展開の過程を振り返り、これを通して、日本の学校教育が、これまではもちろん、いまもなお、国家体制の確立・維持と産業化社会の振興への貢献という社会的機能を果たしていることを考察してきた。加えて、戦時教育体制の問題性や戦前・戦後の学校教育の連続性・非連続性を批判的に検討するためには、日本における近代学校制度のあり様とこれを必要とした日本社会の近代化過程とに内在する問題性をも広く視野に入れて考察する必要があることを確認した。

　確かに、学校教育は、近代の産業化社会においてこそ最もよく機能する人間の社会化の一手段である。だが、かつては、子どもから大人への通過儀礼（イニシエーション）としての意味ももっていた。すなわち、生まれ育った家族や地域等の生活共同体における親密な関係性をいったん断ち切り、個人の能力と努力によって、その個人にとってかけがえのない社会関係と人生過程とを作り上げるきっかけと手段を手に入れるための機関でもあったのである。

　ところが、現行の学校教育には、いったん切断することによる飛躍の機会がほとんどない。冒頭で述べたように、日本はすでに隅々まで学校化された社会だからである。第2節では、明治初期から、家庭教育もまた学校教育に従属し連携するものとして位置づけられてきたことを指摘した。近年は、「幼小連携」、「小中連携」、「小中一貫」、「中高一貫」、「高大連携」のように、各学校段階の移行もできるだけスムーズに進むよう、配慮されている。スムーズなこの移行から遅れたりずれたりしないよう支援してくれる塾や予備校、フリースクール等もある。今日の日本社会で大人（社会人）になるためには、このスムーズな移行の流れに遅れてはならないし、そこからずれるのも極力避けた方がよい、と信じる人々は少なくない。なぜなら、この流れをいったんでも断ち切ることは、もはや、大人（社会人）への通過儀礼という意味合いを決してもたないよ

うに思われるからだ。大人への成長・発達過程において、さらには大人になってからの成熟過程においても、予定されている移行がすべてスムーズに流れる閉塞状況——それがいまの学校教育であり、学校化された社会なのかもしれない。もちろん、これは、各学校教育段階の移行の流れにスムーズに乗っている人々の観方である。この流れに乗ること自体が難しい人々、いったんでも遅れたりずれたりした人々は、移行がスムーズに行くように整備されたとしても、いや、むしろ整備されるからこそよりいっそう、移行の流れの周縁に押しやられたり、流れから排除されたりしてしまうのではないか。

　教育基本法の第1条は、教育の目的を次のように規定している。「教育は、人格の完成を目指し、平和で民主的な国家及び社会の形成者として必要な資質を備えた心身ともに健康な国民の育成を期して行われなければならない。」日本の学校教育は、確かに、国家および社会の形成者としての国民の育成というこの目的をよく果たしているといえるかもしれない。学校教育を受ける権利がまだ十分に保障されていない人々がいるなら、もちろん、その是正を図るための取り組みは必要不可欠である。だが他方で、第3条は次のように謳う。「国民一人一人が、自己の人格を磨き、豊かな人生を送ることができるよう、その生涯にわたって、あらゆる機会に、あらゆる場所において学習することができ、その成果を適切に生かすことのできる社会の実現が図られなければならない。」この理念を十分に実現することが、今後の学校および学校外における教育全般が果たすべき社会的機能なのではないか。そのために、私たちは、学校教育を通して、学校教育それ自体の閉塞状況を内破し、学校や学校に準ずる場に尽きないような、さらには国家や市場に尽きないような多様な社会に参画し得る人間を育てることができなければならない。では、いったい、これはいかにして可能になるのか。この課題もまた私たち一人ひとりに問われているのである。

1）　学校教育法の第1条で規定されている学校とは、幼稚園、小学校、中学校、義務教育学校、高等学校、中等教育学校、特別支援学校、大学、高等専門学校をさす。このうち、義務教育に関わるのは、小学校、中学校、義務教育学校、中等教育学校、特別支援学校である。
2）　大正自由教育運動は、学校教育改革とは異なる方面でも展開された。例えば、鈴木三重吉の『赤い鳥』、北原白秋の童謡、山本鼎の自由画教育運動に代表される芸術教育運動もその一つである。
3）　日本国憲法第26条には、「すべて国民は、法律の定めるところにより、その能力に応じて、ひと

しく教育を受ける権利を有する」と定められている。

参考文献

I.イリイチ『脱学校の社会』東京創元社、1977年。
「産育と教育の社会史」編集委員会編『叢書　産育と教育の社会史』1巻〜5巻、新評論、1983〜1985年。
仲新監修『学校の歴史　第2巻　小学校の歴史』第一法規出版、1979年。
松浦良充編著『現代教育の争点・論点』一藝社、2015年。
三谷太一郎『日本の近代とは何であったか』岩波新書、2017年。

2 幼児教育史

「母性」の変遷から見る保育者の専門性

　「幼児教育」という言葉を聞いて、みなさんは何を思い浮かべるだろうか。幼稚園や保育所といった施設や子ども向けの通信教育、音楽教室、もしくは子どもの知能を発達させると謳われている玩具等をイメージするかもしれない。こうして挙げてみるだけでも、幼児教育という言葉の意味はとても広く、つかみどころがないように感じられる。

　では、幼児教育という言葉を「幼児」と「教育」とに分けて考えてみよう。まず、幼児とは、児童福祉法の定義に従うと、「満一歳から、小学校就学の始期に達するまでの者」をさす言葉である。この定義に従うならば、幼児教育とは、満1歳からのおよそ5年間に行われる「教育」をさすことがわかる。次に、「教育」とはどのような意味をもつ言葉なのだろうか。「教育」という言葉は、明治期に近代化を図るために西洋の文化を受容する過程で、educationの翻訳語として新たに登場したものである。つまり、「幼児教育」とは、満1歳から小学校就学前の子どもを対象に行われる近代以降に登場した何か、ということになる。ここではあえて「教育」という言葉の意味を規定せずに論を進めてみたい。そこからみなさんが何を「幼児」の「教育」と見なすのか、考えてみてほしい。

　この問題を考える一助として、「幼児教育」に隣接する言葉を手がかりにしてみよう。幼稚園や保育所等で一般に用いられる言葉に「保育」がある。「幼児教育」と「保育」の違いは何だろうか。「保育」もまた、明治期の幼稚園が創設された時期に登場した言葉である。英語に翻訳する場合はcare and educationと訳されることが多い。翻訳語を見ると、「保育」には「教育」だけではなく「養護」という意味も含まれていることがわかる。では、「幼児教育」

には「養護」的側面は含まれないのだろうか。

さらに、「家庭教育」や「子育て」、「育児」はどうだろうか。これらの言葉は、主に家庭で母親を中心に行われるものというイメージがあるが、「幼児教育」とはどのような関係があるのだろう。「幼児教育」は誰が、どこで行うものなのだろうか。母親はその対象に含まれるのだろうか。

本章では、あえて「幼児教育」と「保育」や「家庭教育」、「子育て」といった隣接概念とを切り離さずに、これらの歴史を辿ることによって、これらがどのような歴史的背景のなかから生まれ、どのように展開されてきたのかを考察する。そして最後に、この考察を通して、今日、保育者に求められる専門性とは何なのかを考えたい。

1 子どもは誰が育てるのか？

「教育」や「保育」という言葉が明治期以降に使われ始めたことは、すでに述べた通りである。では、それ以前の「教育」または「保育」とはどのようなものだったのだろうか。今日、子どもを養い育てることは親の責任であるという考え方が一般的であろう。しかしながら、歴史をひもといてみると、必ずしも親のみが子育ての責任を担ってきたわけではなかった。

近代以前の子どもの養育は、地域ぐるみで行われていたといえる。例えば、子どもには、両親のほかにも仮親と呼ばれる擬似的な親子関係を結ぶ人々がいた。仮親は子どもの誕生から成人に至るまでのさまざまな節目をともに祝い、両親と同じように子どもを支える役割を果たしていた。仮親には、生まれた子どもに初めて乳を与える「乳親」や、名前をつける「名付け親」、結婚の際の「仲人親」等がある。

子育てに関わった人々は仮親だけではない。そのほかにも、大名や武士、裕福な商人たちの下では、授乳を含む子どもの養育を乳母や子守が担うのが一般的であった。江戸期には当時の親たちが乳母や子守に子どもの世話を任せきりであることに苦言を呈する書物も出版されている。当時の上層階級の生活において乳母は欠かせない存在であったようである。少なくとも戦前までは職業として子どもの養育を担っていたという意味において、乳母は現代の保育者と近

い存在であったといえるだろう。だが、誰もが乳母になることができるというわけではなく、乳母になるための条件があったようである。江戸時代から昭和戦前期ごろに発行されていた育児書には、乳母を選ぶ条件や乳母との関わり方が記載されている。そこには、乳母の選択の条件として、よく乳が出て健康であるというだけではなく、誠実で物静かな人が望ましい等、子どもへの精神的な影響を考慮した人材選択の基準があったことがわかる（金子省子「授乳論にあらわれた母親観の変遷」『愛媛大学教育学部紀要　第一部　教育科学』第32巻、1986年）。

ところが、明治期以降、富国強兵政策のなかで母親が子育ての中心に位置づけられると、乳母という職業は衰退してしまう。その背景には、西洋の育児書が翻訳されたり、母乳に代わって牛乳が普及し始めたりしたことがあった。こうして近代化が進む過程において、地域ぐるみで子どもを育てるという文化も職業としての乳母も消滅し、徐々に子育ての担い手は母親や幼稚園、保育所に移っていくことになる。

2　子育ての主体としての「母親」の誕生

明治期に入ると、日本という国家を担う国民の育成が急務とされた。そのため、明治政府は、1872（明治5）年に学制を公布し、公教育による近代国家の構築をめざしたのである。学制において、幼児に対する教育施設としての「幼稚小学」の設置が検討されたが、当時は小学校の設立に重点が置かれていたため、実際に設置するまでには至らなかった。

それから4年後の1876（明治9）年、東京女子師範学校附属幼稚園（以下、附属幼稚園と表記）が創設され、日本において初めて公の幼児教育施設が誕生した。だが当時は、幼稚園で行う教育の理念やカリキュラムがなかったため、当時の保姆（明治初期の幼稚園教諭の職名）を中心に試行錯誤のなかで実践が行われた。

附属幼稚園では、当時、世界的に普及活動が行われていたフレーベルの「恩物」を中心に、積極的にフレーベルの思想と実践を受容しようとした。後述するように、「恩物」を中心とした保育内容は後に批判されることになるのだが、この附属幼稚園が日本における幼児教育の礎となったことは間違いない。

実のところ、附属幼稚園が創立された目的は、幼児教育の充実とは別のとこ

図2-1　フレーベルの「恩物」(第一恩物・第二恩物・第三恩物)

ろにあった。その目的とは、近代国家を担う国民を育成するために、従来の家庭教育のあり方を刷新し、かつ学校教育をより効果的に推進していくというものである。そのため、附属幼稚園には、家庭教育の模範として新たな子育ての担い手としての母親に子どもの教育方法を示すという役割が期待されていた。

　近代的な教育制度を徹底させるためには、それまで身分や職業ごとに培われてきた伝統的な子育てのあり方を否定し、新たな教育のあり方を示す必要があった。その際、家庭での教育を担う役割を新たに与えられたのが、「母親」であった。

　それまでの村落共同体における女性は、母親である以前に妻や嫁としての役割が重視されていた。とりわけ農業に従事している場合、女性は貴重な労働力と見なされていた。そのため、明治期以前は、母親に対して子どもの教育を担う役割は期待されていなかった。

　だが、明治期以降、子どもの教育を担う新しい「母親」を養成するために、まずは女子教育の普及がめざされた。高等女学校では、心理学や生理学、教育学といった教科だけでなく、家事や裁縫といった実技科目によってカリキュラムが組まれた。高等女学校の出身者の多くが小学校の教師や幼稚園の保姆となったが、それは、教職を経験することがよりよい「母親」を養成するための手段として効果的であると考えられていたからである（小山静子『良妻賢母という規範』勁草書房、1991年）。

　さらに、学校教育以外の場においても「母親」像の確立がめざされた。例えば育児書において、それまで子どもの授乳や養育に関わってきた乳母に対して

その役割を授乳に限定したり、乳母の選択により厳しい条件を課したりすることを求める記述が登場する（金子、前掲書）。こうした記述は、間接的であるとはいえ、家庭での子育てに第三者が関わることを抑制する役割を果たしたといえる。

このように、新しい時代の新しい「母親」像を作り出すために、女子教育の充実、教育の模範を示す場としての幼稚園の設置、そして育児書による啓蒙が行われた。その背景には、「優れた」母親に育てられた子どもこそ「優れた」人材となり、「優れた」人材が社会に輩出されれば、その延長線上に国家の発展があるという政治的な意図が働いていた。子育ての主体を母親に限定するこうした傾向は大正期以降にもより強調される形で引き継がれていくことになる。

3　「母性」の誕生

大正期は、民主主義や自由、権利を求める運動が政治・言論・芸術・教育といったさまざまな領域において展開された時代であった。また、こうした気運のなかで、当時の女性が置かれていた状況に対する批判から、女性の新しい生き方や地位の改善が問われた時代でもあった。この流れのなかで「母性」という翻訳語が新たに登場したことで、新たな「母親」像は、単に政治的な思惑としてだけではなく、一つの理想像として人々に受け入れられていくことになる。

「母性」という言葉は、スウェーデンの思想家エレン・ケイの moderskap（英語の motherhood に当たる）の翻訳語として登場した。直訳すると「母らしさ」や「母である期間」という意味になる。日本語に翻訳される際、この「らしさ」や「期間」に当たる部分に「性」という漢字が当てられているところに特徴がある。例えば、船橋惠子は、「母性」という言葉には、「女性生殖器官を持つこと、妊娠すること、出産すること」といった「生理的性差」だけでなく、母親という役割もまた「運命づけられた性差」であるかのような錯覚を人々に与えてしまう危険性があると述べている（船橋惠子「母性概念の再検討」『母性の社会学』サイエンス社、1992年）。つまり、「母性」という翻訳語は、女性であれば皆「母性」を有しており、母親となる素質をもっている、という観念を生み出しかねないと批判しているのである。

実際、大正期には、この「母性」という言葉の登場によって、女性は母親として先天的に子どもを愛し育てる能力を備えた存在であるという考え方が、新しい女性がもつべきアイデンティティの一つと見なされるようになった。よって、明治期に政治的背景から導入された言説、すなわち「女性は家庭で子どもの教育を担う存在である」という言説は、大正期になると「母性」という本能に基づく女性特有の役割として積極的に受け入れられていくことになる。

　もちろん、こうした「母親」像の誕生は、言葉の力だけによるものではない。第一次世界大戦前後、産業の中心が都市部へと移るにつれ、従来の村落共同体から切り離された新たな階層とその階層に特有の家族の形が生まれた。それは、「新中間層」と呼ばれる新しい階層である。新中間層を構成していたのは、その多くが農村部から都市に流入してきた農家の次男、三男であり、サラリーマンとして働く人々であった。また、そのような男性と結婚した女性は、一人で家事をこなす必要があったため、結果として専業主婦にならざるを得なかった。当時の新中間層の割合は、全人口における5〜8％にすぎないものであったが、当時の女性にとって、地域や家族のしがらみから解放される専業主婦という生き方は憧れであったようである。こうして明治期に誕生した子育ての担い手としての「母親」が、大正期には「母性」という「本能」を付加され、さらに核家族化により従来の共同体から切り離されたことで、母親たる女性が子どもの教育に集中できる環境が整ったといえるだろう。

　さらに、母親の関心を子どもの教育に向けさせる契機となったのが、大正自由教育運動である。大正自由教育運動では従来の教師主体の教育ではなく、子どもの自己活動や自由な活動が尊重される「児童中心主義」的な教育のあり方がめざされた。先にふれたように、附属幼稚園における恩物主義的な保育が批判され、遊びを中心とした保育内容へと改革が試みられたのも、この時代である。こうした流れのなかで、児童文学や童話、子ども用玩具等、子どもを対象としたさまざまなものが登場した。これは、他方では、大正自由教育の時代になって、子どもへの教育的・啓蒙的なまなざしがいっそう強化された、ということでもあった。

　このように、大正期は、「母性」という言葉の誕生により、母親として子ど

もを育てることが女性にとって「自然」なこととして理想化され、かつそのような生き方が実現できる社会的環境も——一部の階層においては——整った時代であった。さらに、「児童中心主義」という子どもへの関心の高まりは、母親たちにも強い影響を与えた。だが、こうした新しい家族のあり方や子どもへのまなざしは、軍国主義体制によって一時的に阻まれることになる。大正期に生まれた新しい母親像や家族のあり方とともに「女性は家庭で子どもの教育を担う存在である」という言説が全国の人々に広く浸透していくことになるのは、戦後になってからのことである。

4 「3歳児神話」の誕生と幼稚園と保育所の二分化

「女性は家庭で子どもの教育を担う存在である」という言説は、戦後、急速に一般化していく。その過程で「3歳までは母親が子どもを家庭で育てるのが望ましい」とする、いわゆる「3歳児神話」が誕生する。この「3歳児神話」は、今日においてもなお、育児や女性の就労のあり方に影響を与えているとされるが、どのような背景から生まれたのだろうか。

大正期まで、核家族という形態をとる家族や専業主婦として家族を支える女性は、少数派にすぎなかった。これに対し、戦後、高度経済成長により都市化が進んだことによって、その割合が急激に増えていった。これを支えたのが、産業技術の発展である。冷蔵庫や洗濯機等の家電製品だけでなく、粉ミルクや哺乳瓶が身近なものとなることによって、母親は第三者の助けを借りずに家事や育児をすることができるようになった。そのため、多くの女性が専業主婦として、また母親として、従来の村落共同体からも親や親戚からも切り離された環境のなかで、一人で家事と子どもの教育を担うようになったのである。

さらに「女性は家庭で子どもの教育を担う存在である」という言説は、科学的知見によって「3歳児神話」というより強化された言説へと生まれ変わっていった。特に、イギリスの精神医学者ボウルビィによるホスピタリズム（施設病）研究が小児科医や心理学者によって日本に紹介されたことが、この「3歳児神話」の成立に大きな影響を与えた。

そもそもボウルビィによる研究は、乳児院や孤児院等に預けられた乳児に見

られる心身の発達の遅れや異常の原因を究明するために、1948年にWHOから委託されて行われたものである。この研究においてボウルビィが導き出した結論は、乳児期における母親あるいはそれに代わる人の不在や愛情の不足が、乳児の発達に悪影響を与えているというものであった。さらにボウルビィは、この研究を発展させ、乳児期における「愛着（attachment）」関係の重要性を強調した。ボウルビィのいう愛着とは、愛情豊かな母親との間に築かれる、温かく持続的な関係のことである。人間関係の基礎である愛着関係を結べなかった場合、それは発達遅滞や母親による虐待を引き起こす原因になる、とボウルビィは主張した。この研究が、ボウルビィのアタッチメント理論として世界各国に紹介され、さまざまな領域に影響を与えた。今日の日本における保育者養成のテキストにおいても、このボウルビィの理論は乳幼児と保育者との関わりの基礎として引用されており、その影響力は計り知れない。

　実のところ、ボウルビィによるこの一連の研究に対して、欧米では発表後すぐに、その研究上の妥当性を批判的に問う議論がなされていた。それにもかかわらず、日本にボウルビィ研究が紹介された時には、ボウルビィの研究に関する批判的な側面は看過され、主として母性に基づく母子の密接な関係を強化するための理論的根拠としてのみ取り上げられた。

　折しも、ボウルビィ研究が日本に広まった1960年代から70年代は、「育児不安」が社会的に認知され始めた時代であった。さらに、人工乳の普及により、母乳哺育の割合が大幅に低下した時期でもあった。そのため、小児科医を中心に、「育児不安」からくるさまざまな問題は母親の母性の喪失が原因であり、その背景には母乳哺育率の低下がある、という理解が定着していった。厚生労働省も、1975（昭和50）年に母乳哺育を推進するスローガンを掲げ、当時3割程度に落ち込んでいた母乳哺育率を向上させる政策を打ち出した。母乳哺育を推奨することにより、母親と子どもの愛着関係の構築を促進し、乳児の育児を母親の下で行うことを促進させる政策を採ったのである。

　このような国家規模での母乳哺育推進の背景には、高度経済成長が低成長期に入ったことによる福祉予算の削減も関係していたといわれている。政府は、保育所に頼らずに家庭で乳幼児期を過ごすよう推奨することで、保育所に支出

する福祉予算を抑えようとした、というわけである（大日向雅美『母性愛神話の罠』日本評論社、2015年）。

　ところで、「女性は家庭で子どもの教育を担う存在である」という言説になぜ「3歳まで」という年齢制限が加えられたのだろうか。実は、この年齢に明確な根拠があるわけではない。ここにも、やはりボウルビィの影響があると考えられる。ボウルビィは、乳幼児が示す愛着行動の発達を4段階に分け、3歳前後にその発達の最終段階を迎えるとしている（J.ボウルビィ（黒田実郎ほか訳）『母子関係の理論　Ⅰ　愛着行動［新版］』岩崎学術出版社、1991年）。

　さらに、こうしたボウルビィの理論を紹介しながら母子関係の重要性を指摘する人々の多くが「三つ子の魂百まで」という諺に依拠していることも留意すべきである。実のところ、この諺は、例えば広辞苑において「幼い時の性質は老年まで変わらぬ事のたとえ」と示されているように、少なくとも「3歳までの養育が重要だ」という意味ではない。

　そのほかに、3歳児健診が「3歳児神話」の成立に影響を与えたのではないかという意見もある。小沢牧子によれば、3歳児健診は、政治的な意図に基づいて設定されているという（小沢牧子「乳幼児政策と母子関係心理学」『母性』岩波書店、2009年）。小沢は、3歳が、就学前教育としての役割を担う幼稚園へ入園する年齢であるという点に着目している。3歳児健診は、実質的には幼稚園への入園を許可する役割を果たしており、そこから外れた場合には、特別な支援を要するかどうかが判断されることになる。つまり、3歳児健診は、3歳までの子どもの発達や能力を、幼稚園へ入園できるか否かという観点から評価する機能、さらにはその先にある学校教育への適応可能性という観点から評価する機能を担っているのである。それゆえ「3歳児神話」が重要な意味をもつようになったのではないか、と小沢は分析している。

　確かに、ボウルビィの言説がもてはやされた60〜70年代、幼稚園は、特に私立幼稚園を中心に、学校教育への入り口として位置づけられ、小学校に向けた準備教育、すなわち就学前教育の場として多くの園児を獲得し、規模を拡大させていった。一方、保育所は、母親による養育から子どもを引き離す施設として「3歳児神話」を支持する国家からの十分な財政補助が得られないなかで、

認可外の施設を増加させていった。その際、夜間や宿泊を伴う保育を行うベビーホテルでは乳児の死亡事故が多数起きる等、乳幼児保育のあり方および制度が問われる事態も生じた。このように、「3歳児神話」を支持できるか否かという基準によって、幼稚園と保育所が二分され、さらに子どもたちが受けられる保育もまた質の異なるものになっていった。結果として、「3歳児神話」は、幼稚園と保育園という二元体制を積極的に作り出し、保持する役割を果たしたとも考えられる。

このように、「女性は家庭で子どもの教育を担う存在である」という言説は、大正期に生まれた「母性」という観念を基礎にしながら、戦後、人々に広く受け入れられていった。この言説は、ボウルビィの一連の研究を理論的背景に、心理学者や医師によって科学的根拠を伴うものとして正当化された。さらに、それが、「3歳児神話」として国家によっても支持されるようになり、子育てのあり方から女性の就労、幼稚園や保育所のあり方に至るまで、多大な社会的影響を与えることになったのである。

5 「3歳児神話」の否定と保育所機能の拡大

こうして成立した「3歳児神話」は、早くも1980年代にはほころびが見え始める。その契機となったのが、当時、社会問題として取り上げられた、子どもによる暴力事件である。例えば、1980（昭和55）年に浪人生の息子が両親を惨殺した「金属バット事件」（川崎市）を挙げることができる。こうした事件は、「子どもがわからない」といった不安や、従来の子ども像を捉え直すべきであるという議論を生み出した。その際、このような事件を引き起こす要因として、当時、加熱していた学歴競争・受験競争という学校教育の問題だけではなく、家庭教育の問題が指摘された。つまり、子どもの暴力事件をめぐり、母親に依存する家庭教育のあり方が批判にさらされることになったのである。

それだけでなく、1980年代後半には、児童虐待の問題が取り上げられるようになる。ここでは、母親が加害者であることによって、生来の「母性」を備えているという従来の母親像にも疑いのまなざしが向けられるようになった。

また、1986（昭和61）年には、男女雇用機会均等法が施行され、女性の就労

の可能性が開かれたこともあり、既婚有職者の割合が専業主婦を上回った（総務省労働力調査）。さらに、晩婚化や結婚を望まない人の増加、夫婦別姓等、多様な家族のあり方が登場した。その結果、これまで「3歳児神話」が暗黙のうちに前提にしてきた核家族という家族のあり方それ自体にも揺らぎが生じた。

　こうした時代の変化を受けて、1998（平成10）年、厚生労働省は、「3歳児神話」を否定する提言を提出する。

　　……母親が育児に専念することは歴史的に見て普遍的なものでもないし、たいていの育児は父親（男性）によっても遂行可能である。また、母親と子どもの過度の密着はむしろ弊害を生んでいる、との指摘も強い。欧米の研究でも、母子関係のみの強調は見直され、父親やその他の育児者などの役割にも目が向けられている。三歳児神話には、少なくとも合理的な根拠は認められない。（厚生労働省『厚生白書』1998年）

　厚生労働省がこのような提言を示した背景には、少子化への危機感があったといわれる。少子化が問題視される契機となったのは、1989（平成元）年に合計特殊出生率が1.57まで落ち込んだことであった。これを受けて、出生率向上のために少子化対策が国家の重要課題として認識されるようになった。少子化が社会問題と見なされるのは、少子化による総人口数の減少が、社会保障負担の増加を招いたり労働力の減少を引き起こしたりすることで経済成長を抑制する、と考えられたからである。ここには、国家の経済力を維持するために、育児の負担を減らすことで出生率を上げ、さらに女性の就労を支援することによって、労働力も確保しながら人口減少も食い止めようという、国家側の思惑があると考えられる。

　こうして、少子化対策を推進するために導入されたのが、幼稚園や保育所等に対する子育て支援政策である。なぜなら、少子化の原因として、育児・子育てに対する負担感の増大や仕事と子育てを両立できる環境設備の遅れが指摘されていたからである。そこで、幼稚園や保育所等での保育時間を延長することにより、母親の育児負担の軽減と女性の就労への支援がめざされた。また、幼稚園や保育所が地域の子育て支援の拠点となることによって、母親に対する育

児相談を実施する機会を設ける等、子育てが母親だけの負担とならないような支援を充実させることもめざされた。

　だが、今日行われている子育て支援政策は、量を増やすものに留まっている。例えば、保育所の設置規準を緩和することにより保育所数を増やしたり保育時間を延長したりすることや、保育士不足を解消するために保育士資格の基準を緩和すること等である。しかしながら、今日、私たちが問わなければならないのは、これまで母親が担ってきた子育てを幼稚園や保育所が代理し、その規模を拡大させつつある時代に、保育の質をどう維持するかである。この問題に対する抜本的な政策が今後の日本社会の大きな教育課題であることを忘れてはならない。

＊　　　　＊　　　　＊

　以上のように、「3歳児神話」が否定され、子育ての担い手が家庭から幼稚園や保育所等に移りつつある今日、幼稚園や保育所等における保育者の果たす役割はますます重要になってきている。保育者を始めとして、これからの幼児教育を考える私たちは幼児教育の未来をどのように構想すればよいのだろうか。

　従来の保育者養成および社会が保育者に求めてきた役割は、「母親」の代理として子どもたちと関わることであった。だが、これからの幼児教育を考えるならば、保育者に求められていることは、保育者が「母親」の代理を務めることではなく、従来の母親像から離れた、保育者の専門性を追求することではないだろうか。

　本章で見てきたように、これまで保育者に期待されてきたとされる「母親」像は、明治期以降の政治的・経済的な動きのなかから意図的に作り出されたものである。これまでの歴史のなかで、この「母親」像は国家や科学によって正当化され、女性がめざすべき理想像として機能してきた。だが、1980年代以降、家族のあり方や女性の生き方も多様化してきており、そうした「母親」像には限界があることも明らかになってきている。にもかかわらず、保育者が従来の枠組みを踏襲し、疑似的ではあれ母子の愛着関係を再生産し続けることは、子どもはもちろん、今日の人々の生の多様性を狭めることにもなりかねない。

　また、これまでは、保育者の担う役割を「母親」の代理と規定してきたこと

によって、保育の担い手が女性に限定される傾向が強かった。そのため、幼稚園教諭や保育士は、結婚等の理由による早期離職率が高く、職務の待遇が改善されにくい。こうした状況を打開するためには、幼稚園や保育所等をより開かれた職業へと改善しつつ、保育者の専門性を高めることが必要であろう。

では、「母親」の代理という役割を脱却した保育者の専門性とはいかなるものだろうか。さまざまな最新の科学的知見に基づく教育実践を実施するだけではなく、例えば、保育者が「反省的実践家」（D.ショーン）として自らの実践を反省的に振り返り、改善していくことが挙げられる。この場合、保育者は、子どもにとって（もしくはその場面において）自らができる最善の実践とは何かをつねに問い続けることになる。

加えて、幼児教育・保育の歴史を知り、自らの実践がどのような歴史の文脈に位置づけられるのかを問う必要もある。例えば、本章において見てきたように、「母性」の歴史性やその背景を知ることで、「母性」を重視してきた保育者像を相対化し、また別の保育者のあり様を模索することもできるようになるだろう。

こうした専門性をもつことは、決して、母性的なるものを否定することではない。それは、歴史性をもつ従来の「母性」に終始するのではなく、それを乗り越えていくことを可能にする。そのためには、子どもたちとの関わりのなかで、これまでの歴史を批判的に継承しつつ、未来に向けて、時代の変化に応じた新たな実践を展開するという姿勢とそれを支える専門性をもつことが重要となるだろう。

参考文献

J.ボウルビィ（黒田実郎ほか訳）『母子関係の理論 I 愛着行動［新版］』岩崎学術出版社、1991年。
船橋惠子『母性の社会学』サイエンス社、1992年。
小山静子『良妻賢母という規範』勁草書房、1991年。
大日向雅美『母性愛神話の罠』日本評論社、2015年。
小沢牧子『母性』岩波書店、2009年。
D.ショーン（佐藤学ほか訳）『専門家の知恵——反省的実践家は行為しながら考える——』ゆみる出版、2001年。

3 中等学校史

社会はどのような「大人」を求めてきたのか

　本章の主題である中等教育とは、文字通り初等教育と高等教育の中間に位置づけられる教育である。日本では、中学校（前期中等教育）・高等学校（後期中等教育）が中等教育機関に当たる。日本の中等教育が今日のような体制になったのは、第二次世界大戦後のことである。だが、中等教育そのものは、ヨーロッパにおいて長い時間をかけて成立・展開してきた。以下では、まず、ヨーロッパにおける中等教育の成立史を、そして次に、日本における中等教育の成立史を概観していく。これを通して、日本における中等教育の今後の課題を指摘したい。

1　ヨーロッパにおける中等教育の歴史
(1) 中世から近代まで
　ヨーロッパの中等教育は、上層階級の教育のなかから成立してきた。まずは成立過程とその背景について見ていこう。
　キリスト教が教育や学問研究の分野で大きな支配力を有していた中世ヨーロッパでは、当初、教育が行われた場所は、修道院に設けられた「修道院学校」であった。キリスト教世界のなかで、宗教的儀礼を遂行する聖職者を養成することは重要な課題であり、聖職者として活動するための知識を教授することが最優先されるべき教育であった。
　12世紀になると、神学を中心とした修道院学校を基礎として、大学が成立する。大学には、ヨーロッパ各地から学生が集まった。大学で使用されていたテキストはすべてラテン語で書かれていた。当時、ラテン語は、日常生活のなかでは使用されない、世俗からかけ離れた「高尚な」言語であり、それゆえ人間

性の宝庫であると考えられていた。中世における大学には、ラテン語を習得した者だけが入学を許されていた。そこで、大学に入学するのに必要なラテン語の基礎を学ぶための「文法学校」が設けられた。文法学校の教育内容には、文法だけでなく、そのほかにも修辞学・弁証法（論理学）・算術・幾何学・天文学・音楽を含む「七自由学芸」と呼ばれる学問が含まれていた。この文法学校が、ヨーロッパにおける中等教育学校の起源の一つである。

　一方、中世には都市で商業や工業が栄え始めていたが、それらを支える一般民衆が中等教育を受ける機会はほとんどなかった。一般民衆の場合、教育は主に家庭で行われていた。例えば、農業を営む家庭では、現場の農作業に従事するなかで子どもは農作業にしだいに習熟し、親の跡を継いだ。とはいえ、時には一般民衆の子どもも、「読み・書き・そろばん（3 R's）」のような実用的な知識を、教会等が運営する学校で学ぶこともあった。

　商工業を中心とした経済の発展に伴い、しだいに台頭してきた職人の子どもは、商工業者の間で結成された「ギルド」による教育を通して実用的知識を身につけるようになった。ギルドでの教育は、ギルドの親方に徒弟として弟子入りする徒弟制という形式で行われていた。

　14世紀になると、富裕になった商人の子どもを対象に「実用専門学校」という商業に関する専門学校が都市の各地に設立される。そこでは、簿記や数学等、商業に必要な知識が学ばれていたが、この学校の教師は実務に就いていた商人であったため、実際には、学校というよりも徒弟制に近いものであった。

　このように、中世ヨーロッパにおける中等教育機関は、ラテン語を中心とした知識を学ぶ、大学の準備機関である文法学校と、商人や職人の子どもを対象として実用的な知識を教育するギルドや実用専門学校とに分かれていた。文法学校は、イギリスにおいてはその名の通りグラマースクールに発展し、フランスではコレージュ、ドイツではギムナジウムへと発展した。他方、ギルドに代表されるような実用的な教育機関は、現在のドイツにおける「レアールシューレ（実科学校）」や「ハウプトシューレ（基幹学校）」といった教育機関にその名残がある。

（2）近代から現在まで
① 近代ヨーロッパにおける中等教育

　さて、16世紀から18世紀にかけて、ヨーロッパでは、厳しい身分制に基づく封建社会から近代的な市民社会へと社会のあり様が大きく変容した。

　まず、イギリスにおける清教徒革命（1649）や名誉革命（1688）、フランスにおけるフランス革命（1789）といった市民革命によって、個人の基本的人権を尊重する新しい人間像が生まれ、民主主義的思想が芽生えた。

　また、この時期にいわゆる科学革命が生じたことも重要である。例えば、ニュートンの力学モデルは、神に拠らず、客観的に観察される因果法則によって自然界のすべての事象を説明することができる近代科学の典型であった。このような近代科学的な認識が広まることによって、中世におけるキリスト教的な知は科学的知見に取って代わられることになった。科学革命による科学技術の発展は、17世紀から19世紀にかけての、工場制機械工業と分業とに象徴されるような産業革命へと結実した。

　中等教育のあり様も、上に述べたような社会変容の影響を受けることとなった。ラテン語の学習を中心としていた文法学校は、大学の準備機関としての中等教育学校と、実学主義的な知識の教授を通して産業発展に貢献する人材を養成するための中等教育学校とに、より明確に分かれていくことになった。後者の動向は、重商主義体制であったイギリスでは国語教育や自然科学教育を重視する「アカデミー」を、ドイツでは、先述のように、職業の準備教育を行うレアールシューレ、ハウプトシューレを作り出すことになった。

　他方、中世の職人教育に大きく貢献したギルドは、王政と結びついて既得権益を維持しようとする保守的な団体と見なされ、市民革命のなかで批判の対象となり、しだいに衰退していく。それまでギルド内の教育を通して実用的な知識を得ていた徒弟たちは、徒弟制教育を受けることなく直接工場等で実務を行うようになった。だが、工場のなかで実際に従事するのは単純で反復的な作業が中心であり、徒弟制教育で教え込まれていたような熟練を要する技術はしだいに必要とされなくなった。これに伴い、実用的な技術教育も単純なものへと変容していくことになった。

② フランスにおける公教育改革

ところで、市民革命によって民主主義的思想が広がるにつれて、すべての国民が等しく教育を受けることを要求する声がしだいに強くなっていった。これに伴って、「すべての者に中等教育を」をスローガンに、「公教育」を構想する動きが盛んになっていく。以下では、フランスにおける公教育制度をめぐる議論の流れを見ていこう。

最も代表的な公教育論者として、N.コンドルセの名前を挙げることができる。コンドルセは、フランス革命以前は数学者として知られていたが、革命後は革命議会における教育委員長として、公教育に関する教育改革案を立憲議会に提出する等、教育行政の領域で活躍した。

彼の公教育論で重要なのは、次の3点である。第一に「義務としての公教育観」である。コンドルセは、教育を国民に提供することは国家の義務であり、特権的に生きる上層階級だけでなく、一般民衆を含めた国民全員に等しく教育を受ける機会があることを主張した。第二に、「教育機会の均等」である。コンドルセは、単線型学校体系を構想し、すべての教育段階における教育費の無償化や男女共学の学校体系、学校の全国配置を主張した。これは現在の公教育にも通じる原理であり、当時は重要視されていなかった女子教育に関しても言及していたのは画期的なことであった。第三に「教育の中立性」である。公教育で教えられる知識は、政治や宗教に関わる価値から独立したものでなければならず、合理的に証明された真理のみが教えられるべきであった。このようなコンドルセの公教育論は、しかしながら、議会で十分に議論されることなく廃案となってしまった。

フランスで実際に公教育制度が整備されたのは、フランス革命の混乱を収拾したナポレオンによる軍事独裁政権が樹立されてからである。ナポレオンは有能な官僚を養成するための中等学校と、忠誠心の厚い兵士を輩出するための初等学校とを別系統に位置づけ、複線型の公教育体系を整えた。中等学校としては、国立のリセーと市町村立のコレージュが設立され、どちらの学校にも古典語、修辞学、論理学、数学、自然科学を教えることを通して、将来有望な官僚を養成することが期待されていた。他方また、上述したように、産業革命以降

の経済発展のなかで、実学を重視した中等学校の設立がしだいに重要な課題となっていった。そのため、いくつかのリセーとコレージュでは、ラテン語の学習が課されない、実用的、技術的な教育内容を中心とした課程が設置された。とはいえ、こうした改革を経ても、中等教育が一般民衆に対して開かれることはなかった。一般民衆が中等教育を受けることができるようになるには、第一次世界大戦後の「統一学校運動」の展開を待たなければならなかった。

③ 統一学校運動

　第一次世界大戦後、フランスは戦勝国であったとはいえ、戦争による被害のため、国全体が疲弊していた。教育施設の損害も大きく、子どもたちは満足に教育を受けることができない状態にあった。このような状況のなか、戦後復興の一貫として、教育による社会改革が議論され始めた。この議論の基礎理論となったのがコンドルセによる公教育論である。社会改革のためには、コンドルセがいうように、すべての人々が等しく教育を受けることが必要である。これを実現すべく、それまで貴族等の富裕層だけに限定されてきた中等教育を受ける機会の不公正をなくし、すべての子どもたちに初等・中等教育を提供することをめざして統一学校運動が展開された。

　例えば、1919年に設立された「コンパニョン教会」は、6歳から14歳までのすべての子どもたちに無償・義務・共通の教育を提供する統一学校を構想した。具体的には、すべての子どもを対象とした初等統一学校を構想し、さらに、統一学校修了者に中等教育へ進学する権利を提供するという構想も打ち立てた。この統一学校構想は、コンドルセの思想を反映したものであったが、すぐに実現されることはなかった。フランスにおいて、この構想が実現に向けて議論され始めたのは1937年のことである。同年、文部大臣ジャン＝ゼイによって統一学校運動推進のための教育改革法案が提出された。だが、ゼイの教育改革も、第二次世界大戦が勃発したために、ほとんど実現することなく消えてしまった。

④ ヨーロッパにおける中等教育の現状

　第二次世界大戦後、ヨーロッパ各国では、統一学校運動の影響を受けたさまざまな教育改革案が提出された。例えば、フランスでは、1947年における「ランジュヴァン改革案」が挙げられる。ランジュヴァン改革は、社会階級、人種

等の別を問わず、すべての子どもは、彼（女）ら自身の人格を発達させる権利を有するという「正義の原則」のもと、6歳から18歳までのすべての子どもを対象とする義務教育の無償化を提言した。この改革案は、財政面における問題等によって実現には至らなかったが、教育機会の均等を主張する正義の原則は、その後のヨーロッパにおける教育改革全体に大きな影響を与えることになった。

さらに、フランスでは、1975年における「アビ改革」によって、小学校をすべて5年制とし、小学校の卒業者すべてに対して、4年制の前期中等教育のコレージュに進学した後、後期中等学校であるリセーで「学術教育」と「職業教育」に分かれて進学する機会を提供するという案が提出された。この中等教育改革案は、前期中等教育段階までを単線化することによって、「すべての者に中等教育を」という理念を実現するとともに、能力や適正に応じた多様な中等教育を提供するための試みであったといえる。

イギリスとドイツではまた異なる改革が行われている。従来、イギリスの中等教育は、中等教育学校を「グラマースクール（学術）」、「テクニカルスクール（技術）」、「モダンスクール（実科）」という3種類に分ける「フォーク型学校体系」として構成されていた。つまり、共通の初等教育を受けた子どもたちが、11歳の段階で「イレブン・プラス試験」によって三つの中等学校のいずれかに振り分けられていたのである。この制度では、大学へ行けるのはグラマースクール卒業者のみであった。そのため、子どもの将来を11歳という早期の段階で決定してしまうことへの批判が高まり、結果、3種類の中等学校を総合的に一本化する「コンプリヘンシヴスクール」と呼ばれる総合制中学校が構想されるに至った。現在、コンプリヘンシヴスクールはイギリス全土に設立されている。コンプリヘンシヴスクール卒業後、大学進学を希望する者は大学入学資格試験の準備コースに進み、特別な職業資格の取得をめざす者は継続教育カレッジに進むというように、後期中等教育機関も多様に設置されている。

ドイツでもイギリスと同様に、従来は「ギムナジウム（学術）」・「レアールシューレ（技術）」・「ハウプトシューレ（実科）」という3種類の中等教育機関に分化していたが、総合制の「ゲザムトシューレ」が設立されている。ゲザムトシューレは、他の3種類の学校とは異なり、学力による選抜を行わない形で生徒

を入学させることによって、生徒がもつ固有の能力や個性を重視した教育をめざすという点に特徴がある。

しかしながら、イギリスやドイツで新たに設立された総合制学校に対しては、総合的なカリキュラムを提供することによってかえって優秀な才能を伸ばすことが難しくなってしまうのではないかという批判がなされている。これに対して、イギリスでは、コンプリヘンシヴスクールを能力別学級編成にする等の対策が講じられたが、その結果、学内において子どもたちが平等に教育を受けることが難しくなってしまった。また、ドイツにおいても伝統的なフォーク型学校体系に対する支持は依然として根強く、ゲザムトシューレの普及は難しいという状況が続いている。その理由としては、社会における就職先等が伝統的な学校体系に合わせて設けられているため、ほとんどの子どもとその親がゲザムトシューレよりも伝統的な学校への進学を望んでいることや、移民の背景をもつ等のマイノリティの子どもが進学する学校であるというような先入観が先行していることが挙げられる。

ヨーロッパでは、すべての子どもに中等教育をという理念のもと、教育機会の不均等という問題は一定程度、克服されてきたといえる。しかしながら、ホワイトカラーの子どもの大学進学率が増加しているのに対し、ブルーカラーの子どもの大学進学率は伸び悩んでいる等、家庭環境による教育格差は依然として大きい。また、世界情勢が不安定な現在、ヨーロッパ各国で増え続ける移民や難民に対して中等教育をどのように提供するかという問題も新たにもち上がっている。

2　日本における中等教育の歴史

前節で見てきたように、ヨーロッパにおける中等教育は、何世紀にもわたって少しずつ形を変えながら成立してきた。これに対し、日本における中等教育は、極めて短期間のうちに成立・発展した。その要因として、日本が近代国家建設のための整備を急速に迫られたことが挙げられる。以下では、明治時代から、日本の中等教育が整備されていく過程を見ていくことにしよう。

(1) 明治期から戦後まで

① 「学制」の構想

1867（慶応3）年の大政奉還によって江戸時代の幕が閉じた後、日本は近代国家の建設に向けた整備を急速に迫られることになった。社会構造が封建的であった江戸時代には、武士には武士のための、農民には農民のための教育がそれぞれ行われていた。だが、明治時代に入ると、身分にかかわらずすべての人々を近代国家の国民へといかにして教育するか、ということが大きな課題となった。具体的には、「富国強兵」、「殖産興業」をスローガンに掲げた近代国家形成を指導するエリートの養成と、そのエリートを支える労働者となる国民一般のための教育を整備することが必要であった。前者は大学の開設へ、後者は小学校の開設へとつながっていった。では、その間をつなぐ中等教育機関がどのように形作られていったのかを見ていこう。

1871（明治4）年に廃藩置県が行われ、文部省が設置された。1872（明治5）年には「学制」が発布される。学制は、全国に大学校、中学校、小学校を設置するという、ピラミッド型の教育体系を構想した。教育年限は、初等教育が下等小学校4年と上等小学校4年の8年、中等教育は下等中学校3年と上等中学校3年の6年、高等教育としての大学校は3年であった。中等教育には、下等（14歳から16歳）・上等（17歳から19歳）からなる中学校のほかに外国語学校等も含まれており、規模や教育内容は多様な形で構想されていた。これらの中等教育は、大学へと進学するための予備教育を行うエリート養成機関であり、具体的には、外国語だけでなく数学や幾何学、物理学、化学、博物学等西洋の学問に基づいた実学が学ばれるはずであった。

だが実際には、学制は、資金不足等のため完全に実現されるまでには至らなかった。1873（明治6）年の時点で成立した公立中学校はたった3校であり、極めて少数の富裕層の子どもが進学するのに留まっていた。

② 森有礼による「学校令」

1881（明治14）年、「国会開設の詔」をきっかけに、近代的な憲法に基づいた立憲国家体制が構築されていくなかで、初代文部大臣の森有礼は、大幅な教育制度改革に着手する。1886（明治19）年、森は「学校令」を制定している。学

校令は、小学校から大学までのすべての学校を包括的に規定している学制とは異なり、それぞれの学校種別ごとに全国一律の規定を定めたことに特徴がある。具体的には、小学校令（尋常小学校4年、高等小学校2年）、中学校令（尋常中学校5年、高等中学校2年）、帝国大学令（学部3年）、師範学校令（尋常師範学校4年、高等師範学校3年）によって、各学校の基本体制が定められた。

　中学校令で規定された中等学校は、尋常中学校と、尋常中学校卒業生のうち少数の者が進学する高等中学校の2段階で編成されていた。尋常中学校では、国語や漢文、外国語、地理・歴史、物理、化学といった学科科目に加えて、農業や工業といった実業に関する専門的知識がカリキュラム化されていた。また、高等中学校では、帝国大学に進学することを目的に、外国語科目を中心としたカリキュラムが組まれていた。代表的な高等中学校として、東京大学教養学部の前身である第一高等中学校や東北大学教養部の前身である第二高等中学校が挙げられる。

　他方、1899（明治32）年には「高等女学校令」が制定された。教育内容は、「賢母良妻タラシムルノ素養ヲ為ス」という文言が示すように、富裕層の女子を対象とする「良妻賢母」教育が行われていた。具体的には、外国語や歴史といった男子の中等学校と同じ教育内容以外に家事や裁縫といった学科が設けられていた。

　1899（明治32）年には「中学校令」が改正され、尋常中学校は「中学校」と改称された。また、この改正中学校令とともに「実業学校令」が制定され、男子の中等教育機関として新たに実業学校が開設された。実業学校とは、日清戦争後に急速に発展した産業革命によって高度な技術者が必要になったことを背景として、工業や農業、商業、商船等に関する実業教育を施す学校であった。そこでは、基礎的な学科に加えて、各種実業に関する学科や実習が重視された。

　このように、中等教育が拡大していくのろしが見えていたとはいえ、これらの中等教育機関に進学した者はやはり少数の富裕層の子どもであり、明治30年代になっても就学率は全人口の10％に満たなかった。

③　教員養成の萌芽

　ところで、この時期、教員養成のための師範学校も設置され、卒業生が全国

各地の学校に教師として送られるようになった。全国で展開していく小学校の設立と普及に伴い、教員養成機関の設置が急務となった。森有礼によって師範学校令が公布されたのに伴い、師範学校は、小学校教員養成を目的とした尋常師範学校と中等学校教員を養成する高等師範学校の2段階に分けられた。尋常師範学校は各都道府県に設置された。尋常師範学校は、現在の教員養成機関とは異なり、高等小学校を卒業した者が入学できる中等教育機関であった。また、高等師範学校は東京に1校設置された（後に東京高等女子師範学校、広島高等師範学校、奈良女子高等師範学校等が順に設立）。高等師範学校卒業者のなかには尋常師範学校の校長や教員として赴任する者もいた。

師範学校を卒業した者は必ず教員になることが義務づけられていた。その代わりに、師範学校の学費は無償であり、兵役も免除されていた。そのため、経済的な理由から中学校に進学することを断念せざるを得なかった貧困家庭出身の優秀な生徒にとって、師範学校は立身出世の場としても機能していた。当時の理想的な教師像は献身的に国家を支える人材であると考えられており、師範学校は学費無償という恩恵に対して国家に忠実に奉公するという国民を育成する場でもあったといえる。

④ 大正期における中等教育の拡大

大正期には、貿易輸出が増加するなかで、重化学工業を中心とした工業化が進んだ。この状況の下、工場での技術者を養成する実業学校を中心に、中等教育進学者が徐々にではあるが増加していく。高等教育機関に接続する中等教育機関ではないものの、尋常小学校を卒業した後の教育の場である「実業補習学校」[1]といった準中等教育機関への進学者も大幅に増加した。実業補習学校は、1893（明治26）年に成立した職業訓練の学校であり、尋常小学校を卒業した勤労青年が教育の対象であった。このような準中等教育機関は、初等教育修了後の学力低下の防止を目的としており、国民としての教養や職業的技術の向上に大きな役割を果たした。

以上のように中等教育進学者がしだいに増加していくなか、1918（大正7）年の「高等学校令」改正によって、旧制高等学校が廃止された。1894（明治27）年の高等学校令では、高等学校は大学の予備門として高等教育機関に位置づけ

られていたが、改正高等学校令では尋常科4年と高等科3年の7カ年制として修業年限が定められ、中等教育と高等教育の両方を含み込んだ形で制度化された。また、国家によって設置される官立のほかに公立・私立の高等学校の設置が認められ、公立校として富山、浪速、東京府立が、私立校として武蔵、甲南、成蹊、成城といった高等学校が新設されることになった。このように高等学校を含めた中等教育の拡大によって、各学校への入学志願者は大幅に増加し、過熱化する受験競争が社会問題化した。

　他方でまた、中等教育がこうして拡大していくのと並行して、次項で述べるようなファシズム体制が敷かれつつあった。例えば、1925（大正14）年「陸軍現役将校学校配属令」によって、中等教育以上の学校で陸軍現役将校による軍事教練が行われるようになった。中学校や実業学校、師範学校、高等学校に属す者は、配属された陸軍将校の指導の下、軍事の予備訓練を受けるようになった。これは、生徒・学生たちを軍の兵隊として養成するといった直接的な軍事目的ではなかったものの、教育と軍事とが融合し、軍国主義的な国民形成が行われるきっかけになったといえる。

⑤　**ファシズム期**

　時代が昭和に移ると、中等教育就学率は25％を超え、4人に1人は中等教育を受けるようになった。就学率の増加を受けて、これまでエリート養成と実業教育とに大きく二分されていた中等教育も再編成が必要となった。また、軍国主義的国家体制の確立への動きも、中等教育再編のもう一つの重要な理由であった。この時期、世界恐慌の影響が日本にも及び、その打開策としてアジア進出という国家戦略が推進された。1931（昭和6）年には、満州事変が勃発し、満州のほぼ全域を日本軍が占領したことをきっかけに、軍部を中心とする軍国主義勢力が台頭する。これにより、当時の日本における諸政策も、軍国主義的なものへと方向づけられることになった。そのなかで、欧米流の民主主義的思想や社会主義的思想は徹底的な排除の対象となり、天皇を中心とする秩序である「国体」観念に基づく「思想善導」が行われた。思想善導の動きは学校教育にも入り込み、国体の精神を児童・生徒に植えつける「皇国民形成」を目的とした教育が行われるようになっていった。すでに、中等教育では軍事教練のよ

うな軍国主義的な教育が行われていたが、そこに思想善導が結びつくことによって、軍国主義的な教育が確立され、よりいっそう強化されていくことになった。

　1937（昭和12）年に日中戦争が勃発すると、戦力増強を図るために複線的な中等教育を一本化し、統一化しようとする動きが生じた。ファシズム体制を形作る上で、中等教育を統一化することによって、青少年に対する教育全体を思想善導の見地から包括的に掌握しようとしたのである。1943（昭和18）年には、従来の「中学校令」、「高等女学校令」、「実業学校令」が廃止され、新たに「中等学校令」が制定された。この結果、中学校の修業年限が短縮され、中学校は4年、高等女学校が2年、実業学校が3年となった。これらの学校の生徒たちには、激化する戦況のなか、実務に就くまでの期間を可能な限り短くすることで、総動員体制の下、皇国民の一員として早く国力の増強に貢献することが期待されていた。また、「中等学校令」制定と同時期に、「師範学校令」も改正された。改正師範学校令では、それまで道府県立であった尋常師範学校がすべて官立に移管され、高等小学校卒業を入学資格とする予科と中学校卒業を入学資格とする本科の2段階に分けられた。また、森有礼の時代から続いていた師範学校生徒の兵役免除も廃止された。教員養成機関にも軍国主義の波は押し寄せ、師範学校の生徒も動員されるようになった。

　このように、しだいに戦局が悪化するなかで、青年期の者を社会の一員へと導いていく中等教育機関やそこで彼らを教え導く教師を養成する機関が、軍国主義へと方向づけられていった。しかしながら、都市への空襲が続いたため、すべての中等教育機関の授業を原則として停止する緊急処置がとられることになった。したがって、軍国主義的な中等教育は現実には機能しなかったといえるかもしれない。学校教育そのものが機能しなくなってしまうなか、1945年8月15日に日本は終戦を迎えることとなった。

　以上、明治期から第二次世界大戦終結にまで至る日本における中等教育の変遷を概観してきた。以上のことから、戦前の中等教育が近代国家形成のための重要な国民形成の場であったことがわかる。そこでは、生徒個人の意志よりも国家的な目的が優先され、国家の発展に貢献することが生徒たちの第一の使命

であり、かつそれが幸福にもつながっていくだろうという論理が働いていた。次に、このような戦前の中等教育への反省から新たに築き上げられた戦後の中等教育を見ていこう。

（2）戦後の中等教育
① 終戦直後における中等教育の建て直し

終戦後、日本は連合国最高司令官総司令部（GHQ）の民間情報教育局（CIE）と多くの交渉を行いながら戦後教育の方針を模索していく。まず、日本側は、独自の教育改革案を提示し、軍国主義的な教育を改め、平和国家の建設をめざす方向性を示した。具体的には、学徒動員の解除や軍事教練の廃止、科学教育の振興が明示された。だが、CIEは、日本側が示した教育の役割がいまもって国体の護持にあることを批判し、文部省に対して、国家主義・軍国主義の払拭、教職追放、教育と宗教の分離（国家神道と結びついた天皇制教育の廃止）、修身・国史（神話に基づく日本の歴史）・地理の3教科の中止を命じる「教育の四大指令」を発令した。中等教育に関しては、修身、国史、地理の3教科の全面停止は重要な事項であった。この3教科が禁止された理由としては、それぞれの教科に国家主義、軍国主義的な内容が含まれていたことが挙げられる[2]。その後、日本歴史・地理の授業は、教科書の問題のある箇所に削除訂正を加え、学問的な客観的資料に基づくようになったことで、再開されるようになったが、修身に関してはCIEからの再開許可が下りることはなかった。そこで文部省は修身に代わるものとして公民科の設置を計画したが、1947（昭和22）年3月に公表された「学習指導要領（試案）」では、歴史・地理・公民教育はいずれも新設された「社会科」に包摂された。社会科は、生徒たちが社会生活について理解することや問題解決能力を養うことをめざした。戦前の教科が、生徒に一方的に知識を教え込むものであったことを反省し、生徒たちが自由に知識を探求する力を育むものにしようという意図がそこには表れていたといえよう。

学校制度そのものも、アメリカにならい、6・3・3・4制の単線型の学校体系へと整備された。中等教育について述べるなら、前期中等教育として、修業年限3年、全日制、男女共学を基本とした中学校が誕生した。新制中学校に

は義務教育制が導入された。当初は、教員の不足や校舎・教室の不足といったさまざまな問題が山積していた。そのため、学力低下が危惧された。もちろん、学力低下の要因は、単に教員や施設の不足といったものだけではなく、敗戦による教育行政の混乱や貧困といった要素が複合的に絡まり合っていたといえる。

他方、後期中等教育（高等学校）もまた単線型に統一されたが、他方では、普通教育課程のみならず、農業や工業等の専門教育課程を含んだ高等学校も新設された。当初は、高等学校に進学する者がさほど多くなかった。だが、1935（昭和10）年には18.5％であった高校進学率が、1950（昭和25）年には42.5％に達し、急速な普及を遂げた。

また、教員養成に関しては、戦前の師範学校が大学に設置されていた教育学部や学芸学部へと改編されることになった。1949（昭和24）年に「教育職員免許法」が制定され、学校教員になるためには、四年制大学で教員免許を取得することが必要となった。さらに、明治以来、学校教員は師範学校に限定された閉鎖的な養成がなされてきたが、教員養成を目的とする学部以外の学生も、大学の教職課程で必要な単位を取得すれば教員免許を取得することができるような開放制に改編された。

② 高度経済成長期における問題の顕在化

1950年代半ばから1970年代にかけて、日本経済は高度経済成長の時代を迎えた。これ以降、社会経済の高度な発展を支えるような技術者養成が強く求められ、中等教育の質的向上がめざされるようになった。また、第一次ベビーブーム世代が入学し、生徒数が大幅に増加することへの対応も迫られることになった。

1958（昭和33）年の学習指導要領改訂では、科学技術の革新と経済の高度成長という国家的要請に基づいて、基礎学力の向上と科学技術教育の充実がスローガンとして掲げられた。主な改訂内容としては、中学校において数学と理科の時間が増加する等、科学技術に関わるものを中心として、学力を保障するために系統的な教育体系が構築された。また、同年5月に「義務標準法」が制定されることによって、生徒数が増え続けるなかで教育の質を保証するために、45人を学級の定数とし、学級の人数をそれ以上にしないことが推奨された。義

務標準法では、教職員定数も同時に定められたが、増加する生徒数に対して教員の不足が顕著になったため、教員養成系の大学の学生には教員免許の取得が義務づけられるようになった。

　高等学校に関しては、戦後20年の間に高校進学率が70％を超え、その後も進学率の増加が見込まれるなかで、その存在意義や教育内容が見直されることになった。1966（昭和41）年の中央教育審議会答申「後期中等教育の拡充整備について」では、高度経済成長という社会状況の下、多様な人材養成に応えるための高等学校教育が提言された。具体的には、職業教育の充実を中心とした教育内容の多様化に留まらず、義務教育修了後に働かざるを得なかった「勤労青少年」を対象とした定時制・通信制の教育機関を整備することの必要性が示された。

　他方、高校進学率の増加に伴い、受験競争が熾烈化し始めたのもこの時期である。学力偏差値によって学校が明確に序列化され、多くの生徒たちが学習塾に通い始めた。受験競争が過激化し、膨大な教育内容が生徒たちを苦しめるという現状が問題視され始めたのである。この状況のなかで、1968（昭和43）年に学習指導要領が改訂された。そこでは、生徒たちの学習負担を軽減することが謳われてはいたが、他方ではまた、科学技術の高度な発展や社会の急激な変化に対応すべく、「教育の現代化」に重点が置かれてもいた。数学や理科を中心に教育内容はより高度化し、中学校、高等学校ともに授業時間数も増加した。さらに中学校においては、生徒の能力・適性に応ずる教育を進めるため、学業不振者対策として能力別の教育課程を組み込むことが可能になった。

　以上のように、高度経済成長期における中等教育は、急速に伸展する経済成長と科学技術革新に貢献する人材養成を目的とした「能力主義」的な教育が行われたことに特徴があったといえる。この時期の能力主義は、次に述べるような多くの教育問題を生み出す火種となってしまった。例えば、受験競争を勝ち抜くための「詰め込み教育」的な学力観が一般化し、「落ちこぼれ」が社会問題化したこと等が挙げられる。日本では、1970年代ごろから、特に中学生や高校生の学力は概して国際的に高いレベルにあったものの、系統的にカリキュラム化された知識の詰め込みについていくことができない生徒もおり、学力が二

極化してしまっていた。1980年代になると、生徒間の暴力行為や器物損壊、生徒から教師への暴力等の「校内暴力」も頻発するようになる。日本の経済発展を支える人材確保という目標の下で生み出された画一的な詰め込み教育は、各々の生徒たちの適正やニーズに応え得る柔軟性を学校教育から奪い、その結果、生徒たちの不満や暴力性が発現してしまったのだといえよう。

③ 現代の中等教育

落ちこぼれや校内暴力のような深刻な教育問題に対処すべく、1989（平成元）年の学習指導要領改訂では、「個性重視」の教育改革が謳われた。さらに、1998（平成10）年の学習指導要領改訂では、学校週5日制が完全実施されることになり、授業時間数の大幅削減や教育内容の3割削減が図られた。また、新たな教科として「総合的な学習の時間」が導入され、生徒たちが「生きる力」を自ら育んでいくこともめざされた。授業時間や教育内容を削減し、学校生活をゆとりあるものにすることによって、詰め込み教育による落ちこぼれを防ぎ、さらには自ら学ぼうとする意欲を身につけさせることがめざされたのである。

ところが、このような「能力主義」から「個性重視」という、いわゆる「ゆとり教育」への転換も、2000年代に入ると、PISAやTIMSSなどの国際的な学力調査での順位が低下したことから「学力低下論争」を引き起こしてしまう。この状況のなか、現場の教師たちは、児童・生徒に何を学ばせればよいのかという混乱と不安に陥った。さらにいえば、ゆとり教育のなかでも、「いじめ」や「自殺」等、生徒たちの問題が減少することはなかった。

これを受けて、2008年3月に改訂された学習指導要領では、ゆとり教育からの脱却が方針として示された。もちろん、この新たな学習指導要領でも、ゆとり教育で謳われていたような生きる力を育むという理念は記されている。だが、ここで示された新たな生きる力は、「ゆとりある生活」を通して育まれるものではなく、知識・技能の習得を通して獲得する「確かな学力」と関連するものとして再定義された。例えば、ゆとり教育の象徴でもあった総合的な学習の時間は半分程度に大幅に削減された。他方、ゆとり教育の開始によりいったんは削減された授業時間数は増加が図られ、教育内容もより充実化、高度化されることとなった。ゆとり教育から能力主義的な教育への転換が図られるようにな

ったのだといえるだろう。

　このように、1990年代から現在に至るまでの中等教育は、高度経済成長期に浮き彫りとなったさまざまな問題や学力低下論争への対応に追われていた観がある。最終的には、ゆとり教育からの脱却といった形をとることとなったが、そこには課題がまだ残されている。第一に、能力主義への転換によって、従来、ゆとり教育によって解決がめざされてきた落ちこぼれや校内暴力といった教育問題が忘れ去られてしまう危険性がある。高度化する教育内容についていくことが難しい生徒たちへのフォローが疎かになってしまうと、高度経済成長期のような教育問題が再び──ともすれば、より深刻化した形で──顕在化してしまうかもしれない。これを回避するには、個々の生徒たちが有する適正やニーズを、より適切かつ丁寧に考慮する必要がある。第二に、生徒たちが身につけるべき学力の定義がいまもって曖昧なことも問題である。文部科学省は、学習指導要領のなかで確かな学力を新たに提示したが、確かな学力とゆとり教育で想定されていた学力との質的な差異については明示していない。ゆとり教育の何が問題であったのかが明確にされず、授業時間数の増加という量的な改革だけが無批判に行われたことは、果たして問題解決につながる適切な措置だったといえるのだろうか。

＊　　　　＊　　　　＊

　以上、ヨーロッパと日本における中等教育の歴史を概観してきた。二つの歴史を比較するならば、私たちは多くの差異を見つけることができるであろう。例えば、ラテン語教育を軸としながら大学の予備門として発展してきたヨーロッパにおける中等教育と、近代化をめざすなかで「日本人」という国民を育成しようとした日本における中等教育では、その成立の経緯からして大きく異なっている。しかし共通点もある。それは、社会や国家が要請する、その時々の時代状況に適う社会人像に即して、その要請に応える形で中等教育のあり方を変化させてきたことである。社会や国家が教育に何を求めているのかという視点は、今後の中等教育のあり方を考える上で、重要であるといえる。

　例えば、ファシズム期の日本では、国家が要請する社会人とは、天皇を中心とする秩序である国体の精神を体現する皇国民であった。これに即して、師範

学校を含むすべての中等教育機関は国家主義、軍国主義を生徒の精神に注入するための場として整備された。他方、終戦後は、ファシズム期への反省から、自由に知識を探求することができるような個性重視の青少年育成が謳われたが、高度経済成長期での急激な社会変動によって、経済成長に貢献し得る社会人が求められ、中等教育は能力主義的なものへと転換した。ファシズム期と高度経済成長期における二つの社会人像は、その性質こそ異なるものの、中等教育がその形成に大きく寄与したという点においては共通している。

では、社会や国家からの要請という視点から、近年の中等教育改革を分析してみよう。高度経済成長期に興隆した「能力主義」か、あるいは、ゆとり教育に代表される「個性重視」か、といった単純な二項対立的な議論が、戦後の日本ではずっとくり返されてきた。確かに、大人への移行期にある生徒を対象とする中等教育に限って考えるならば、社会や国家の要請する社会人像に適合するよう生徒の学力を他律的に管理することと、生徒が自律的に生きていく能力を確保することの両者を射程に入れて教育目的・内容・方法を考慮することは必要不可欠である。だが、能力主義に傾けば、「詰め込み教育」や「落ちこぼれ」といった問題が叫ばれ、個性重視に傾けば、「学力低下」問題が取りざたされる状況のなかで、従来のように国家が計画的に国民を形成することは非常に難しくなっているといえる。このような現状の下で、今後の日本社会を担う若者に対する中等教育を、私たちはどのように考えていけばよいのであろうか。能力主義と個性重視との二項対立的な議論をくり返すだけの思考の枠組みを打破するための抜本的な見直しが、まさにいま問われている。

1） 実業補習学校は、1935（昭和10）年に青年学校と名前を変えつつ、勤労青年の教育機関として重要な役割を担い続けた。だが、第二次世界大戦後に学校教育法が制定され、6・3・3・4制が実施されるに伴い、青年学校は廃止されることになった。
2） 修身は、国体観念を国民に注入するべく教育勅語を基礎にしていた点、国史は、神話に基づいていた点が問題視された。また、地理が問題視された理由は、教科書の内容が、日本を盟主とした「大東亜共栄圏」に関する記述に偏っていたからである。

参考文献

フィリップ・アリエス（杉山光信・杉山恵美子訳）『〈子ども〉の誕生——アンシャン・レジーム期の子どもと家族生活』　みすず書房、1980年。

望月幸男『国際比較・近代中等教育の構造と機能』 名古屋大学出版会、1990年。
神辺靖光『明治前期中学校形成史　府県別編1』梓出版社、2006年。
齊藤勉『東京都学徒勤労動員の研究』のんぶる舎、1999年。
苅谷剛彦『教育改革の幻想』筑摩書房、2002年。

特別支援教育の歴史と課題

すべての人を包摂する「共生社会」の実現に向けて

　2017年4月30日、朝日新聞に次のような記事が掲載された。2006年から2015年までの10年間に、特別支援学校に通う児童・生徒は1.36倍になり（2015年現在、約138,000人）、小・中学校の特別支援学級に在籍する児童・生徒は約2倍になった（2015年現在、201,000人）。この数は、今後も増加する見込みであるという。

　この数値は、文部科学省の担当者がコメントしているように、障がいや疾病を診断する医療が普及したこと、また、その診断に対する必要な対応として特別支援教育の重要性が広く理解されてきたことを示している。だが他方では、特別支援学校における教室の不足や特別支援教育に精通する教員の不足が解消されない等、設備・人材面の整備すら十分には進んでいないという現状も明らかになった。特別支援教育を必要とする児童・生徒が、家族が暮らし、友人や支援者もいる地域の小・中学校に通いたくても、十分な設備や人材が整っていないという理由で、地域外の別の学校を勧められるケースもいまだ少なくない。

　国連総会において2006年に採択、2008年に発効した「障害者の権利に関する条約」は、日本でも2014年に批准され、同年2月より発効している。これを受けて、文部科学省では「文部科学省所管事業分野における障害を理由とする差別の解消の推進に関する対応指針」を策定する（2015年11月）等、特別支援教育の整備と充実化を進めている。さらに、2017年3月に告示された幼稚園教育要領と小・中学校の学習指導要領、また同じく2017年3月に改訂案が示された特別支援学校の幼稚部教育要領と小・中学部の学習指導要領では、一般の幼稚園・小・中学校の通常学級と特別支援学級、そして特別支援学校の幼稚部・小・中学部のタテ・ヨコの連携をよりいっそう強化し、かつ円滑にすることが謳われた。これを機に、文部科学省および地方自治体の各教育委員会では、各

学校段階において特別支援教育の免許を保持する専門性の高い学校教員の増員に努めるとともに、学校教員および学校教員志望者全員が少なくとも特別支援教育に関する基本的な理解と知識を保持し得るよう、教育・研修の推進を図っている。

　こうした一連の動向は「共生社会」の実現をめざすものである。共生社会とは、「誰もが相互に人格と個性を尊重し支え合い、人々の多様な在り方を相互に認め合える全員参加型の社会」（文部科学省「共生社会の形成に向けたインクルーシブ教育システム構築のための特別支援教育の推進（報告）」2012年7月）だという。このような社会の実現をめざすのに、特別支援教育の改革・改善は必要不可欠である。だが、諸外国に比して、日本ではそれがずいぶんと遅れている。それを推進するには、まずは実態をきちんと知ること、その上でそれぞれが他者と協働しつつ行動することが重要である。そこで本章では、まずは実態を知ってもらうために、日本における特別支援教育の歴史を概観する。具体的には、障がい児教育、特殊教育といわれていた時代から、特別支援教育へ、さらにインテグレーションからインクルージョンをめざす教育へと推移してきた過程を振り返る。最後に、特別支援教育が今日、どのような課題に直面しているのか、その一端を提示したい。

1　黎明期　幕末から「学制」発布まで

　日本における障がい児教育は、幕末から明治維新にかけて、「文明開化」の気運の高まりとともに、西欧諸国の障がい児教育を移入することによって始まった。例えば、1866（慶応2）年に出版された福沢諭吉の『西洋事情初編』には、西洋の障がい児教育施設である「盲院」や「啞院」「痴児院」等が紹介されている。

　もちろん、それ以前の時代にも障がい児・者への教育が存在しなかったわけではない。中世には、盲人に対する教育として、琵琶や三味線といった芸能の伝授が行われていた。また、医療分野においては、盲人を鍼医として養成する鍼治講習所が開設されていた。

　とはいえ、記録として残されているものに限れば、中世における障がい児・

者に対する教育は、盲人に対する徒弟的な職業教育が中心であった。現代へと接続するような、視覚障がい以外も含めた障がい児に対する組織的教育は、近代以降に形成されたものである。

日本において、最初に障がい児教育の学校が具体的に提案されたのは1871（明治4）年のことである。イギリスに留学経験のある、工部省の官僚（工学頭）であった山尾庸三は、自らの留学経験と見聞に基づき、建白書「盲啞学校ヲ創立セラレンコトヲ乞フノ書」を太政官に提出した。

このなかで山尾は、盲者や聾啞者（盲啞廃疾ノ窮民）が置かれた境遇について、以下のように記述している。「是等ノ窮民自ラ存スル能ハズ他人ノ救恤ヲ仰ギ僅ニ口ヲ糊スルト雖モ凶年飢歳往々凍餓ノ死ヲ免ルル能ハズ。」日本における盲啞の障がい者は、自らの力で生きることができず、他人の救恤、救い恵みによって何とか生きているが、不作の年には飢餓に陥り、凍死や餓死を免れることができない。他方、山尾が見聞したイギリスにおいては、これらの障がい者に対して「学校ニ入レ文学算術工芸技術各適宜ノ教導」をなすことにより、なかには「大家先生ノ名称ヲ全世界ニ得ル者」もあるという。山尾は、グラスゴーの造船所で接した聾啞者たちが手話（指文字）で円滑に談話応接している様子を例に挙げ、これを教育の成果であると強調する。そして、日本の盲啞者たちも教育を得れば同様になり得るにもかかわらず（「我国ノ盲啞ト雖モ教育宣ヲ得バ亦何ゾ然ラザラン」）、自立した生活が送れずに飢餓に苦しんでいる状況は「皇国ノ欠典」であると批判する。そこで山尾は、「先ヅ盲学啞学ノ二校ヲ創建」し、「漸ヲ以テ其他各種廃疾ノ窮民」にまで及ぼすことを提案する。これらの施策によって「無用ヲ転ジテ有用トナシ国家経済ノ道ニ於テ万一ノ裨補無クンバアラス而シテ彼等又各其力ニ食ミ世上ノ良民ト共ニ自主ノ権ヲ得、以皇朝至仁ノ沢ニ沾ハントス」と述べている。

開明派の官僚である山尾の建白書は、これまで「廃人」と見なされていた障がい児・者を教育の対象と見なし、障がい者が自立的な生活を営むことによる国民の平等性を志向している点において、非常に進歩的である。他方で、山尾の障がい児教育論では、「無用ヲ転ジテ有用」となすことによって国家の経済的発展に寄与することが想定されている。そのため、教育の内容は工芸を重視

しており、いわゆる実学が優先された。また、学校創設の資金は「官財」を用いず、「天下好善ノ人」の寄付、民間の慈善事業とすべきことも提言された。

「無用」の障がい者（「廃人」）を教育によって「有用」化することにより、経済的に自立させ、生産力として社会に貢献させるという障がい児教育観は、その後の日本の障がい児教育に通底する思潮である。

山尾の建白書が提出された翌年、1872（明治5）年には日本における近代公教育を規定する「学制」が発布される。その第二十一章、小学校について定めた箇所において、各種の小学校（尋常小学、女児小学、貧人小学、小学私塾、幼稚小学）に加えて、「其外廃人学校アルヘシ」という記述がなされている。

山尾が提出した建白書が、「学制」の「廃人学校」という記載と関連しているかどうかは不明である。とはいえ、この時期には欧米の教育法制を積極的に取り入れ、国民皆学の理念の下で、国家の近代化とともに「富国強兵」がめざされた。そうした施策が障がい児教育にまで及んでいたと指摘することができるだろう。

「学制」に規定された「廃人学校」としては、就業能力を身につけさせるための授産的な盲人学校である、東京麹町に設立された「私立廃人学校」が記録に残されている。だが、実質的かつ本格的な障がい児教育のための学校は、1878（明治11）年の京都府立盲唖院（現京都府立盲学校、京都府立聾学校）設立以降である。

寺子屋の教師であった古河太四郎は、「盲唖モ亦人ナリ」として、京都市内で盲唖者に対する独自の教育を行っていた。愛媛県出身の士族である遠山憲美とともに、京都盲唖院の設立をめざし、1877（明治10）年、京都府知事宛に「盲唖訓黌設立ヲ促ス建議意見書」を提出する。遠山の執筆したこの意見書には、「盲唖其他ノ廃疾ト雖モ元ト天賦ノオカハ皆ナ人同シ事」であり、「我国土ニ生ヲ共ニスル同胞ノ兄弟ナリ」という平等主義的ヒューマニズムが記されている。

こうして日本で最初の障がい児学校として開院した京都盲唖院は、当初は京都府下の小学校と同様の普通学科を教えることが目的とされていた。盲児、聾唖児に合わせた特徴的な言語教育も行われていたが、「天賦ノオカハ皆ナ人同シ事」であり、健常児と同様の「普通学教授」をめざした教授が行われていた。

しかしながら、「普通学教授」は保護者たちの教育要求とは合致していなかった。保護者の要求は、盲啞児たちが生計を立てるための実学教育であり、職業教育であった。盲啞院ではこうした要求に応えるべく工学科を創設し、職業教育中心の学校へと変容していった。

開院当初は56名であった生徒数は、1886（明治19）年には147名まで膨らんだが、松方デフレ政策による財政の悪化と経営難により、1889（明治22）年、規模を大幅に縮小して京都市へと移管された。

2　戦前・戦中の障がい児教育

（1）小学校令による就学猶予・免除規定と長野県の「特別学級」

学制発布以降の障がい児教育は、盲啞者に対する教育を中心として、教育的効果が期待できるものについては近代公教育体制のなかに位置づけられていった。他方で、その効果が期待できない障がい児については、教育の場から排除されていった。

1886（明治19）年の第一次小学校令において就学猶予規定が登場し、1900（明治33）年の第三次小学校令においては、「学齢児童瘋癲白痴又ハ不具廃疾ノ為」に就学が免除され、「病弱又ハ発育不完全ノ為」に就学が猶予されることが明確に規定された。就学を免除された肢体不自由児、病弱児に対する教育は、公教育によってではなく、主に障がい者のための施設によって担われていた。医療的なケアが必要であったり自力での通学が困難であった肢体不自由児や病弱児は、就学の猶予や免除により学校から排除され、軽度障がい児は、普通学級で特別な配慮を受けずに学ぶこととなった。医療と教育を同時に保障するための施設は、1921（大正10）年の柏学園や1939（昭和14）年のクリュッペルハイム東星学園、1932（昭和7）年の戦前唯一の肢体不自由児のための学校である東京市立光明学校の設立を待たねばならなかった。

知的障がい児に関しては独自の取り組みが存在していた。長野県松本尋常小学校に「落第生学級」、長野尋常小学校に「晩熟生学級」という「特別学級」が設置されている。これらの学級は、一義的には「落第児」、すなわち学業成績の不振な児童のための学級であったが、しだいに、知的障がい児を分離教育

するための学級へと転化した。長野県の事例を端緒として、明治期後半にかけて、全国の師範学校附属小学校を中心に「特別学級」が設置されていく。ドイツ教育病理学研究に学び、ドイツ補助学校・マンハイム式学級編成法を参考に、特別な学校や学級の必要性が広まっていった。

「特別学級」では、「劣等児」「低能児」と呼ばれた知的障がい児たちを分離し、学力・能力（脳力）に応じた教授を行っていた。こうした取り組みは、知的障がい児たちに適切な教育を保障するための施策であったが、また同時に、障がい児を普通教育から排除し、隔離するための施策でもあった。

その後の「特別学級」は、文部省が継続して勧奨をすることなく、教育効果や経費についての問題も生じたため、東京高等師範附属小学校以外のほとんどが、4年ほどの短命に終わっている。

（2）大正期の障がい児教育

明治末期に設置された「特別学級」はほとんどが衰退し、消滅していったが、大正期には新たに「特別学級」を設置する動きが生じてくる。「大正デモクラシー」の思想運動が台頭し、第一次世界大戦後の日本の状況ともあいまって、障がい児教育にも大きな転換が訪れた。

大正自由教育運動の高まりとともに、子どもの個性や能力に応じた教育が求められるようになり、一斉教授型の教育に対する批判が高まった。そうしたなかで、ビネーの知能検査が紹介され、知的障がい児の教育可能性が研究の対象となっていく。

それまでは民間による慈善救済事業が中心であった障がい児教育は、1920年代以降、「社会事業」「児童保護事業」として公的な教育政策に位置づけられることになる。その背景には、個人の人格や権利を尊重し、「教育の機会均等」を徹底し、個々人の「能率」を最大化することを通じて「社会的能率」の向上をめざすことが「デモクラシー」である、という思潮があった。個人の発達と社会の発展を重ねて見る視点により、社会政策としての障がい児教育、という政策が登場したのである。

1920（大正9）年には、文部省の普通学務局第四課（社会教育課）が中心となり、

就学児童保護施設講習会が開催され、「欠陥児童」「不良児童」「貧困児童」等の保護・教育問題について、その対策が話し合われている。翌年には「特殊児童保護教育に関する調査」が公表され、低能児教育調査委員会が設置される。その後、東京や大阪、京都等の都市部を中心に「劣等児・低能児」を対象とした「特別学級（促進学級）」が設置される。また、1925（大正14）年には全国的な「虚弱児童の調査」が実施され、翌1926（大正15・昭和元）年からは虚弱児童のための「特別学級（養護学級）」が設置されていく。

　国策としての障がい児教育の推進は、単に人権の尊重や民主主義の実現をめざしたものではなかった。「特別学級」の教師たちのなかには、障がい児たちを権利主体と捉え、「生存権」「教育権」「発達権」を保障しようという主張も存在したが、政府の発想の根底にはドイツ由来の民族衛生学的（優生学的）見地、すなわち、人口の質的・量的な管理と能率主義の思想が存在していた。

　学校の役割は、「低能児・劣等児」を早期に発見することにあり、普通学級からは分離した「特別学級」を設けることによって「教育能率」を高めることにあった。障がい児に「適当」な教育を施し職業を与えることで社会から隔離し、社会的「悪影響」を未然に防止する、という社会防衛的な発想の下に、障がい児教育が位置づけられていった。

　昭和のファシズム体制下においては、優生主義的な分離教育から、1938（昭和13）年の国家総動員法の制定以降、太平洋戦争の開戦とともに、盲児・聾児も含め「人的資源」となり得る障がい者は銃後の支えを担わされていく。しかし、基本的には障がい児・者は戦力にならない存在として蔑まれ、日本国民の質を「逆淘汰」するものとして差別や排除の対象とされていた。

　社会や国家にとって「有用」となり得る者については、分離された後に「人的資源」として位置づけられ、その見込みがない「無用」の者については、分離された後に排除される。日本における戦前・戦中の障がい児教育は、上記のような分離教育として確立し、展開していったのである。

3　戦後の教育改革と障がい児教育

（1）憲法、教育基本法における「その能力に応じて」教育を受ける権利

　1945（昭和20）年、日本のポツダム宣言受諾により、15年に及んだ戦争が終結した。壊滅的な敗戦を機に、日本の国家体制の全面的な刷新が図られていく。

　1946（昭和21）年には、新憲法制定の動きと連動して、教育基本法の制定、戦後教育改革の動きが本格化し、教育刷新委員会が設置される。この委員会には、戦前から知的障がい児の教育に関わっていた城戸幡太郎や、戦後まもなくに結成された聾学校教師の労働組合「全国聾啞学校職員聯盟」の要望により、障がい児教育界の代表として川本宇之介が参画している。

　戦後（現行）の日本国憲法の第26条には、「すべて国民は、法律の定めるところにより、その能力に応じて、ひとしく教育を受ける権利を有する」と記され、また、1947（昭和22）年に制定された教育基本法の第3条には「すべて国民は、ひとしく、その能力に応ずる教育を受ける機会を与えられなければならないものであつて、人種、信条、性別、社会的身分、経済的地位又は門地によつて、教育上差別されない」ことが記された。この「その能力の応じて（応ずる）」という文言が、戦後日本の障がい児教育にとっての理念となり、また問題となる箇所である。

　城戸や川本は、教育刷新委員会での議論において、たとえ心身に障がいのある児童であっても「その能力に応じて」教育を受ける権利を有することを主張した。また、戦前の障がい児教育不振の元凶であった就学猶予・就学免除規定についても、特別な方法により「その能力に応じて」有効な教育が受けられる状態にある時には、就学の義務を猶予または免除されないことを主張し、障がい児の教育権を保障するための議論を展開した。

　とはいえ、この主張は「有効な教育が受けられる状態にある時には」という条件を課している限りにおいて、すべての障がい児を包括するものではなかった。彼らの主張は、これまで学校教育から排除されてきた多くの障がい児に対する教育権を保障するために大きな貢献を果たしたが、新たな線引き（例えばIQ50以下の児童等）を示している点で、限界も有していた。

（2）学校教育法への位置づけ

　教育刷新委員会における城戸や川本の活躍、障がい児教育関係者の熱心な働きかけや運動により、教育基本法の下位法として制定された学校教育法において、障がい児の学校も義務教育法体系のなかに位置づけられることになる。

　教育基本法とともに1947（昭和22）年に制定された学校教育法の第1条には「この法律で、学校とは、小学校、中学校、高等学校、中等教育学校、大学、高等専門学校、盲学校、聾学校、養護学校及び幼稚園とする」と記された。盲学校や聾学校、養護学校が、小・中・高等学校や大学等と同一に記され、いわゆる「一条校」として、同等に制度化されたのである。同法の第22条には「子女の満六才に達した日の翌日以後における最初の学年の初から、満十二才に達した日の属する学年の終わりまで、これを小学校又は盲学校、聾学校若しくは養護学校の小学部に就学させる義務を負う」、第39条には「保護者は、子女が小学校又は盲学校、聾学校若しくは養護学校の小学部の課程を修了した日の翌日以後における最初の学年の初めから、満十五才に達した日の属する学年の終わりまで、これを、中学校、中等教育学校の前期課程又は盲学校、聾学校若しくは養護学校の中学部に就学させる義務を負う」と、小・中学校段階までの教育の義務化が明記された。また、第71条には「盲学校、聾学校又は養護学校は、それぞれ盲者、聾者又は知的障害者、肢体不自由者若しくは病弱者に対して、幼稚園、小学校、中学校又は高等学校に準ずる教育を施し、あわせてその欠陥を補うために、必要な知識技能を授けることを目的とする」と定められている。すなわち、障がい児にも健常児と同様の（準ずる）教育を施し、教育の機会を等しく保障しようとする法制度が整ったのである。

　しかしながら、この学校教育法には附則第93条という大きな抜け穴もあった。そこには「これらの学校（盲・聾・養護学校）の設置義務に関する部分の施行期日は、政令で、これを定める」と記された。焦土化した国土の再建による財政の疲弊や敗戦による社会的混乱、新制中学校の義務制実施等、新たな教育制度の構築を控え、考慮すべき事情があるにせよ、学校教育法に明文化された障がい児教育の義務化を延期する可能性が示されたのである。

　この条項に反対し、早期（1948（昭和23）年度）の義務化実施を求め、日本教

職員組合（日教組）特殊学校部を中心に、盲・聾学校関係者、保護者が熱心な運動を展開する。その結果、1948（昭和23）年4月には「盲学校及び聾学校の就学義務及び設置義務に関する政令」が公布され、盲・聾学校の義務化は達成されることになる。しかしながら、戦前からの制度的基盤が存在していなかった養護学校については、義務化の実現はそれから30年以上ものち、1979（昭和54）年を待たねばならなかった。

4 「特殊教育」から「特別支援教育」へ
（1）「養護学校義務化」をめぐる議論

　1950年代後半から1970年代初頭にかけて、日本は高度経済成長を遂げる。それに伴い、しだいに大企業の利益優先主義による公害問題等、経済成長の負の側面が表面化し、また、反戦・平和運動や自由と平等を求めた人権意識の高まりともあいまって、女性や学生たちの運動とともに、障がい者運動も新たな展開を見せることとなる。「権利要求」としての障がい者運動の展開である。

　1963（昭和38）年、糸賀一雄らによって重度心身障がい児施設として開設された「びわこ学園」では、それまで学校から排除されてきた重度の障がい児に対する、発達理論に基づいた教育実践が行われていた。どれほど重度の障がい児であっても、発達の可能性があり、人格の完成に向けて成長することができる。その理念は「発達保障論」として結実し、幅広く紹介されていく。

　学校教育をめぐる動向においても、就学猶予・免除されていた障がい児たちに注目が向けられていく。心身障がい児に対する大規模な実態調査が行われ、就学猶予・免除の見直しが図られ始める。これまで障がい児施設によって担われていた「発達保障」の教育を、養護学校や障がい児学級の設置によって代替する制度が整備されていく。1973（昭和48）年には東京都において、全国に先駆けて、重度の障がい児であっても就学を希望する全員を養護学校で受け入れる、「希望者全入」の方針が打ち出される。

　しかし、1979（昭和54）年の養護学校義務化を前に、障がい児教育を分離方式として行うのか、統合方式で行うのか、という激しい議論と対立が展開されることになる。すべての子どもに「その能力に応じて」就学の機会を与えるた

め、重度障がい児の養護学校への全入をめざす「発達保障論」と、障がいの有無にかかわらず普通学校に就学させ、健常児とともに学ぶべきであるとする「共生教育論」との対立である。

戦前から一貫して、日本の障がい児教育は分離を原則としたものであった。障がい児を能力別に分離し、「適当」な教育を与えるための施設に収容する。「共生教育論」を主張する人々は、この構造のなかに差別を見出し、「共同教育」「校区保障」等をスローガンとして、すべての障がい児が普通学校に就学することを主張した。したがって、障がい者の分離・隔離につながるような養護学校義務化の流れに対しては、猛然と反対の論陣を張ったのである。「共生教育論」は、後に、ノーマライゼーション・インクルーシヴという視点からの障がい児教育、「特別支援教育」という潮流へとつながっていく。

養護学校義務化に関する議論では、依然として学校教育法に残される就学猶予・免除規定の撤廃を求め完全実施を求める立場からの批判、養護学校は差別と隔離の場であるとする養護学校不要論、養護学校や養護学級の必要性は認めつつも「親の学校選択権」を主張する立場からの義務化批判など、さまざまな論が入り乱れ、複雑な様相を呈していた。

1979年、予定通りに養護学校義務化が実施され、就学猶予・免除の障がい児は激減する。しかしながら、養護学校義務化をめぐって行われた議論、すなわち、障がい児教育のあり方に関する主張の対立は、現在に至っても解消されていない。

(2) 障がい児教育の国際的潮流と「特別支援教育」の理念

日本において養護学校の義務化が実施されてからまもなく、1981（昭和56）年には国連障害者年が実施される。それまでに国連で採択されてきた1971（昭和46）年の「精神薄弱者の権利宣言」、1975（昭和50）年の「障害者の権利宣言」の内容を引き継ぎ、障がい者が健常者と同等の権利を有すること、障がい児教育は社会統合を促進するために不可欠であること等が位置づけられた。たとえ「特別な施設」で行われる障がい児教育であっても、普通学校と同等であり、また、密接なつながりをもって行われるべきであることが承認された。20世紀

後半の世界の潮流は、障がい児を安易に分離・選別・排除するのではなく、教育的な統合（インテグレーション）をめざす方向へと向かっていく。

さらに、1994（平成6）年にスペイン政府・ユネスコ共催で開催された「特別ニーズ教育に関する世界会議」および、そこで採択された「特別ニーズ教育における諸原則、政策および実践に関するサマランカ声明」と「特別ニーズ教育に関する行動大綱」（両者を合わせて「サマランカ声明」と呼ばれている）は、日本の障がい児教育にも大きな影響を与えることになる。

ユネスコの定義によれば、「特殊教育（Special Education）」という概念は、障がい児を対象とした特殊学校における教育を意味していた。それに対して「特別ニーズ教育（Special Needs Education）」とは、障がいの種別や有無を越えて、さまざまな課題を抱えるすべての子どもたちのニーズを包摂するための概念である。障がい児を、障がい種別に分離し独自の教育を与える「特殊教育」から、教育を受ける権利と固有のニーズを有する一人の人間として位置づける「特別支援教育」へ。「サマランカ声明」は、その後の「特別支援学校」設立に向けた重要な契機となった。

また、「サマランカ声明」以降、健常児を中心とした普通学校（学級）に障がい児を同化させるインテグレーション教育に代わり、すべての子どもがもつ固有の教育ニーズを学校システムや教育目標のなかに位置づけていく、というインクルーシヴ教育がめざされることになる。

分離から統合、そして包摂に向けた転換。医学的診断を受けた障がい児のみを対象とした「特殊教育」から、すべての子どもの固有のニーズに応じるための「特別支援教育」への転換。こうした世界的潮流のなかで、2006（平成18）年に学校教育法が改正された。翌2007（平成19）年には、従来の盲・聾・養護学校が「特別支援学校」へと一本化され、障がい児を対象とした「特殊学級」もまた、「特別支援教室」という制度へと転換された。

実際には、障がい種別を越えてすべての子どものニーズに応えるための「特別支援学校（学級）」が、直ちに実現しているとはいい難い現状もある。しかし、障がい種別に分離した上で「有用」になり得るものは健常児に統合し、「無用」なものは排除するという、戦前から日本の障がい児教育を支えた原理は、特別

なニーズをもつすべての子どもの発達・学習権を保障するための教育制度の構築へと大きく転換しようとしているのである。

＊　　　　　＊　　　　　＊

　2016年から施行されている「障害を理由とする差別の解消の推進に関する法律」（障害者差別解消法とも略される）は、上に見てきたような国内外の動向、すなわち分離から統合、そして包摂への転換、さらには「特殊教育」から「特別支援教育」への転換という動向に棹さすものである。この法律によって、国や地方の公共団体、民間団体、企業等を始め、学校等の教育機関・施設においても、特別なニーズを有する人々に対する「合理的配慮」が求められるようになった。

　合理的配慮は、「障害者の権利に関する条約」の第2条において、次のように定義されている。

> 障害者が他の者との平等を基礎として全ての人権及び基本的自由を享有し、又は行使することを確保するための必要かつ適当な変更及び調整であって、特定の場合において必要とされるものであり、かつ、均衡を失した又は過度の負担を課さないものをいう。

　もう少し詳しく解説しよう。

　一般に、障がいには二つの捉え方がある。まず一つには、身体や脳の機能または生理的な機能が他の多くの人々と同じようにはうまく働かない状態にある「機能障がい」という捉え方。もう一つには、他の多くの人々のために整備されている事物や制度、また彼（女）らの共有する慣行や観念が、特別なニーズを有する人々にとっては社会生活を営む上での障壁になっている状態をさす「社会的障がい」という捉え方である。例えば、片道2車線、計4車線の道路を渡るために、信号と横断歩道ではなく歩道橋を設置したとしよう。その場合、道路を渡ることは、他の多くの人々にとっては可能であるが、肢体不自由児・者や怪我をしている人々、そして彼（女）らと共にいる人々にとっては不可能ないしは極めて困難なこととなる。この時、道路や歩道橋は後者の人々にとって「社会的障壁」であり、後者の人々はこの障壁のために道路を渡るという社

会生活を営むことができず、それゆえ社会的に障がいを抱えさせられた状態となる。

　合理的配慮とは、上に述べた二つの障がいのうち、「社会的障がい」を解消するべく配慮することをさすといってよいだろう。また同時に、それを解消するにあたって誰かが均衡を失した負担や過重な負担を担わないことを条件としている。上の例でいえば、歩道橋にエレベーターやスロープを設置したり、近くを通りがかった人々が協力して階段を上れるようにすれば、「社会的障壁」は除去され、「社会的障がい」は解消の方向へ向かう。このような配慮は、冒頭で述べた「共生社会」、すなわち障がい等の特別なニーズを有する人々もそうでない人々も、また特別なニーズを有する人々のそばで共に生活する人々も、誰もが社会に参画でき、安心して社会生活を営めるような社会を実現するための基本的前提といっても過言ではない。

　共生社会を実現するための基本的前提である合理的配慮が成立するには、人々が相互のニーズを（できるだけ精確に）把握することが重要となる。特別なニーズを有する人々のニーズを把握することはもちろん、彼（女）らを支援する人々や周囲の人々のニーズにも耳を傾けることが、社会関係の均衡を保持し、相互の負担を過重にしないことにつながる。このように、よりきめ細やかな応答力（responsibility：responseができる力）が今後は必要となるのである。

　では、私たちはどのくらいこの応答力を有しているだろうか。例えば、ある肢体不自由児が学校に入学することになったとしよう。それを知った学校は、その子のために事前にすべての階段に手すりを設置した。だが、その手すりが太すぎて、あるいは設置した位置が悪く、その子の手ではとてもつかめないものであった時、その子はどう思うだろうか。その子の家族は、手すりをつけ替えてくれと学校に容易に要求できるだろうか。その場合、学校教員はその子とその家族にどう応答するのだろう。

　また、特別支援教育を必要とするのは、障がいのある子どもたちだけではない。病気や怪我のために長期入院を要する子どもたち、時には家族や友人の暮らす地域を離れて入院するのを余儀なくされる子どもたちのために病院内に敷設されている特別支援教室もある。そこでは、子どもたちの病気や怪我の種類、

日々（あるいは刻々と）変化する症状、治療の進み具合等に合わせて教育を実践するというニーズがある。そのため、規定された教育課程に即して子どもの学習を支援するのが難しい場合も多い。だが一方で、その子どもが、退院後に、もともと通っていた地域の学校に戻ってスムーズに学習ができるよう支援するというニーズもある。相反するかのような、とはいえ、いずれも切実なニーズに対して、子どもや家族、医師や看護師、そしてその子どもがもともと通っていた地域の学校教員と相談・連携しながら応答することが、病院内分教室（院内学級ともいわれる）の教員には求められている。病気によっては、朝、笑っておしゃべりをしていた子どもが午後に息を引き取った、というショッキングな事態に遭遇する教員も少なくなく、教員の側にも特別なメンタルケアというニーズが生じる場合も多い。

　冒頭で指摘したように、日本の特別支援教育には改革・改善の余地がまだ多い。これを推進するには、何よりもまず、特別支援教育の歴史と現状を知ること、その上で、人々のそれぞれに異なるニーズを把握すること、そして、それぞれが他者と協働しながら、そのニーズに応答できるよう行動を起こすことが重要なのである。

参考文献

荒川勇・大井清吉・中野善達『日本障害児教育史』福村出版、1976年。
独立行政法人・国立特別支援教育総合研究所ホームページ
　http://www.nise.go.jp/cms/（2017年5月20日取得）
中村満紀男・荒川智編著『障害児教育の歴史』明石書店、2003年。
文部科学省ホームページ「特別支援教育について」
　http://www.mext.go.jp/a_menu/shotou/tokubetu/main.htm（2017年5月20日取得）
文部省『特殊教育百年史』東洋館出版社、1978年。

西洋における近代学校の成立と展開

子どもとは誰をさすのか

　平日の午前中に、街角を歩いているところを想像してみよう。あなたの横を、スーツ姿の会社員、赤ちゃん連れの人、散歩するお年寄り、スポーツウェアを着た若者等、さまざまな人々が通り過ぎていく。ふと、あなたは視線を下げ、横を通り過ぎる人の姿を追う。子どもだ。小学生くらいの年ごろだろうか。何ももたず、一人で歩いている。近くに保護者らしき大人の姿はなく、年の近い友達と一緒にいる様子でもない。振り返るあなたの目には、だんだんと小さくなるその子どもの後姿がうつっている。

　この時、あなたは何を思うだろうか。「あの子は学校に行っていないのだろうか」と心配になるかもしれないし、また、「今日は、特別に学校が休みの日なのかな」と考えて自分を納得させるかもしれない。いずれにしても、平日の街角を歩く私たちは、ある考えを共有している。それは、「こんな時間に、ここに子どもがいるはずがない」という考えだ。私たちの目にうつる平日の午前中の街角の風景。そこには、子どもだけがいない。

　では、平日の午前中、子どもはどこにいるのだろうか。それは、いうまでもなく、学校である。しかしながら、よく考えてみると、一日のうちのある特定の時間にすべての子どもが学校にいるという現象は、当たり前のことなのだろうか。歴史的に見れば、子どもが学校に通うようになったのは、それほど昔のことではない。先取りしていうと、それは、学校を子どもの教育の場と認識するようになった近代以降のことなのである。

　そこで本章では、近代における学校、特に小学校の成立とその展開の過程を振り返る。近代学校が誕生したのは、ヨーロッパにおいてであった。したがって、以下ではまず、イギリスの民衆教育に焦点を当てながら、近代の学校、特

に小学校がどのように成立し、その内容や形式を変化させていったのかを明らかにする。次に、近代学校に対する批判を展開した新教育運動を取り上げる。こうした歴史を踏まえつつ、最後に、今日の学校教育の課題について考えてみたい。

1　子どもと学校

　近代に入ってから、すべての子どもが学校に通うよう促されるようになった。では、近代に入るまで、子どもたちはどのようにして暮らしていたのだろうか。Ph.アリエスの『〈子ども〉の誕生──アンシァン・レジーム期の子供と家族生活』（1960）をひもといてみよう。

　近代以前の社会においては、排せつや食事等の世話を必要としなくなる7歳くらいの年齢になると、人々は、大人として生活するようになったという。当時は、現代の子ども期に相当するような年齢の幼い人々は「小さい大人」と呼ばれていた。すなわち、小さいなりにも大人として扱われ、保護の対象とは見なされていなかったのである。

　現代に生きるあなたが、突然、近代以前の西洋のどこかの街角にタイムスリップしたとしたら、冒頭で述べたのとはまったく異なる風景を目の当たりにして、きっと驚くに違いない。なぜなら、昼夜を問わずつねに、街角には「小さい大人」の姿を見ることになるからだ。昼間は、大人と一緒に仕事をしたり遊んだりする。そして夜が更ければ、酒場や社交場に集って、飲酒をしたり性的な話で盛り上がったりする（図5-1）。そのような「小さい大人」の姿を、あなたは目にすることになるのである。

　「小さい大人」たちは、ほとんど何の準備もないままに社会に出た。そして、周りの大人たちと生活を共にしながら、社会を生き抜

図5-1　当時の酒場の様子
（アリエス『〈子ども〉の誕生』みすず書房、巻頭頁）

くのに必要なスキルを自分で身につけていった。だが、それは、「小さい大人」には決して易しいことではなかった。人生経験の浅い「小さい大人」たちは、人生経験の豊富な大人に、いとも簡単にいいくるめられた。金や物を騙し取られたり、危険な仕事を押しつけられたりもした。「小さい大人」がこのような不利益を被る立場へと追いやられてしまうことは、近代以前の社会においては日常茶飯事だった。

ところが、近代以降、「小さい大人」たちは大人と完全に区別されるようになった。彼（女）らは、「（小さい）大人」ではなく、まだ大人になる前の未熟な存在、すなわち、「子ども」として見なされるようになったのである。

「子ども」と呼ばれるようになった幼い人々（以下、子ども）は、大人になるまでの一定期間、大人の保護の下で暮らすことになった。子ども期は、大人として社会に出るための猶予期間であり、将来的に必要とされるスキルの習得をめざして教育を受ける段階である、と見なされるようになった。ここで登場したのが学校である。近代の学校では、当時の社会が教育という役割を担うのに相応しいと認めた大人（＝教師）によって、当時の社会が必要とした知識やスキルが子どもたちに教えられた。それは、「小さい大人」が社会のなかで、大人たちに囲まれながら、必要なこともそうでないことも学びながら生き抜いていたのとは大きく異なっていた。

このように見ると、アリエスの本のタイトルである『〈子ども〉の誕生』が何を意味するのかが明らかになってくる。それは、子どもが生まれたという実際的なことをさすのではなく、それまでは「小さい大人」であった人々が、近代以降、子どもという保護と教育の対象としてあらためて見出されるようになったことを意味している。そして、子どもといわれる存在になった彼（女）らは、その居場所を、多くの危険が存在する街角から、保護された安全な場である学校へと移されたのである。

2 デイム・スクール

では、子どもの居場所となった近代の学校とは、いったい、どのような場であったのだろうか。19世紀のイギリスを例に具体的に見ていこう。

19世紀当初、イギリスには、国や自治体が管轄する学校というものが存在しなかった。つまり、学校といわれる教育機関は、いわば私立であった。統計協会が1834年から1843年にかけて行った教育調査において、当時の私立学校は次のように三つに分類された。すなわち、①ジェントルマンと呼ばれる貴族や大地主、または医師や弁護士等の専門職といった、いわゆる上流階級の子どもが通う寄宿制の第一級校（上等の学校）、②商工業者、公務員、事務職等、いわゆる中産階級の子どもが通う第二級校（中等の学校）、③肉体労働に従事する者、いわゆる労働者階級の子どもが通う第三級校（貧困層のための学校）である。このように、私立学校は、どの階級の子どもが主に通っているかによって区別されていた。

　それぞれの学校ではまったく異なる教育が行われており、授業料にも大きな差があった。第一級校における教育は、ジェントルマンとしての振る舞いを身につけるためのものであった。ジェントルマンと呼ばれる人々は、広大な土地を所持し、それを貸し出すことによって得た利益で生活していた。彼（女）らの生活を占めていたのは、労働ではなく、上流階級どうしの付き合い、すなわち社交であった。上流階級のなかには、医師や弁護士といった専門職に就いて働く人々もいたが、十分な資力と能力に加えて、相応の人脈をもっていることが必須であった。つまり、上流階級に属し、かつ上流階級の人々の間で人脈をもつと認められなければ、そのような仕事に就くことはできなかったのである。こうした上流階級の子どもたちが通う第一級校では、上流階級にとって必要な伝統的な教養を教えることに重点が置かれた。ここでいう伝統的な教養とは、主に、ラテン語やギリシャ語といった古典語のことをさす。実際の生活のなかで使用する英語の読み書きや計算のスキルは、彼（女）らの教養には含まれていなかった。

　次に、第二級校に子どもを通わせた中産階級の人々は、上でも見たように、商工業者、公務員、事務職といった知的労働に従事しながら暮らしていた。彼（女）らは、子どもが学校で英語の読み書きや計算といった実学を身につけること、そして、将来、親と同じような仕事に就くことを希望していた。にもかかわらず、第二級校の教育内容は第一級校に準ずるものであり、中産階級の

人々の実際の要請とは大きくかけ離れていた。

図5-2　デイム・スクールの様子
（柳治男『〈学級〉の歴史学』講談社、96頁/
G. C. T. Bartley, *The School for the People*,
London, Bell & Daldy, 1871.）

　第三級校は、民衆の子どもが通う学校であった。ここでいう民衆とは、小さな雑貨店を手伝いながら裁縫の仕事をする、また、農業をしながら大工仕事をするといった具合に、さまざまな仕事に従事しながら生活している人々であった。多くの第三級校が、配偶者に先立たれた未亡人や未婚の高齢女性によって営まれていたことから、それらは「デイム・スクール（おばさん学校）」と呼ばれた。

　第一・第二級の学校とは異なり、第三級の学校には、子どもに教えるべき共通の内容などはなかった。それぞれの学校では、教師がそれぞれに得意なことを教えていた。そのため、同じ地区のどの学校よりも高い水準で英語の読み書きや計算を教えるデイム・スクールがあった一方で、「大工仕事の合間に教えている」「仔猫がおもな教材である〔遊んでいる〕」「裁縫と編物に大部分の時間が費やされる」と揶揄されるようなデイム・スクールもあったという。

　当時の民衆にとって、そのようなデイム・スクールはどのような意味をもっていたのだろうか。実際のところ、少なくない親たちが、経済的に余裕がないにもかかわらず、少ない額とはいえ、あえて学費を負担してまで子どもをデイム・スクールに通わせていた。民衆は、デイム・スクールで教えられる知識こそ、自らの日常生活にとって重要であると捉えていた。デイム・スクールは、民衆の日常生活のなかにあり、その生活に根づいていたのだといえる。デイム・スクールに通った民衆の子どもの多くは、彼（女）らなりのやり方で、すなわち、民衆文化に基づいた方法で読み方を習得していった。それは、自らの言葉（方言）で朗読したり歌い演じたりするという方法であった。自らの言葉（方言）と身体を通して自己表現をすること、それがまさに民衆文化なのであっ

た。デイム・スクールは、このような民衆文化のなかから生まれ、民衆文化を支え、かつ民衆文化によって支えられた学びの場であった。

　民衆の子どもにとって、デイム・スクールで学ぶという経験は重要な意味をもっていた。例えば、1832年にイギリス中部のスタンフォードシャーで生まれたチャールズ・ショーは、ベティという老婦人が営むデイム・スクールに通っていた。ベティ先生は、最初に、簡単な絵を使いながらアルファベットを教えてくれた。そのうち、ショーはほかの子どもたちとともに易しい本が読めるようになった。当時は、上手に読むことができた子どもには階段の一番上に座ることが許される等の特典もあった。最終的に聖書を読むことができるようになった子どもは、編み物が得意なベティ先生から靴下の編み方を教わることができた。このデイム・スクールでは書き方は教わらなかった。ショーは、ここに4年間ほど通った後、7歳から陶磁器工場で働き始めた。その後の数年間は、働きながら日曜学校に通った。日曜日の朝に教会で開かれる日曜学校には、平日に学校へ行けない子どもでも通うことができた。そこでは、読み方に加えて、書き方も教わった。ショーは、日曜日が来るのを指折り数えて待つほどに、学校へ通うのを楽しみにしていた。工場で労働する日々のなかで、学校は、ショーが居心地の良さを感じることができる唯一の場であったという。

　ショーのように、民衆の子どもの多くは、10歳にも満たない幼いころ、ほんの短い間学校に通ったら、その後は働かねばならなかった。学校に通うことで、進路が変わることはほとんどなかった。それでも、彼（女）らにとって学校とは、自分たちの日常生活のなかにあり、その日常生活を支えてくれる特別な居場所なのであった。

3　産業革命と工場法の成立

　さて、18世紀半ばから19世紀にかけて、イギリスは、農業社会から産業社会へと移行していった。産業革命と呼ばれるこの出来事によって、人々の生活は大きな変化を余儀なくされた。都市部の人口は、18世紀なかごろには650〜700万、1801年には900万前後、1851年には約1,800万へと、加速度的に増加した。この背景には、農業技術の改良と土地制度の変革によって、それまでの共同体

中心の農業が崩壊し多くの農民が離村したこと、新興の工業都市が急成長し多くの離村した農民を労働者として受け入れたこと等がある。

産業革命時の都市には、仕事を求める多くの労働者がひしめき合っていた。労働の後、彼（女）らはぞろぞろと列をなし、汚物の臭いがたちこめる路地をぬけ、狭くうす暗い住居へと帰っていった。日々そのように働いても、労働者たちが手にすることができたのは、少しばかりの賃金であった。

都市の街角にはまた、居場所を失った多くの子どもたちも溢れていた。彼（女）らは、貧しさゆえに親に捨てられてしまった子どもや、貧しい家庭を支えるために働きに出された子どもであった。彼（女）らもまた、大人の労働者たちにまぎれて工場で働いた。7歳くらいになれば、午前6時から午後8時くらいまで働かされるのは一般的であった。なかには、3、4歳の幼児までもが、機械の立ち並ぶ工場内で、大人がもぐり込めないほどの狭い隙間に入ってくず拾いをしていた。繁忙期には、子どもたちはさらに長い時間働かされたが、彼（女）らが疲れて居眠りをしようものなら、目を覚ましておくように殴られたりした。労働の合間に食事をとることは許されていたので、彼（女）らは、持参したほんの少しのパンを食べた。丸一日労働するのに、たったそれだけの食べ物では空腹に耐えきれず、他人の食べ物を盗む者もいた。このような状況下で働く子どもの労働者に支払われるのは極めて少ない賃金であった。ひどい場合には、1カ月ほど見習いとして働かされた後にそのまま解雇され、賃金が支払われないこともあったという。

このように、多くの子どもが、大人の労働者以上に過酷な労働条件の下で働かされていた。これに対し、医師や博愛主義の篤志家から、過酷な労働による子どもの発育への悪影響が指摘されるようになる。この問題を解決するべく、1802年、イギリスで最初の工場法が成立した。その内容は、①工場の建物を清潔に保つという作業環境に対する規制、②工場で雇用する子どもの生活環境を整え、労働時間を最長12時間までとするという、子どもの労働条件に対する規制、③巡視者を工場の見回りに当たらせるという、規制の実施に関する規定等であった。

この工場法の成立後は、規制の範囲内であれば、子どもの労働者を合法的に

雇えるようになった。そのため、子どもの労働者の数は、それまで以上に増加していった。

　他方で、1830年代のイギリスでは、政府が初等教育の制度化に本格的に乗り出そうとしていた。具体的には、政府が二つの民間団体を経済的に支援し、それらが運営する学校を国家認定の初等教育機関として位置づけたのである。これらの学校には誰でも通うことができた。授業料は無料であった。そこでは、中産階級が使う英語を基準とした「標準英語」の読み書きが主に教えられていた。「標準英語」は労働者階級が使う英語とはまったく異なるものであった。まるで外国語のように馴染みのない「標準英語」を習得することは、実際の生活のなかでは方言こそを必要としていた労働者階級の子どもたちにとっては至難の業であった。

　1870年には初等教育法が成立した。それは、すべての子どもに初等教育を受けさせることを謳うものであった。幼いころから働き始める労働者階級の子どもは初等教育への就学が不十分であると見なされた。初等教育制度を確立するには、彼（女）らを就学させる必要があった。だが、どれだけ行政当局が努力しても、労働者階級の子どもの就学率は、それほど伸びなかった。なぜなら、当時、彼（女）らの多くが、国家認定の学校ではなく、デイム・スクールに通っていたからである。

　そこで、イギリス政府は、次のような法律を定めた。すなわち、労働者階級の子どもは、12歳ないし14歳までは必ず、国が認定した初等教育学校に在籍しなければならない、というものであった。政府がめざしたのは、すべての子どもに初等教育を提供し、「標準英語」を習得させることを通して、彼（女）らを国家の一員として教育することであった。だが、労働者階級の子どもに「標準英語」を習得させるという目標は、上述のような理由から、やはりなかなか達成されないままであった。そのようななか、学校教育において新たな教授法が試みられるようになる。この新たな教授法について、次節で見ていくことにしよう。

4　モニトリアル・システムの登場

　19世紀初頭、ロンドンのある地区の一角に建てられた学校で、ある画期的な教授法が生まれた。それは、ジョセフ・ランカスター（1778-1838）によって開発されたモニトリアル・システムと呼ばれる教授法であった。

　従来、ランカスターの学校は評判がよく、多くの労働者階級の子どもたちを受け入れていた。ところが、子どもの数が増え過ぎたせいで、それまで行ってきた教授法、すなわち一人の教師が一人あるいは少数の生徒に手厚く教えるという教授法では対応できなくなってしまった。そこで、ランカスターは、生徒が生徒に教えるという相互教授法を考えついた。

　教師は、まず、優秀な生徒を選び出し、徹底的に3 R's（reading, writing, arithmetic）、すなわち、読み書き計算を教え込む。彼らはモニターと呼ばれ、教師に代わって生徒を教える役割を担う。モニター以外の生徒は、能力別の「クラス」へと分けられる。一つのクラスの指導を、1名のモニターが担当する。教場には多数の長机と椅子が並べられ、生徒らはクラスごとに座席に配置される（図5-3）。生徒らは、モニターに指示された文字を石板に書きとり、一斉にモニターの点検を受ける。教師は、教場の先頭に置かれた教壇から、その様子を監視する。教場の床が後方へ向かって高くなっているため、教壇からは全体を一望することができた。

　このようにして、ランカスターは、大人数の生徒に対して効率的に教授する教育機関としての学校を生み出すことに成功したのである。

　他方、モニトリアル・システムのもう一人の開発者として、アンドリュー・ベル（1753-1832）の名前が知られている。従軍牧師として渡ったインドで孤児らの世話を任されたベルは、ランカスターよりも早い時期にモニトリアル・システムを開発していた。

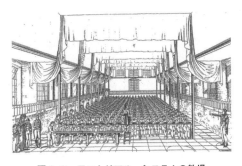

図5-3　モニトリアル・システムの教場
（前掲『〈学級〉の歴史学』35頁／*British and Foreign School Society*（B. F. S. S）1837版マニュアル）

モニトリアル・システムの開発者であるランカスターとベルは、別々の民間団体に所属していた。その両方の民間団体が、初等教育を担う機関として国家から認定され、経済的な支援を受けていた。これらの民間団体によって運営される学校が、先述した、1830年代に登場した国家認定の学校であった。

19世紀のイギリスにおける初等教育は、モニトリアル・システムの普及とともに制度化されたといっても過言ではない。それは同時に、初等教育の学校が、民衆教育の場から国家主導の教育の場へと変化したことを意味していた。

5 新 教 育

ところで、19世紀のイギリスにおける上流・中産階級の教育は、それまでと変わらず、私立学校である第一・第二級校が担っていた。制度的には、上流・中産階級の子どもも無料で国家認定の学校に通うことができたが、「標準英語」を教えるだけの学校は、彼（女）らにとって十分な教育の場であるとは見なされなかった。とはいえ、第一・第二級校における教育内容が、上流・中産階級の間で手放しに受け入れられていたわけでもない。その古典語中心の教育は、当時の進歩的な知識人たちから、実用的ではない、現実社会で活躍する指導者を育成できないという理由から、厳しい批判を受けていた。そこで登場したのが、古典語中心の旧い教育に代わる新しい教育であった。19世紀末から20世紀にかけて、新教育の実践を行う学校が世界各地に次々と設立されていった。以下では、そのうちの一つ、アボッツホーム校を紹介しよう。

アボッツホーム校は、1889年、セシル・レディ（1858-1932）によって、イギリスのダービーシャーに設立された。ダービーシャーは、天然資源に恵まれ、炭田や鉱山があり、工業が盛んな地域であった。また、農牧業も盛んで、酪農品、穀物が生産されていた。豊かな自然に囲まれ、かつ工業や農牧業も近隣で営まれているという立地のおかげで、アボッツホーム校では、さまざまな新教育の活動が展開された。

アボッツホーム校の教育内容は、現代外国語（フランス語、ドイツ語）、地理、理科、体育（フットボール、クリケット、テニスに加え、ドーヴ川での水泳、漕艇）または身体活動（ドーヴ川での魚釣りや自然散策等）であった。時には、園芸、農耕、

養蜂、木工・金工、畜舎の建造、測量や調査等といった手作業の時間が設けられることもあり、それらは基本的な学習内容と関連づけられていた。音楽、詩の朗読、絵画、集会場での社交の集いといった情操活動も行われた。

アボッツホーム校は、完全寄宿制を導入していた。寄宿舎では、生徒どうしの共同によって生活が営まれ、教師は、私生活における生徒の様子にも十分に気を配った。

アボッツホーム校は、ジェントルマンの育成ではなく、新たな教育実践を通して、新たな時代に通用するエリートの育成をめざした。アボッツホーム校の新教育は、子どもが自主的に学習できるような環境を整え、自発性や主体性を育むという子ども中心主義に基づいていた。

20世紀に入ると、アボッツホーム校に見られたような新教育の理念に基づくさまざまな教育方法が、新教育を標榜する世界各地の学校で開発された。そのうちの一つが、アメリカで生まれたドルトン・プランである。ドルトン・プランは、1920年にアメリカのマサチューセッツ州にあるドルトンという町の高校で、ヘレン・パーカースト（1887-1973）によって創始されたものであり、生徒一人ひとりが、それぞれの学習進度に沿って自主的に学習を進めていくという実践である。年度当初に、それぞれの生徒の学力に合った年間の学習内容が教師によって提示される。それぞれの生徒は、教師と話し合いながら1カ月分の学習計画を自分で立て、その計画に基づきつつ自主的に学習を展開する。

生徒らの一日のスケジュールは、次のようなものである。午前中は、それぞれの生徒が、教科ごとに分かれた教室を自由に移動しながら学習に取り組む。それぞれの教室の隅には、4〜5人が一緒に学習できるような大きな机が配置されており、生徒らは、必要に応じてそこで協働学習を行う。昼ごろに学習を終え、生徒は自分のクラスへ戻る。そこで、小一時間程度の会議に参加する。その会議では、それぞれが抱えている問題についてクラス全体で話し合い、解決への道を探る。午後は、ダンス、工作、演劇、音楽等の集団活動に当てられる。

ドルトン・プランにおいては、「自由」と「協働」という二つの基本原理が重視されていた。すなわち、それぞれの生徒が、自由の原理に基づき、自らに

適した学習進度にしたがって自主的に学習を進めるのと同時に、協働の原理に基づき、教師や他の生徒との対話、または全体での話し合いを通して学習を進めていた。

　ドルトン・プランは、一斉教授に代わる画期的な教育方法として世界中に普及していった。ある報告によれば、1924年の時点でドルトン・プランを採用していた学校の数は、アメリカで300〜400校、イギリスでは3,000校以上であったという。ドルトン・プランが、アメリカ、そしてイギリスで広く受容されるに至ったことは何ら不思議ではない。なぜなら、ドルトン・プランは、まさにアボッツホーム校がめざしたような、新たな時代に通用するようなエリートの育成という国家の要請に応え得る教育方法であったからだ。

　20世紀、植民地の獲得をめぐる、他国との熾烈な競争に耐え得る国力を必要としたイギリス国家において、新教育はその帝国主義的な基盤を下支えする重要な役割を果たしたのである。

＊　　　　＊　　　　＊

　本章で見てきたように、近代になって、保護と教育の対象として子どもが誕生し、学校が誕生した。学校は、産業革命等、社会の変化に合わせてその内容や形式を変化させていった。19世紀末から20世紀にかけては、新教育が世界各地で展開され、子ども中心主義に基づいた数々の教育方法が生み出された。これらの教育方法は、子どもの自発性や主体性を育むという点で人々を魅了した。

　だが、ここで考えてみてほしい。新教育が標榜する「子ども中心主義」の「子ども」とは、いったい誰のことなのだろうか。アボッツホーム校に通った上流・中産階級の子どもだろうか。それとも、デイム・スクールに通った民衆の子どもだろうか。そのどちらもだろうか。

　そもそも、新教育とは、上流・中産階級の学校の教育改革をめざして始まったものであった。古典語中心の教養から新たな時代に通用するような新たな教養への転換を図ろうとした新教育は、上流・中産階級の教育に大きな影響を及ぼした。だが一方で、民衆の子どもたちがその射程に入ることはなかった。数々の画期的な教育方法が生み出されはしたが、それらを実施することができたのは、アボッツホーム校のように、条件のそろった教育環境を用意すること

のできた上流・中産階級の子どもたちが通う学校だけであった。新教育は、結果的に、エリート教育を対象とする限定的な教育改革に留まってしまった。つまり、「子ども中心主義」を掲げる新教育は、民衆の子どもたちを置き去りにしたまま、世界各地で展開されたのである。

　今日、教育の中心にいるのは誰かと問われれば、教育実践者の多くが「子ども」と答えるであろう。また、何のために教育するのかと問われれば、「子どもの成長のため」と答えるであろう。だが、いったん立ち止まって、問うてみたい。あなたのいう「子ども」とはいったい誰のことをさしているのか。

　将来、国家を主導するエリートへと成長していく子どもだろうか。将来、経済的に自立した生活を送れるような子どもだろうか。それとも、将来のことを描く余裕もなく、いまをただ精一杯生きるしかない、困難を抱えた子どもたちだろうか。

　あなたが教育を行う際に、あるいは教育について議論する際に、念頭に置いている「子ども」とは、いったい誰なのか。この単純明快に思えるような問いこそ、私たちを教育という営みの原点へと立ち返らせてくれるのではないだろうか。

参考文献

Ph.アリエス（杉山光信・杉山恵美子訳）『〈子ども〉の誕生——アンシァン・レジーム期の子供と家族生活』みすず書房、1960年。
角山栄『産業革命と民衆』河出書房新社、1980年。
松塚俊三『歴史のなかの教師——近代イギリスの国家と民衆文化』山川出版社、2001年。
宮本健市郎『アメリカ進歩主義教授理論の形成過程——教育における個性尊重は何を意味してきたか』東信堂、2006年。
小野征夫『民衆は学校とどう向き合ったのか：イギリス教育社会史断章』大月書店、2013年。
セシル・レディ（財満寿子・三笠乙彦訳）『指導者を育成する学校』明治図書出版、1989年。
戸塚秀夫『イギリス工場法成立史論：社会政策論の歴史的再構成』未来社、1966年。
柳治男『〈学級〉の歴史学——自明視された空間を疑う』講談社、2005年。

❻ 近代教育思想

私たちの教育観を西洋教育史から問い直す

　なぜ子どもに教育をするのか。知識伝達、人格形成、健やかな身体の育成等々、その答えはさまざまであろう。とはいえ、多くの答えが「子どもの将来の幸せため」という点においては共通するのではないだろうか。教育は子どもの幸せを願って、子どもの未来に向けて行われるものである。

　当たり前ではないか、何をいまさら……、そんな声が聞こえてきそうである。本章がテーマとするのはまさにそうした態度、すなわち子どもの将来の幸せのために教育を行うことを当然と見なす態度なのである。というのも、そこにこそ近代教育をそれ以前の教育とは質的に異なると見なす理由が潜むからである。

　教育という営みは近代以前にも行われていた。しかし、それは生物的・自然的行為としての養育という意味合いが強く、子どもの将来の幸せのために行うという意味合いの強い私たちの教育の営みとは異なる。その違いはほかでもなく社会的生存様式の違いに起因する。近代以前の社会形態は封建的共同体であり、人間の生存や幸福は共同体の管理のなかに包摂されていた。したがって、教育は個人の生存や幸福に直接関係するものではなかった。一方、封建的共同体に代わって国民国家が誕生する近代において、個人は封建的共同体的な生存管理から抜け出すことになる。そこでは個人がそれぞれ自らの生存と幸福の責任を直接負うことになり、教育はその重要な手段として認識されるようになった。子どもの将来の幸せのために教育を行うことを当然と見なす私たちの態度は、国民国家の誕生とそれによる教育の質的転換によって初めて可能になったのである。

　したがって、それまでの教育と区別されるところの近代教育をとりあえずは次のように定義することができる。それは、自らの生存責任を引き受けること

になった近代的個人の生存と幸福を追求する能力の形成に向けて、国民国家が経営する教育システムあるいは国家経営的関心から生じる教育事象というものである。その象徴として国民教育制度としての学校制度を挙げることができるが、その制度的確立は19世紀後半まで待たなければならない。他方、近代教育の始まりは宗教改革や絶対主義国家が成立する16世紀ごろと見なすことができる。それゆえに近代教育とは、16世紀ごろに社会的要求の高まりにより教育が生物的・自然的行為のみならず社会的・制度的行為だと見なされるようになってから、近代公教育として学校が制度的に確立する19世紀後半に至るまでの、約4世紀にわたって徐々に培われた教育のあり方であるといえるのである。

　そこで本章では、17世紀〜19世紀にかけて近代教育の形成に大きな影響を与えた6人の思想家に焦点を当て、その思想の特徴を描き出すことにより、「教育は子どもの将来の幸せを願って行われる」という、今日の私たちが当然と考えている教育の捉え方を問い直してみたい。

1　教育を再定義する試み——コメニウスとロック
（1）17世紀の危機と体制の転換

　近代教育を近代的個人が有すべき能力の形成に向けて国民国家が経営する教育システムあるいは国家経営的関心から生じる教育事象として定義づけるならば、前者の構想をコメニウス（Comenius, J. A.,1592-1670）に、後者の構想をロック（Locke, J.,1632-1704）に古くは見出すことができる。こうした意味で彼らの思想には現代へと連なる近代教育の起源と見なせるものが確かに存在している。しかしながら、彼らの思想は17世紀のヨーロッパという時代と場所と深く結びついたものでもある。そこで本節では、彼らの思想がどのような時代背景のなかから生まれてきたのかを見ることで、それぞれの特徴を描き出してみる。

　そもそも17世紀のヨーロッパとはいかなる時代であったのか。新大陸から大量にもたらされた金・銀により繁栄を極めた前世紀とは異なり、17世紀のヨーロッパは経済後退・自然災害・人口減少等に見舞われる危機の時代であった。また、それらを背景としつつ、宗教改革の余波のなかで30年戦争やピューリタン革命といった政治的・宗教的対立が激化した時代でもあった。こうした動乱

と危機の後、17世紀のヨーロッパは新たな体制へと転換した。例えば、30年戦争後、神聖ローマ皇帝とローマ教皇の地位が完全に失墜し、宗教的権威に代わる秩序維持の体制として主権国家体制が確立した。また17世紀は、「科学革命の時代」と呼ばれるように、従来の学問のあり方を根底から覆していくような知識（地動説の登場、印刷術の発展等）が次々と生み出され、観察や実験を重視する新たな知の体制が形成されていった。すなわち、17世紀のヨーロッパとは、動乱と危機の後に秩序維持と知の体制が抜本的に転換する時代であったのだ。そのなかにあってコメニウスとロックは新たな体制に対応する教育を模索し、またその教育を通して新たな体制の実現と確立を夢見たのである。

（2）社会改革のための教育——コメニウス

　すべての人が学ぶ学校を構想し、その教授原理として直観主義的方法を示したコメニウスは、その功績から「近代教育学の祖」と呼ばれている。その思想は近代教育学の源流と見なされ、その教育学的価値はいまなお高く評価されている。だが、彼は学校改革や教授方法の改善という教育学的問いに答えようとしていたわけではない。コメニウスは17世紀という動乱と危機の時代を生き、そうした混沌とした時代への抗いとしてあらゆる知識の系統的分類と体系化をめざしたのである。これは「汎知学（Pansophia）」という名で呼ばれる知をめぐる新たな体制構築の試みであり、彼の教育学的功績はその壮大な試みから生まれ出たものである。以下、詳しく見ていこう。

　1592年、コメニウスは現チェコ共和国のモラヴィアで生まれた。10歳の時に父を亡くし、親戚に引き取られた後に、両親が属していたボヘミア同胞教団附属学校でラテン語を学ぶ。その後、ドイツへ留学。そこで彼は後に自らの汎知学的思想へと結実することになる百科全書的思想にふれる。百科全書の思想はルネサンス期にすでに花開いており、ベーコンやラトケやアルシュテット等、コメニウスが影響を受けた当時の著作家たちにも共有されていた。帰国後、彼は自らの学業を支援してくれた教団で教師・牧師として活動する。しかし、1618年に30年戦争が勃発。戦火は彼の住むフルネックの町も襲い、それにより彼はいっさいの家財とそれまで書きためていたノートを失った。さらにプロテ

スタントの一派であった教団には解散が命じられ、彼は迫害から逃れるために教団幹部たちとともに国内に身を潜めた。そのなか、フェルディナント2世は占領下にあるチェコのプロテスタントたちにカトリックへ改宗するか財産没収後に国外退去するかを選択するよう迫り、改宗を拒むコメニウスはポーランドに亡命。その後は各地を転々とし、1670年に祖国の解放と帰還を夢見ながらその生涯を閉じた。

　革新的な学校構想とその教授原理を示した『大教授学』(1657)、また『開かれた言語の扉』(1631)、『世界図絵』(1658)、『遊戯学校』(1656)といった先進的な教科書はいずれも彼の逃避行中に執筆されたものである。彼はおそらく、キリスト教新旧両派の血にまみれた争いと支配関係がもたらす悲惨さを目の当たりにし、現実とは異なるユートピアを求めたのであろう。それらの著作では、あらゆる知識の系統的分類と体系化という汎知学を通して世界のあるべき姿を構築し、その世界のあるべき姿の伝達を通して新たな社会の実現をめざすとともに、その伝達手段となるべき学校や教授方法の新たなあり方を示すことが試みられている。それは、いいかえるならば、既存の社会とは異なる世界のあるべき姿を示し、世界を正しく認識した人々が平和で人間らしい関係を築き上げることのできる社会の実現をめざして新たな教育のあり方を示そうとしたということである。

　『大教授学』の1頁目には「あらゆる人に、あらゆる事柄を教授する・普遍的な技法を提示する」という副題が掲げられ、さらに以下のような文言が並べられている。「いかなるキリスト教王国のであれ、それの集落、すなわち都市および村落のすべてにわたり、男女両性の全青少年が、ひとりも無視されることなく、学問を教えられ、徳行を磨かれ、敬神の心を養われ、かくして青年期までの年月の間に、現世と来世との生命に属する・あらゆる事柄を、僅かな労力で、愉快に、着実に教わることのできる学校を創設する・的確な・熟考された方法」(J.A.コメニウス『大教授学1』明治図書、1962年)。この長い副題は『大教授学』の内容を端的に説明するだけでなく、コメニウスの汎知学に基づく教育学的思想を的確に説明してもいる。「あらゆる人に、あらゆる事柄を」、それは新たな社会を実現するため、徹底した平等原理のもとですべての人に世界のあ

るべき姿をまるごと教えるということである。とはいえ、それは現実の世界をそのまま示すことではなく、汎知学により秩序づけ直され整理された世界を示すことによってなされなければならない。コメニウスにとって学校とはそのために準備されるべき特殊な空間であったのだ。

　以上のように、コメニウスの学校構想は社会改革をめざしたものであり、そこには鋭い現実批判の視点が含まれている。学校を貫く徹底した平等原理は当時の社会権力関係に向けられたものであり、「僅かな労力で、愉快に、着実に」という言葉は権威主義や詰め込み主義が蔓延する当時の学校に向けられたものであった。それでは子どもたちは学校でどのようにあらゆる事柄を学ぶのか。その方法こそが、もう一つの彼の教育学的功績である直観主義的方法である。コメニウスは、感覚から始まり言葉や概念へと至ることが教育においては重要であると考え、事物を重視した教授方法を提示する。それは当時の暗記を中心とした学校教育への批判であると同時に、当時広まりつつあった観察による知識の獲得という新たな知のあり方に適合したものでもあった。

　事物を生徒に提示するという、いまとなっては当然とも思えるその教授方法も、当時にあっては新奇なものであった。そこで、その方法を具体的に示すために彼はさまざまな教科書を執筆する。例えば、『開かれた言語の扉』は画期的な語学教科書としてすぐさま高い評価を得たが、その構成はコメニウスが考える世界の秩序と分類に基づいて、学ぶべきさまざまな事柄の名前とその簡単な説明が載せられているというものであった。そこには、後に汎知学へと結実することになる、世界のさまざまな事柄を整理・分類し、それを一定の秩序の下で再構成するという百科全書的な試みと、言葉は事物の記号であり、事物を知ることと言葉を獲得することは並行して行われるべきであるという彼の事物を重視する立場とを明確に見て取ることができる。

　『開かれた言語の扉』は、『大教授学』を経て、読み書きを初めて学ぶ児童期の学校用教科書に位置づけられる『世界図絵』と若年期のラテン語学校用教材に位置づけられる『遊戯学校』へと発展していく。前者では世界のさまざまな事柄が絵で表され、絵と対応するように言葉が並べられており、子どもは絵を通して言葉とともに世界のあらゆる事柄を学ぶことができるとされている。そ

のことから、この書は世界初の絵入り教科書・子ども向けの絵本として高く評価され、各国語に翻訳され読み継がれてきた。他方、後者は『開かれた言語の扉』の内容をラテン語劇に仕立てたものであり、生徒たちは演劇における自らの身振りそのものを通して世界のあらゆる事柄を学ぶことができるとされている。

　『世界図絵』と『遊戯学校』に共通する特徴は、絵あるいは身振りを通して、世界のあらゆる事物を見ることができることにある。ただし、そこで子どもたちが目にするのは現実のありのままの世界ではなく、秩序化されたあるべき世界である。この点で『世界図絵』は特に成功している。そこでは絵と言葉によって世界が一冊の本のなかにまるごと閉じ込められており、子どもたちは外的な事物を参照することなく本のなかだけで世界のすべてにふれることができると想定されていたのである。

　コメニウスが『世界図絵』で試みようとしたことは、汎知学に基づき新たに秩序づけられたあるべき世界のすべてを示すということであった。しかし、それは、大人によって教育的価値があると判断されたものをあるべき「世界」として子どもに提示することでもある。ここに、子どもの将来の幸せを願って、大人があるべき世界を表象し、それを子どもに伝達するという近代教育の構造そのものを読み取ることもできるだろう。だが、コメニウスにとって、それは17世紀という時代との格闘のなかから生まれ出たものであった。彼が示した学校や教科書は、近代教育一般の礎であると同時に、17世紀の危機的状況のなかで新たな社会秩序を構築すべく知の体制を再構築する試みでもあったのだ。

（3）統治の技術としての教育——ロック

　17世紀の動乱のなかにあって、コメニウスはあらゆる人にあらゆる事柄を教えることが重要であると考え、教育を通した社会改革を夢見ていた。他方、コメニウスと同様に祖国からの亡命を余儀なくされながらも、彼とはまったく異なる教育論を唱えた人物がいる。『統治二論』（1690）等で社会契約説や立憲君主制の理論を打ち立てたジョン・ロックである。

　彼は1632年、イングランドのサマセット州に生まれた。幼少期にはピューリ

タン革命による動乱を経験している。オクスフォード大学で哲学等を学び、その後は母校で教鞭をとりながら医学を学んだ。67年からは政治家アシュリー・クーパー（初代シャフツベリ伯）の秘書として働くものの、伯が国王と対立して失脚すると彼も共謀を疑われ、83年にオランダへ亡命した。89年には名誉革命により祖国に帰国することができ、その後は書きためていた著作を次々と発表した。また、96年から1700年までの間は交易植民委員会の委員として政治活動にも関わっている。

　亡命後、各国を転々としながら祖国への帰還を夢見ていたコメニウスとは対照的に、ロックは祖国に戻り政治の表舞台で活躍する。また、ロックは亡命中に執筆した『人間知性論』(1689) の冒頭で「この世での私たちの仕事は、なんでも知り尽くすことでなく、私たちの行ないに関係のあるものを知ることである」(J.ロック『人間知性論（世界の名著27）』中央公論社、1968年）と述べ、この点でも、あらゆる事柄を知るべきだと考えたコメニウスとは対照的な考えを示している。さらに、あらゆる人に同じ教育をするべきだと考えたコメニウスに対して、ロックは社会階層ごとに違う教育が必要であると考えた。それがジェントルマン教育論と貧民教育論である。そこで以下では、ジェントルマンと貧民それぞれに対する教育論を概観することによって、ロックが教育をいかなるものとして捉えていたのか、また彼の教育論を支える人間観とはいかなるものかについて明らかにする。

　ロックは1693年に『教育に関する考察』を出版し、イギリスの政治主体であり国家運営を担うジェントルマンにはどのような教育がふさわしいのかについて述べている。まず彼は、ジェントルマン教育の目的として、徳、思慮分別、礼儀正しさ、学識の四つを掲げる。なかでもロックは、自分自身の欲望を否定する理性的能力としての徳を最も重視する。それに対して最も重要でないと考えられたのが幅広い知としての学識であった。彼は、詩や音楽ではなく、地理学や法律等、実用的な知識をジェントルマンは身につけるべきと考えたのである。それは、従来のジェントルマン教育において当然とされていた人文主義的な教育を否定するものであった。

　ジェントルマン教育をまったく新しく作りかえることによってロックがめざ

したのは、新たなジェントルマンの育成である。従来のジェントルマンとは余暇を使って趣味に興じたり奢侈にふけったりすることを美徳としていた。これに対して、ロックはジェントルマンに自らの欲望を抑える徳を身につけ、仕事を円滑に処理するための思慮分別と礼儀正しさ、実用的な知識の修得を求めた。それは、従来のジェントルマンとしての生き方を否定し、有徳で勤勉な「実務家」であることをジェントルマンに求めるということでもあった。さらに、ロックは、ジェントルマン教育は学校ではなく家庭でなされるべきであると主張する。なぜなら、家庭では子ども一人ひとりの個性を見極め、それに応じた合理的な教育を行うことができるからである。このように、ロックのジェントルマン教育論とは、家庭において子どもを有徳で勤勉な実務家として教育することであった。

　他方、ロックは貧民に対してはまったく異なる教育論を展開する。それは、交易植民委員会の委員である彼が救貧法改革の一環として提案した「労働学校案」に示されている。彼は、貧民の増加と救貧税負担の増大が貧民の規律の弛緩等にあると考え、例えば、14歳以下の子どもが5マイル以内の教区外で物乞いをした場合は、労働学校に送り、鞭打ち、後に夕方まで仕事をさせ居住地へと帰すこと、5マイル以上の場合は感化院に送り、6週間の労働に従事させること等を提案している。この労働学校に関して、ロックはすべての教区に労働学校を設立し、3歳から14歳までの教区救済を必要とするすべての子どもをそこに通わせることを提案している。それにより、母親は労働が可能になり、子どもは規律ある環境で養育され、さらには労働にも慣れて勤勉になると考えたのである。

　労働学校案では、ジェントルマン教育のような家庭ではなく、国家の介入により学校で教育されることが求められている。すなわち、ロックは一方では家庭教育を推奨し、他方では家庭から引き離して国家による教育を求めているのである。そこには彼の一貫した目論見がある。それは有徳で勤勉な労働力の育成というものである。ロックにとって教育とは家庭という私的な領域と公的な領域の両方に関わる、国家の公共的な利益を実現するための技術であったのだ。それは、いいかえるならば、17世紀の重商主義国家をめざすイギリスにあって、

教育が「統治」の技術でもあったということである。

　以上のようなロックの教育論はいかなる人間観に支えられているのだろうか。『教育に関する考察』では、この本の目的が友人の子育てに関する助言であると述べ、「その息子は、当時非常に幼かったので、わたくしはただ白紙（タブラ・ラサ）、あるいは好きなように型に入れ、形の与えられる蜜蝋にすぎないと考えました」（J.ロック『教育に関する考察』岩波書店、1967年）と記している。すなわち、彼は生まれたばかりの人間を文字がまったく書かれていない白紙と捉え、経験を通して観念や知識がそこに書き込まれるような存在だと考えていたのである。

　しかし、白紙といえども人間はまったく何の傾向性ももたずに生まれてくるわけではない。子どもは快を求め、苦を避ける自然の傾向性をもつ。このことはロックも認める。しかし、彼がジェントルマン教育で重視した徳とはこの自然の傾向性を抑えること、すなわち欲望を理性によって抑えることであった。

　それでは人間は、自然の傾向性をひたすら抑え、ただ外から観念や知識をそのまま受け容れるしかないのだろうか。ロックはそうは考えない。彼は自然の傾向性に代わって習慣を形成することで、行動に影響を与える原理を獲得することができると考えた。そして、そのような習慣は、口頭ではなく、実際に行為を反復することで形成されると考えたのである。

　このように、ロックはタブラ・ラサとしての人間観を前提に、行為の反復によって善き習慣を形成し、そのことによって徳を身につけていくという教育のプロセスを構想した。このプロセスは何もジェントルマン教育に限られない。「労働学校案」でも、子どもに労働をさせることで勤勉さという習慣を身につけさせるというプロセスが描かれている。ロックにとって行為の反復による習慣の形成は、階級を越えた教育の共通性であったのだ。

　だが、ここで一つの疑問が生じる。なぜ1回限りの行為の反復が行為の傾向性としての習慣となるのか。この謎を解くためには彼の「観念連合」という考えを参照しなければならない。観念連合とは、本来は関係のない複数の観念が結びつくことで、まったく別の観念が作り出されてしまうという心の働きを意味している。ロックが用いているサイコロの例で説明してみよう。

ロックはABCが書かれた多面体のサイコロを教育玩具として用いることを推奨している。それはサイコロを振るという1回限りの行為が反復されることによって、アルファベットの学習とサイコロ遊びの快という、本来はまったく関係のない観念連合が作り出され、そのことによって「学習が楽しい」という教育者にとって望ましい態度が子どもにおいて形成されることになるからである。行為の反復によって善き習慣が形成されるのは、このように子どもの心の自由な働きを利用して望ましい観念連合を人為的に作り出すことができるからなのである。

しかしながら、こうしたことはアルファベットの学習がサイコロ遊びであると子どもを「だます」ことによって可能になっていることに注意しなければならない。ここに近代教育にしばしば見られる教育的仕掛けを見て取ることができる。それは、学習を遊びと「だまして」教え込むというように、巧妙な教育的働きかけを通して子どもの心を操作し、子どもにとって「自然」に教育を行うということである。ロックのこうした側面は実際に18世紀の教育と遊びを結びつけようとする教育玩具や子どもの本の宣伝文句に使われている。とはいえ、コメニウスと同様、ロックの思想もまた17世紀という時代のなかで生まれたものであり、近代教育に見られる教育的仕掛けの構造は、彼が当時のさまざまな政治的・社会的課題と格闘しながら統治の技術として教育を再定義するなかで生み出したものであったのだ。

2　「近代」を超える近代教育思想——ルソー

コメニウスとロックは、17世紀という近代教育の黎明期に、教育の再定義をそれぞれ試みた。それはまた、それぞれの仕方で教育と国家との関係性を構築する作業でもあった。しかしながら、国家による公教育制度の整備に向けて本格的に議論がされ始めるのは国民国家が成立する18世紀末のフランス革命以降であり、18世紀半ばのヨーロッパとりわけフランスは、絶対主義国家の終焉が予感されながらも、いまだ新しい国家の姿が見えない状態にあった。そうしたなか、フランスのある思想家が教育と国家の特異な関係を夢想した。その名はジャン＝ジャック・ルソー（Rousseau, J.J.,1712-1778）。「子どもの発見者」と呼ば

れ、「自然に帰れ」という実は彼自身は一度も用いたことのない言葉によってその思想が要約されている人物である。本節では、彼の教育学的代表作とされる『エミール』(1762) を中心に、彼が教育と国家の関係をどのように考えたのかを明らかにすることを通して、その特異な教育論を概観してみる。

（1）ルネサンス的人間とルソー的「人間」

『エミール』は、少年エミールと教師ルソーを主人公とし、孤児であるエミールの誕生から結婚までを教師ルソーがどのように教え導いたのかを描くフィクションである。全5編から構成されており、それぞれが乳児期、幼児期、少年期、思春期、青年後期に該当する。ルソー自身は前半三つを「子ども」の教育、後半二つを「人間」の教育について記述したものと位置づけている。

『エミール』は、「子ども」の存在について初めて体系的に語った書物としてこれまで高く評価され、「児童の福音書」とも呼ばれてきた。それは発達論的子ども観とそれに応じた教育方法の研究に影響を与え、後年、ルソーは「子どもの発見者」と呼ばれるようになった。だが、当のルソー自身が『エミール』において主題としたかったのは「子ども」というよりむしろ「人間」の方だったのではないだろうか。「私の手を離れるとき、彼は、私も認めるが、役人でも軍人でも僧侶でもないであろう。彼は第一に人間であろう」(J.J.ルソー『エミール（ルソー全集第4巻）』白水社、1978年) と述べられるように、ルソーにとってエミールを「人間」にすることこそが最終目的だったのである。さらに、その「人間」とは「子ども」と明らかに違う概念として捉えられている。したがって、『エミール』は、少なくとも「子ども」の教育とともに「人間」の教育についても論じた書物として理解されねばならないだろう。

それではルソーは「人間」をどのようなものとして捉えたのだろうか。アリエスによれば、そもそも人間の教育という発想が登場したのはルネサンスの時期であったという (Ph.アリエス『〈教育〉の誕生』新評論、1983年)。そこでの人間とは、「知りたい」や「よくなりたい」という自然な欲求に基づきあらゆる探究を行う存在を意味していた。これに対してルソーは、デビュー作『学問芸術論』(1750) で、そうした行いが偉大で高貴なものであることを認めつつ、そ

れが結果的には戦争や貧富の差を生み出し、ひいては道徳性の堕落をもたらしたと痛烈に批判する。彼は「人間のすべての自然の性向と同様、この好奇心をも抑制するように努めなければならない」(J.J.ルソー『学問芸術論（ルソー全集第4巻）』白水社、1978年）と述べ、ルネサンス的人間が解放した自然的欲求を抑制することこそが「人間」のあるべき姿であると捉えた。この抑制が自然的欲求の変質によって可能になると考えたルソーは、教育という営みにその変質の可能性を賭けていったのである。

（2）欲望する機械としての「子ども」から類としての「人間」へ

　ルソーが『学問芸術論』を出版する約100年前の17世紀半ば、ホッブズは『市民論』(1642)や『リヴァイアサン』(1651)において「万人の万人に対する闘争」という考えを打ち出し、人間の最も根本的な自然的欲求とは自己保存欲求であること、その欲求があるために人間は自然状態において闘争状態にあること、したがってその闘争状態を避けるため人間は国家・国王に自然権を譲渡していること等を主張した。いわゆるホッブズの社会契約説である。これに対しルソーは、ホッブズと同様に人間の根本的な自然的欲求が自己保存欲求であると捉えながらも、自然状態において人間は闘争状態にはないという点で彼と異なる見解を示した。すなわち、人間にとって自然状態はむしろきわめて平和であり、それが闘争状態となるのは社会により自己保存欲求が変質させられてしまうためであると考えたのである (J.J.ルソー『人間不平等起源論（ルソー全集第4巻）』白水社、1978年）。そこから、社会契約に関するルソー独自の考えが登場する。社会のなかで生きている私たちは、自らの欲求を満たすために他者と競うという具合に、闘争状態に向けて自己保存欲求がすでに変質させられている。そこで社会的混乱を防ぐため、社会に生きている私たちはそれぞれが人民全体と契約を結び、集合的主権者の意志である一般意志に従うのだというわけである (J.J.ルソー『社会契約論』岩波文庫、1991年)。

　ルソーの社会契約という考え方は、社会のなかで自己保存欲求がすでに闘争状態の方向へと変質させられてしまっている状態において、人々が幸せに生きるためにはどうすればよいのかにこたえるものであった。しかし、人々が幸せ

に生きるための術は社会契約以外にあり得ないのだろうか。もし、社会そのものを変えることにより自己保存欲求を闘争状態とは別の方向に変質させることができれば……。この術を具体的にしたのが彼の公民形成（市民教育）論である。それは、まず、祖国の名に値するような善き政治国家を形成し、それにより人間個人の自己保存欲求を社会全体の自己保存欲求（祖国愛）へと変質させるというものである。

　したがって、ルソーにとって公民を形成するという教育的営みは国家を作り変える試みであり、それはまた社会契約説と並ぶ、人々が幸せに生きるための術であった。しかし、とルソーは考える。社会のなかに産み落とされる私たちは、社会により自己保存欲求が変質させられてしまうことから逃れられない。それでは仮に、社会とはまったく隔絶したところで人間を教育できるならば、自己保存欲求をどのように変質させていけばよいのか。社会から隔絶している以上、そこでは自己保存欲求そのものに働きかけなければならない。そこには、社会における教育とはまったく異なる教育の姿を見出すことができるはずである。こうした思考実験のために書かれたのが『エミール』である。社会から隔絶した特別な教育空間で子どもが孤独のうちに育てられていくという『エミール』の奇抜な設定も、社会から隔絶した教育を構想する思考実験のためには必要なことだったのだ。それでは、エミールはどのように教育されていくのだろうか。

　ルソーによれば、自己保存欲求が社会によって変質される前（自然状態）の人間は「自己保存に必要な欲望と、それを満たすに十分な能力」（J.J.ルソー『エミール（ルソー全集第6巻）』白水社、1980年）のみを有し、欲求と力との間で均衡がとれた状態にあるという。こうした人間は強く自由で、他人と争う必要もない幸福な存在である。他方で、生まれたばかりの子どもは飢えや渇き・運動という自然的・肉体的欲求を有しているものの、それを満たすだけの力を有していない。そこでルソーは、幼児期までの教育目的が子どもを強く自由で幸福な存在にすること、すなわち自己保存欲求を変質させてしまう社会から子どもをできるだけ遠ざけつつ、子ども自身が欲求と力のできるだけ自然な均衡をとれるようにすることにあると考えた。その具体的な方法は、①自然的欲求以外の

余分な欲求を作らないこと（例えば、空腹で泣く場合は自然的欲求の現れとして認められるが、かまって欲しくて泣く場合は自然とは無縁な支配欲求の現れとして退けられる）、②子どもの力を強くすること、③大人による子どもへの支援を純粋な力として行使することの三つであった。

　なかでも最後の方法には注意が必要である。大人の助けなしに子どもは生きることができない。とはいえ、その助けが大人－子どもや親－子ども、教師－生徒といった社会関係を子どもに感じさせるものであってはならない。したがって、自然的欲求を満たすために必要な支援は、子どもが感謝や恩恵を感じないようになされること、また、余分な欲求に対しては、禁止や命令、物理的な力によって対処することが重要となる。例えば、余計なものを欲しがる場合は、ただ「ありません」とだけ答える。わがままから部屋のガラスを割った場合は、子どもをその部屋に黙って放置し、入ってくる冷たい風により自分の非力に気づかせた後にまた黙ってガラスを直す。このように、ルソーは、子どもを欲求と力の関係のうちに留めておくことこそが子どもを真に自由で幸福にすると考えたのである。

　ここから浮かび上がるのはルソーの特異な子ども観である。私たちは、親や教師等、周りの大人から与えられる愛情を子どもたちが感じることが子どもたち自身の幸福につながる、と考えている。自分が愛されていると感じることは子どもの健やかな成長につながるという想定の下、そのための教育的配慮が現在の家庭や学校では必要とされている。しかし、ルソーは、そうした配慮こそが子どもを堕落させると考えた。彼は、子どもが「純粋に」自然的欲求と力の関係のみに置かれることを望んでいる。それはドゥルーズとガタリが「欲望する機械」と呼んだ人間観、すなわち人間を諸欲望と諸力が多様に連接していく生命体と見なす考え方のようである（G.ドゥルーズ・F.ガタリ『アンチ・オイディプス』河出書房新社、1986年）。こうした欲望する機械としての子どもにその存在の自由と幸福を見出していくこと、そこにルソーの特徴を見ることができる。

　ところが、子どもをいつまでも欲求と力の均衡のなかに留めておくことはできない。ルソー的な教育的配慮のなかで育てられた子どもは、当初は限られた欲求しかもたないだろうが、身体的力や感覚の成長はいつしかその欲求を超え

た欲求を生み出してしまう。ルソーはそれが12歳前後の少年期に訪れると考えた。力の余剰は子どもの好奇心へと連なり、「知りたい」という欲求を次々と生み出してしまう。問題は、そのことによって欲求と力の均衡が崩れてしまうことにある。そこでルソーは、この時期の子どもに対しては好奇心を抑制することが重要であると考えた。具体的には、自分たちの生活の快適さに貢献できる知識にのみ子どもたちの好奇心を限定し、それ以上の好奇心に対しては「それが何の役に立つのか」という切り札をもって抑えていく。このことによって欲求と力の新たな均衡を獲得していくことが、この時期の教育目的であるとルソーは考えたのである。

　以上のように、ルソーが『エミール』で示した乳児期から少年期までの「子ども」の教育とは、人間が自然状態において有していた欲求と力の均衡を保ち、できる限りその自由と幸福を実現しようというものであった。子どものうちに宿る自然状態を維持しようとするこのような教育方法は「消極的教育」と呼ばれ、親や教師が子どもに外から知識を詰め込むような「積極的教育」とは対立するものとして理解される。ところが、後に「自然に帰れ」というルソー自身は一度も使ったことのない言葉で人々によってそれが捉え直された時、そこに出現したのは「子どもの発達に寄り添い、その自発的行動を尊重し、大人はそれを見守り援助する」という、ルソー自身は考えもしなかった「自然的教育」の姿であった。ルソーが実際に『エミール』の第3編までで描いたのは、子どもに悟られないよう大人の意図が張りめぐらされた空間で、子どもが見かけ上自由な行動をするという姿であった。そこには、子どもへの「自然な」操作可能性を追求する姿勢とともに、自律的存在に向けて子どもを現実の社会から切り離すというコメニウスにも見られた教育的配慮を見て取ることができる。

　ルソーにとって「子ども」の教育はその後に続く「人間」の教育の準備段階であり、両者の間には質的な違いがあるとされる。おそらくルソーが最も伝えたかったのは第4編以降に描かれる「人間」の教育の部分であり、現に彼は思春期以降が本当の教育の始まる時期であると述べている。それでは「人間」の教育とはどういうものなのだろうか。

　乳児期から少年期までの子どもは自然的欲求に基づく孤立的な身体的存在に

すぎなかったが、思春期以降の子どもは、社会的存在に向けて道徳的・精神的に成長していく。そのきっかけは、思春期に登場する性的欲求という自然的欲求の発現である。性的欲求それ自体は人間に限らず動物にも見られるものである。だが、ルソーによれば、人間においてのみ、この性的欲求に同伴者への欲求が結びついており、それにより人間はもはや孤立した存在ではいられなくなるという。すなわち、人間に固有な性的欲求の発現は「自分の種とのあらゆる関係、彼の魂のあらゆる愛情が生まれてくる」契機でもあるというのだ（ルソー『エミール』）。雄が雌に惹かれる。雌が雄に惹かれる。これは人間に限られない自然現象である。しかし、人間のみが特定の誰かを愛する。「選択、えり好み、個人的な愛着は知識と偏見と習慣の産物」であるから、「私たちが愛の能力を持つには、時間と知識が必要」なのである。人間のうちから溢れ出てくる性的欲求に対して人は愛する力をもって均衡を図らなければならず、その力を身につけるためには他者と自己との関係に関する知識とそれを学ぶための多くの時間が必要となる。ルソーにとって思春期以降の「人間」の教育目的とは、この愛の能力を獲得することにあり、そこに人間が孤立的な存在から社会的存在へとなっていく契機が見出されるのである。いわゆる、人間（homme）から人類（humanité）へ。ルソーが『エミール』において見出したのは、教育という営みを通して作られる「人類」という共同体の枠組みであり、それは、教育と国家の関係性を突き抜けていくものであったのだ。

　『エミール』の冒頭部分には次のような文言がある。人間形成と公民形成は「必然的に相対立する二つの目的」である、と。それはしばしば「個人主義か全体主義か」という二者択一を迫るものとして解釈され、前者に帰される彼の教育思想としての人間形成と後者に帰される彼の政治思想としての公民形成は矛盾するものとして受け止められてきた。しかし、上述してきたように、これらの思想は教育と国家、さらには人類との関係性をめぐるルソーの壮大な一つの試みとして理解されるべきであろう。すなわち、『エミール』で示されたのは国家という既存の枠組みを突き抜けた「人類」という共同体の可能性に向けた教育のあり方であり、公民形成論で示されたのは既存の国家という枠組みの下で構想された教育のあり方なのである。それらはともに、来るべき新しい国

家の姿がいまだ見えない時代にあって、教育を通してさまざまな「国家」の枠組みを構築しようとする試みであったのだ。その意味で『エミール』という書物は、国民国家を前提として教育のあり方を考える近代教育の始まりにおいて、国家の枠組みを超えることですでに近代を超える教育のあり方を問うていた試みであったともいえるのである。

3　学校教育の思想──ペスタロッチ、フレーベル、ヘルバルト
（1）学校教育の転換期としての19世紀

19世紀のヨーロッパは学校教育の転換期といえる。18世紀末からの相次ぐ市民革命によって国民国家という新たな国家体制が各地に成立し、教育は、主権者である国民に対する国家の責務であると同時に、国民国家の発展には欠かせないものとして認識されるようになった。その結果、すべての国民を対象とする普通教育を提供する国民教育制度として学校教育制度が構築され、そのための教育内容・方法が整備されていったのである。前節で見たように、17・18世紀が、いまだあるべき姿が見えない国家と教育との関係性を問うなかで教育のあり方を模索する時代であったとするならば、19世紀は、実際に成立しつつあった国民国家における学校教育制度を前提として教育のあり方を模索する時代であったといえよう。

そこで本節では、18世紀末から19世紀のはじめにかけて登場した3つの教育思想を取り上げてみたい。というのも、それらの思想は19世紀後半から学校が近代公教育として制度的に確立し量的に拡大する際にしばしば参照され、現在においても学校教育のあり方に関して多大な影響を及ぼしているものだからである。その意味で、これらの思想は学校教育の思想とも呼べるのであり、本節では、主に学校教育という観点から三つの思想の内容について概観していくことにする。

（2）自然の歩みに沿った教育方法の構想──ペスタロッチ

1746年、スイスに生まれたペスタロッチ（Pestalozzi, J.H.,1746-1827）はフランス革命に大きな影響を受けた人物である。フランス革命以前の彼は政治改革に主

な関心があり、教育への関心もその一環でしかなかった。具体的には、政治改革によって環境を変えることで人間形成にどのような影響があるのかという関心の下、彼は貧民救済や民衆教育に取り組んでいたのである。したがって、『隠者の夕暮』(1780) や『リーンハルトとゲルトルート』(1781-1787) といった初期の著作も、そうした関心に照らし合わせてその意義を見定めていく必要がある。

「玉座の上にあっても、木の葉の屋根の蔭に住まっても同じ人間、その本質からみた人間、一体彼は何であるか」という書き出しで始まる『隠者の夕暮』は、身分の違いはあってもみな同じ人間であり、人間の本質にそってすべての子どもに教育が必要であることを説いた著作として有名である。ところが、その言葉は、実は一般民衆ではなく主に統治者に向けられたものであり、統治者に民衆教育の必要性を訴えるものであった。他方、『リーンハルトとゲルトルート』は一般民衆に向けて書かれている。それは小説の形式で書かれ、架空の村を舞台に領主を中心とする村の改革者たちが荒んだ村の社会的関係を大きな家族のような親密な関係へと変えていく物語である。そこには、政治改革として民衆教育を考えていこうとする当時のペスタロッチの姿勢を見ることができる。

こうした彼の関心は統治者の善意に基づく共同体の構築という前提に支えられている。すなわち、善き共同体をめざす統治者は善き共同体を作り上げるはずであるという前提である。しかし、フランス革命はこの前提を見事なまでに打ち砕いた。彼はロベスピエール率いるジャコバン派の恐怖政治を目にし、善き共同体をめざす統治者さえも共同体を混乱に陥れてしまうことを知り、政治改革に託していた希望が夢物語でしかなかったことを痛感したのである。

それ以降、彼は共同体の変革を通した人間の再生可能性という関心を放棄し、個人への働きかけを通した人間の再生可能性を問題にしていく。1797年の『探究』において人間は自己を乗り越えて自己形成ができるという人間観を示し、教育のあり方を今後は自己形成の援助として考えていこうとしたのである。そのような折、1798年にスイスでヘルヴェチア共和国が成立する。新政府は国民学校制度の創設に向けて教育内容を刷新すること、さらに新たな教科書を作成

することを計画した。ペスタロッチはこの壮大な計画に自ら志願し、新政府は彼にそれを託すことを決め、彼と学校教育の関わりが始まった。

1798年、自己形成の援助方法を探究するという個人的関心と国民教育の教育内容を刷新するという国家的関心が交わるなかで、ペスタロッチはシュタンツの孤児院で53歳にして初めて本格的な教育実践を行った。最大70名の子どもを相手に行われた実践の記録は『シュタンツ便り』(1799) として残され、いまも「教育愛」の記念碑とされている。シュタンツの孤児院は革命戦争の激化によりすぐさま閉鎖されるが、その経験は彼に教師になることの決意を固めさせ、1800年にはブルクドルフで自らの学園を設立している。そこで教師として子どもたちを教えるなかで「メトーデ (die Methiode)」と名づける教授法を構想し、それを『ゲルトルートはいかにその子を教えるか』(1801) で公表した。

メトーデの最大の特徴は「合自然性」と呼ばれる教授過程にある。人間に宿る精神と知性は「自然の歩み」として「曖昧な直観」を「明晰な概念」へと導いていく。しかし、その歩みを自然のままに任せるならば無駄も多くなる。そこでペスタロッチは自然の歩みを最短でいくためには教育という人工的な手助けが必要になると考え、直観をスタートとする精神と知性の自然の歩みを援助する直観教授の方法としてメトーデを構想したのである。

メトーデにおいては次の3点が重視される。一つ目は、その後の教授法の諸段階の確かな基礎となるよう、母子の自然で配慮的な関係性のなかで子どもの直観を育むこと。二つ目は、あらゆる学習の出発点に「数・形・語」を置くこと（これを「直観のABC」という）。三つ目は、曖昧な直観から明晰な概念へと至る隙間のない連続的な段階をカリキュラムとして構築すること。こうしたメトーデによって教育される時、ペスタロッチによれば、子どもは本を読むように自然を誤りなく読むことができるようになるという。ここに、世界をまるごと子どもに示すため、事物を大人が再構成して見せるというコメニウスと同じ発想を見出すことができる。ただし、コメニウスが事物を見せること自体を重視していたのに対し、ペスタロッチは事物をさらに要素に分化した上で順序立て、それをカリキュラムとして体系化することを求めている。

ヘルヴェチア政府は1803年に崩壊し、メトーデの構想が教科書の刊行によっ

て具体化されないまま、国民教育の教育内容を刷新するという彼の国家的関心は瓦解した。しかし、自己形成の援助方法を探求するという彼の個人的関心は消えることなく、ミュンヘンブーフゼー、イヴェルドンと学校の場所を変えながらメトーデの改良は試みられ、「基礎陶冶」「基礎陶冶の精神」とその名を変えながら内容にも変更が加えられた。さらに最晩年に執筆された『白鳥の歌』(1826) では「生活が陶冶する」という新たな原理を提示し、「居間」に象徴される生活のなかで愛と感謝の相互応酬によって子どもの直観の力が育まれることを指摘した。それは、愛と感謝によって特徴づけられる関係性によって自己形成の力が育まれるということであり、ペスタロッチが最終的には、ルソーとは対照的に、親子関係に教育の可能性を見出したことを意味する。

彼が設立した学園にはメトーデを学ぼうと世界中から多くの人々が集い、彼のメトーデはその後の教育に多大な影響を及ぼしている。例えば、メトーデの「合自然性」や「直観」という諸原理は20世紀のドイツ語圏における新教育運動の理論的実践的源泉の一つとなっている。また、その具体的な教授法という点に関してはアメリカや日本にまでその影響が及んでいる。明治期に日本において近代的学校教育制度が成立した時、一斉教授という授業形式を可能にしたのはアメリカ経由で伝えられたペスタロッチ主義の教授法だった。

以下で取り上げるフレーベルとヘルバルトもまたペスタロッチから大きな影響を受けており、その意味でペスタロッチは学校教育の基礎を築いた人物ともいえるのである。

(3) 幼児教育への着目と幼稚園教育——フレーベル

1782年にドイツで誕生したフレーベル (Fröbel, F.W.A.,1782-1852) は世界で初めて幼稚園を創設し、幼児教育の父ともいわれている。だが、彼は最初から教育に関心があったわけではない。青年期には測量技師や農園秘書等の職を転々とし、やがて建築家をめざしフランクフルトに移住する。ところが建築家になる夢は破れる。そこで偶然に出会ったのがペスタロッチの教育であった。フレーベルは1805年に同地にあるペスタロッチ主義の模範学校に職を見出し、1808年から2年間はイヴェルドンにあるペスタロッチの学園で教師としてメトーデに

よる教育を行っている。このように彼はペスタロッチの教育と出会うことで、教育への関心を自らのうちに見出していったのである。

　フレーベルがペスタロッチの学園の教師となった1808年は同学園への国際的注目が最も高い時期であり、彼もまた合自然性を特徴とするメトーデに強く惹かれていた。ところが、翌年からメトーデの理念をめぐって学園内の教師間で対立が生じ、それにより同学園への世間的関心が薄まっていくという事態を目の当たりにして、彼はその原因がメトーデという教授法に普遍的根拠がないことにあると考えた。そこで彼は職を辞し、メトーデの普遍的根拠となり得る思想の構築に向けてゲッティンゲン等で研究に打ち込んだ。その結果、後に自らの哲学的原理へと結実していくことになる「球体法則」という思想を構築する。それは万物が統一した状態から対立へと向かい、再び統一へと向かうというものであった。

　そうしたなか、フレーベルは、1813年に勃発した対ナポレオン戦争に志願兵として突如参加し、約1年間戦闘に加わる。翌年には自ら兵役を辞し、大学の職についた後、1817年に「一般ドイツ教育施設（通称：カイルハウ学園）」を設立する。その直接的目的は急死した兄の子どもたちを教育することにあったが、同時に彼は「ドイツ的なもの」を教育によって子どもたちのうちに形成することもめざしたのであった。こうした考えはおそらく彼が志願兵として軍に従事した経験によるものであろう。すなわち、ドイツという国家がいまだ成立していなかった当時、彼は兵士たちの士気の低さを目の当たりにし、人間の行動を支えるには理念が必要であることを痛感したのである。

　カイルハウ学園での実践を踏まえ、彼は1826年に主著『人間の教育』を刊行する。そこには彼の哲学的原理に基づいて明らかにされる教育目的とその達成に向けた教育のあり方が書かれている。まず彼は、人間を含め万物には自らのうちに宿る神的な本質を顕在化させる使命が課せられていること、さらに万物のなかで唯一思考し判断することのできる人間には神的な本質を自覚し、その顕在化に向けて自由な決断に基づく努力をしなければならないという固有の使命が課せられていることを明らかにした。そして、教育とはそうした人間固有の使命を実現するために人を刺激し援助することであると定義し、その定義に

基づいて、教育の目的が事物に宿る神的なものの認識へと子どもを導くこと、また、それを通して子ども自身に宿る神的なものの実現へと子ども自身を導くことにあると主張した。こうしてフレーベルは、彼が人間固有の使命と考えるものから教育目的を導き出し、教育の必要性とその普遍的根拠を示すことに成功したのである。

　それでは、それらの教育目的を達成するためにはどういった教育が必要となるのか。それは認識の教育と表現の教育の二つである、とフレーベルはいう。前者は多様な現象の背後にある統一性に気づき事物の内的関連に気づかせることを目的とした教育であり、後者は子どもたちの活動衝動や形成衝動の表れを見守りつつ保護・指導する教育である。

　実のところ、この時期のフレーベルは幼児期の教育にそれほど関心をもっていたわけではなかった。というのも、認識の教育は小学校以降の授業を通して可能になると考え、幼児期は遊びを通した表現の教育のみに留まると考えていたからである。しかし、しだいに幼児期でも認識の教育が可能になるのではないかと考えるようになり、考察の中心を幼児期に移していく。その結果、幼児期における認識の教育のための手段として「恩物」という名の遊具を開発するのである。

　恩物はドイツ語で「ガーベ (die Gabe)」であり、神からの贈りものという意味になる。神的な本質を象徴するものとして恩物が考案されたことが、その名前からうかがうことができる。フレーベルは当初、子どもが恩物を使って自由に遊びさえすれば神的な本質へと導かれるはずであると考えていた。だが、その考えは恩物が社会に広まる過程で改められる。彼は子どもが恩物と適切に遊ぶことで初めて正しい教育になると考えるようになり、一方で指導のための詳細な遊戯理論を執筆し、他方で遊戯指導員の養成施設を設立していく。このような養成施設の実習場兼模範施設として、1840年、世界初の幼稚園である「一般ドイツ幼稚園」が誕生したのである。

　フレーベルはその晩年を恩物と幼稚園の普及に捧げた。しかしながら、1851年にプロイセン政府がフレーベルの甥の政治的活動等を理由に幼稚園禁止令を出したこともあり、幼稚園はフレーベルの生前それほど普及しなかった。彼は

禁止令の解除を夢見ながら1852年に永遠の眠りについた。幼稚園禁止令が解除されたのは、それから8年後の1860年である。そこにはフレーベルの思想を広めようとするフレーベル主義者たちの努力があった。それ以後、幼稚園は世界中に普及し、世界中の幼児教育に大きな影響を与えた。それは日本も例外でなく、日本初の幼稚園として誕生した東京女子師範学校附属幼稚園はフレーベル主義の幼稚園をモデルに成立している。また、現在の幼児教育において基本とされる「遊びを通しての教育」という幼児教育のあり方はフレーベルにその源流を見出すことができる。

しかしながら、幼稚園教育の世界的成功はフレーベルの思想そのものというよりも、それと社会的要請の結びつきによるところが大きい。社会が産業化していく過程で就学前教育に対する要請が高まりつつあるなか、フレーベルが示した遊びを通した教育という幼稚園教育の姿は、社会のニーズと見事に合致するものであった。いまも幼児教育において重視されている「遊びを通した教育」というフレーベルの構想は、一方で幼児期における遊びの重要性に目を向けさせるものではあったが、他方で子どもに過度な負担をかけることなく就学前教育とその後の教育を結びつける可能性を開いていくものでもあったのだ。

(4) 成長発達の哲学と教育地図——ヘルバルト

将来の展望が定まらないなか、ペスタロッチとの出会いによって教育への関心に目覚めていくのがフレーベルであったならば、思想の展望が定まらないなか、ペスタロッチとの出会いによってその見通しを得たのがヘルバルト (Herbart, J. F.,1776-1841) であった。18世紀末に彼は大学で哲学を学び、観念論哲学等の既存の哲学では人間の成長発達を基礎づけることはできないと批判し、人間の成長可能性を把握し得る新たな哲学を模索していた。

他方、18世紀後半から19世紀前半にかけて、教育学は近代科学としての教育学へと転換しようとしていた。子育て・教授の術を羅列する教育誌から教育方法を科学的に分析・解明する教育学へ。しかし、教育学の近代科学化は教育学にある難題を突きつけることとなった。近代科学は、諸現象の具体性・個別性を捨象し、それらに共通する普遍性を明るみに出す試みであるが、それは教育

実践の多様性を捨象してしまうことにならないか。こうした難題に対して、近代教育学は普遍的・一般的原理を分析する方向性と個別性・特殊性を解明する方向性を多様な教育実践において統合していくことで乗り越えようとした。今風にいえば、理論と実践の架橋ということになろうか。いずれにせよ、近代教育学はその科学的地位とひきかえに教育実践において二つの方向性を統合していく使命を引き受けたのである。

　ヘルバルトもまた、教育学の近代科学化という潮流のなかで、哲学に依拠しながら、それら二つの方向性において自らの思索を展開していかざるを得なかった。実際、彼の思想形成は人間の成長可能性を基礎づける哲学の構築といった理論的関心と人間の成長過程を観察・記録するための言説を構築するといった実践的関心という二つの方向性においてなされている。しかしながら、ここでヘルバルトは大きな壁に当たる。これら二つの方向性をどういった教育実践において統合していけばよいのか。若かりしヘルバルトには近代科学に必要不可欠な考察対象、すなわち分析すべき・解明すべき教育実践が見当たらなかったのである。

　自らの教育的思索の方向性が定まらないなか、1799年、ヘルバルトは学友の紹介でブルクドルフにいたペスタロッチと出会う。すでにこの時、ペスタロッチは、ブルクドルフの小学校でメトーデに基づく実践を行っており、ヘルバルトは彼の理論と実践を目にすることができた。それは彼にとって大きな衝撃であり、とりわけペスタロッチの直観教授に見られる事物の要素への分解とその再秩序化という方法はヘルバルトを魅了した。幸運としかいいようのないこの出会いにより、ヘルバルトは考察対象とすべき教育実践を手に入れたのである。

　彼の理論的関心は「成長発達の哲学」へと結実し（『一般実践哲学』1808年）、人間の成長発達を、所与の世界に潜む真の実在としての実有を見出すために認識の形式を改善させていく過程であると捉えた。また、実践的関心は、子どもの成長過程とその過程に適切な教師の働きかけとしての教授過程とを分類体系として一覧する「教育地図」の作成へと結実し（『一般教育学』1806年）、管理・訓練・教授という三つの教育事象をそれぞれ要素に分解し、教育に関する壮大な一覧表を提示した。そこで示された教授に関する一覧表が、いわゆる「4段

階教授法」である。彼は、人間が認識に至る過程を「明瞭－連合－系統－方法」の4段階に分け、それに対応するよう教授も「指示－結合－教授－哲学」という4段階によって行われるべきであると主張した。

　このような教育地図をヘルバルトは教師のために書いたという。どういうことか。教師は刻々と変わる状況のなかで、臨機応変な素早い判断が求められる。ヘルバルトはそうした判断を「教育的タクト」と呼び、それは「教育技術にとって最高の宝」であると述べている（J.F.ヘルバルト『一般教育学』明治図書、1960年）。学習のつまずきの原因をとっさに推測し、すぐさま的確な支援を行う。タイミング良く放たれた教師の言葉は教室の雰囲気を一変させる。教師たちは経験を積み重ねるなかでそうした判断力を磨いていく。ヘルバルトも実践のなかでその力が磨かれることを認めている。とはいえ、経験をただ積み重ねるだけでそうした判断力が自然と磨かれるわけでもない。また、実践経験が不十分な新任教師も子どもの前に立たなくてはならない。したがって、「教育的タクト」の習得を科学的に支援することができるならば、より多くの教師が臨機応変な素早い判断ができるようになるだろうとヘルバルトは考えたのである。彼が描いた教育地図はそのための道具だったのだ。

　以上のように、教育に関する思索を二つの方向性において展開させることによって、ヘルバルトは近代科学のなかに教育学を位置づけていった。ところが、彼の死後、「成長発達の哲学」は忘れ去られ、もっぱら段階的教授法がヘルバルトの名とともに世界中に広まっていった。その際、ヘルバルト学派と呼ばれる人々は、ヘルバルトの4段階教授法を学校教育においてさらに具体的に応用していくために、そのパターン化を図っている。なかでも5段階教授法は有名であり、例えばツィラーは、ヘルバルトの4段階教授法をもとに「分析－総合－連合－系統－方法」という5段階教授法を作り上げた。さらにラインは、ツィラーの理論を踏まえつつ「予備－提示－比較－総括－応用」という5段階教授法を考案している。彼らの教授法は、ヘルバルトの4段階教授法を安易な技術論として方法化したものであったが、学校教育が急速に普及するなかで、世界中の学校に広く行き渡ることとなった。

　ところが、19世紀末から20世紀初頭にかけて、公教育としての学校教育シス

テムがほぼ完成するころ、学校教育がもたらす弊害が指摘され始めた。その際、槍玉に挙げられたのがヘルバルト学派の教育学であった。そうしたなか、19世紀末から20世紀初頭にかけて、「新教育」と呼ばれるさまざまな教育改革が試みられ、いつしかヘルバルト学派教育学に代わって新教育が世界中の学校を席巻することとなった。また、新教育が実証的な経験科学と結びついていくことにより、哲学を基盤として教育学の近代科学化を図ったヘルバルト学派の教育学は科学的厳密性という点においても劣勢に立たされる。その結果、ヘルバルトの思想を基礎とする教育学は時代遅れのものであるとまで批判されたのである。

だが近年、科学技術論の台頭等により実証主義に傾倒してきた近代科学の問題点が指摘され始める等、現在の科学としての教育学を取り巻く状況も変化しつつある。そうしたなか、「教育的タクト」等を媒介に教育学の科学化を図ったヘルバルトの試みは、これからの教育と教育学のあり方を考える上で再び重要な思想となり得るだろう。

＊　　　　　＊　　　　　＊

本章では「なぜ子どもに教育をするのか」という問いを起点に、私たちの教育に対する捉え方を問い直す論点を6人の思想家からそれぞれ取り出してきた。そこから見えてきたのは、いまの私たちが当然と見なしている教育に対する考え方の多くが近代教育という名の下に形成されてきた歴史的産物であるということ、さらに私たちの教育に対する考え方を形作ったはずのそれらの思想にすでに私たちの考え方を揺さぶる論点が内包されているということであった。

ここに子どもの教育と未来を考えるために過去の近代教育思想を読む理由があるように思われる。私たちの考えが歴史的産物であることを知った以上、その考えが不変であると想定することはもはやできない。作られたものはいつか変わる。いやむしろ、変わり得るならばよりよく変えていかなければならない。では、どこから変えていけばよいのか。当たり前と考えていたことについて、一から自分で考えて疑問を差し挟むことは難しい。であるならば、疑問のきっかけとして、近代教育思想に内在する私たちの考えを揺さぶる論点を活用してみてはどうか。その論点は、私たちのいまの考え方とつながりながらも、私た

ちの考えとは異質なものをも有しているのだから。このようにして過去の近代教育思想を読む時、私たちは子どもの教育と未来を考える出発点に否が応でも立たされる。過去があって、いまがあり、その先に未来があるのではない。いまとともに過去があり、それが未来を開いていくのである。過去の思想を読むということは、未来に向けられたいまの作業なのである。

参考図書

今井康雄編『教育思想史』有斐閣、2009年。
教育思想史学会編『教育思想事典』勁草書房、2000年。
眞壁宏幹編『西洋教育思想史』慶應義塾大学出版会、2016年。
原聰介・宮寺晃夫・森田尚人・今井康雄編『近代教育思想を読みなおす』新曜社、1999年。

7 社会教育の歴史と「生涯学習」施策の動向

なぜ、いま「生涯学習」が求められるのか

　「教育」あるいは「学習」という言葉から多くの人が思い浮かべるのは、やはり学校教育であろう。だが、教育や学習の場は学校だけではない。ひとたび学校の外へ目を向ければ、実に多種多様な場で教育・学習活動が行われていることに気づく。カルチャーセンターや通信講座を利用して文化的教養を身につける学習、資格取得のための勉強や職業訓練、芸術鑑賞やスポーツ等の趣味・習い事、図書館・博物館・公民館といった施設での学習、本・ラジオ・テレビ・新聞等のメディアを活用した自主的学習、大学の公開講座……。本章で取り上げる「生涯学習：lifelong learning」という概念は、学校教育に限定されない多様な場でのこうした教育・学習活動に深く関わっている。

　今日、「生涯学習」には、さまざまな期待がかけられており、そのためにこの言葉の意味する内容は拡散する傾向にある。だが、その基本的な考え方は、学校教育に留まらないあらゆる学習機会を連携させた形で教育・学習のシステムを再構築しようとするものである。このような考え方は、1965年にユネスコの成人教育部長であったポール・ラングランが「生涯教育：lifelong education, l'éducation permanente」という概念を提唱したことに端を発する。彼は、医療の発展による寿命の伸長や産業構造の転換によるライフスタイルの変化、近代学校教育制度への批判の噴出等を背景に、学校教育と学校外の場で行われる教育・学習活動とを連携させることによって、人生のすべてのライフステージで教育機会を得ることのできる新たなシステムの構築を図ったのである。

　日本では、これに先立って戦前から、学校外の組織的教育活動全般を幅広くさす概念として「社会教育」という用語が使用されてきた。したがって、日本の文脈に即して考えれば、「生涯教育」とは学校教育と社会教育の体系的な統

合を表す概念ということになる。これを下敷きとして、学習活動における個人の「主体性」や「自発性」といった側面を特に強調したのが「生涯学習」である。この概念は、与えられた知識を受動的に吸収するのではない能動的な学習者像を提起した点で画期的であった。日本では1970～80年代以降、学術用語としても行政用語としても、さらには市民運動の文脈でも、頻繁に「生涯学習」という言葉が使用されてきた。

　一般に「生涯学習」といえば、自己実現を可能にする、「健康」で生きがいのある人生を創り出す等、ポジティブなイメージとともに語られることが多い。それだけでなく「生涯学習」は、学校教育や社会のメインストリームが正統性を与えてきた価値観や知識体系に批判の目を向ける社会運動的な実践とも密接に結びついてきた。これらは、いずれも「生涯学習」の重要な側面であり、従来の教育・学習観に変更を迫る積極的な意義をもっている。しかしながら、本章では、そうした個人単位の学びや市民の学習の場で蓄積されてきた実践が確かな意義を有していることを前提としつつも、「生涯学習」が政府の施策に位置づくなかで、その意味が変容させられていった過程を批判的に検証する。特に、「主体性」「自発性」といった、一見「民主的」なイメージを伴って推進される「生涯学習」施策が、実際には、戦前・戦後を通して築かれてきた社会教育の基盤を崩しているだけでなく、社会的な不利を抱える人々への権利保障を後退させる口実に使われかねない、という点に着目する。

　以上を踏まえ、本章では、近年の「生涯学習」施策の問題点について、明治期以降の近現代日本における社会教育の歴史を振り返るなかで考察する。以下、第1節では、戦前の社会教育から、戦後の社会教育法の制定、そして「生涯学習」施策の推進と社会教育行政の縮小といった近年の動向までを概観し、第2節では、政府による社会保障予算の削減策と「生涯学習」施策の関連について、シングルマザーへの就労支援策を事例として考察する。

1　日本における社会教育と「生涯学習」の歴史

（1）明治期の社会教育

　近年の「生涯学習」施策の問題点を考えるのに、明治期までさかのぼるのは、

いささか迂遠に思われるかもしれない。だが、戦後の社会教育は、戦前の社会教育の戦争協力的なあり方への反省の上に成立している。国定教科書や修身科に代表される、学校教育における思想善導の動きと合わせて、社会教育もまた、学校外での思想統制と政治的教化によって侵略戦争の遂行に大きく貢献したのである。そうした歴史を踏まえずに、戦後の社会教育の展開を論じることはできない。

　明治期には、学校外の教育を表す政策概念として「通俗教育」という言葉が使われていた。通俗教育の当初の性格は、学校の教師等が主体となり、小学校の就学率向上のために保護者に対する啓蒙教育を行うもので、学校教育を補完する意味合いが強かった。しかし、就学率の向上とともにその目的・内容は変化し、日清・日露戦争の時期と重なる1900年ごろから、天皇制イデオロギーと結びつきつつ、日本国民としての国家意識や基礎的な教養を養う成人教育として組織化されていく[1]（松田武雄『近代日本社会教育の成立』九州大学出版会、2004年）。以後、戦前の日本においては、多様な社会教育実践が、それぞれの村落ごとに主体的な発達を遂げ、地域振興に寄与した。だが、その一方で、あくまで国家の側のねらいは、国民の思想統制と天皇制国家体制への支持をとりつける政治的教化にあり、大正デモクラシー期からファシズム期にかけて、その傾向はますます強まっていった。

　政府によるこうした教化活動を支えたのが、「非施設・団体中心性」と呼ばれる日本独特の社会教育の特性である（碓井正久「戦後社会教育観の形成」碓井正久編『戦後日本教育改革第10巻　社会教育』東京大学出版会、1971年）。博物館や図書館といった近代的社会教育施設への政府の関心は皆無ではなかったが、資金不足が原因でそうした施設は量・質ともに乏しく、社会教育において十分な役割を果たすことはなかった。さらに、欧米で盛んに行われていた大学拡張や、成人教育に特化した独自施設の整備にも相応の資金を割く余裕はなかった。そのため、社会教育は各種の教化団体の活動に依存せざるを得なかったのである（上杉孝實『生涯学習・社会教育の歴史的展開』松籟社、2011年）。

　だが、社会教育に関わるこうした団体がすべて結成当初から政府主導の教化を目的としたわけではない。むしろ重要なのは、それぞれの地域・村落に根ざ

して自生的に生まれた団体のエネルギーを、国家体制を支持する方向へと戦略的に水路づけることで、財政支出を抑えながら自発的に戦争体制に協力させる仕組みが作り上げられていったということである。

そのプロセスの一端を、当時全国各地に存在した青年団体の動向から見てみたい。1880年代後半、近世からつづく若者組等の閉鎖的な青年組織が形を変えて、新たな開放的学習集団が出現し、小学校教員や有志青年が主体となって、演説会・学術研究・新聞雑誌縦覧等の自主的学習活動を展開するようになった（蛭田道春「明治期社会教育の特質」岡本包治・山本恒夫編『社会教育の理論と歴史』第一法規出版、1979年）。加えて、中等段階以降の学校に進学できなかった農村部の青年たちの自主的学習の場として、青年団が各地で組織された（相庭和彦『現代生涯学習と社会教育史』明石書店、2007年）。

ところが、「地方改良運動」が始まる1905（明治38）年ごろから、これらの青年団体の性格に変化が生じる。地方改良運動とは、日露戦争に伴う戦争動員と度重なる増税、農村経済の疲弊に対する不満をそらすために内務省が主導した村落共同体秩序の強化策である。地域振興に貢献する部分もあったが、そのねらいはあくまで、倹約と貯蓄を奨励し、模範村の表彰等を行うことによって、「地方自治の振興」という名目の下で、地方行政に関わる経費を農民に自己負担させるとともに、農村経済の危機を農民の自助努力で乗り切らせることにあった。ほかにも、文部省は、1905（明治38）年「青年団の設置奨励に関する件」、1909（明治42）年「優良青年団の表彰」といった通牒を発行し、農事改良等を行って農村再建に貢献した青年団を優遇する政策を導入している。このように政府は、自主的な努力で成果を挙げた一部の団体との結びつきを強めながら、徐々に多くの青年団体を政府の下請け的存在として体制内へと吸収していったのである。

（2）大正期・ファシズム期の社会教育

大正期になると、それまで地域ごとに一定の独立性を保っていた各種教化団体を、国家が一元的に管理する体制が築かれていく。1913（大正2）年の内務省通牒では青年団の自主的な政治活動が禁止され、1916（大正5）年には日本

で最初の青年団全国組織が「中央報徳会青年部」として発足する。さらに1924(大正13)年には大日本連合青年団、1927(昭和2)年には大日本連合女子青年団が設立された。こうして、治安維持法(1925)に象徴される思想統制の状況下で、村落ごとに独自の発達を遂げてきた社会教育団体の多くが「半官半民団体」へと変容させられ、内務省・文部省の管理下に置かれた。半官半民団体とは、表面的には民間団体の形を取りながら、実質的には政府の指導・補助金による統制の下にあって国家の要求する道徳を国民に浸透させる役割を果たす団体である。こうした団体こそが、戦前の社会教育における団体中心的な教化活動の中核を担っていた(大蔵隆雄「社会教育関係団体」小川利夫・倉内史郎編『社会教育講義』明治図書出版、1975年)。

　1929(昭和4)年に始まる世界的大不況の波を受けた昭和恐慌の時期、日本経済は危機的状況に陥る。ところが、政府はこれを経済構造ではなく国民の堕落に起因するものと見なし、教化団体の連携強化を通じた国民の精神的統合によって緊縮財政への支持を固めようとした。その典型例が、「自力更生運動(農山漁村経済更生運動)」と呼ばれる対応策である。ここでは、天皇制ファシズム思想の浸透が徹底されたほか、土地改良・品種改良や肥料・飼料の自給等、農民の自助努力による農村経済の安定化が図られた。しかし、半封建的な寄生地主制という農村疲弊の根本的要因を無視したこの施策が、問題の実質的解決に寄与するはずはなかった(宮坂広作『近代日本社会教育政策史』国土社、1966年)。

　1937(昭和12)年には、部落会・町内会および隣組が組織化され、それらを単位とした常会と呼ばれる定例の会合が一斉実施された。常会は大日本青年団・大日本女子青年団のような教化団体でも同様に実施され、天皇制ファシズム思想の浸透に大きな役割を果たした。ここに、大正期から徐々に築かれてきた各種教化団体の一元的管理体制が、末端にまで浸透した形を見ることができる。

　以上、戦前期の社会教育史を概観すると、侵略戦争や天皇制ファシズムへの政治的教化が、必ずしも政府による「上から」の強圧的な押しつけではなかったことがわかる。もちろん、反体制運動への弾圧が強かったのは確かである。だがその一方で、経済危機を克服しようとする農民たちの努力、そして自生的

に生じた種々の社会教育団体の実践が、戦略的に体制内へと取り込まれたという側面を見逃すことはできない。

（3）社会教育法の成立

　1945年の敗戦により、日本の教育制度は根本的転換を遂げる。戦前の教育政策は行政の意図によって恣意的に動かされていたが、占領下の改革を経て確立された日本国憲法・教育基本法体制の下で、初めて教育は「臣民の義務」でなく国民の「権利」（憲法第26条）として法的な根拠を得た。社会教育も新たな教育基本法のなかに位置づけられ（第7条）、1949年には社会教育法が制定された。社会教育行政は、政治的イデオロギーからの独立性を確保するため、一般行政から一定の距離を隔てた教育委員会の管轄となった。社会教育法の理念について、当時の文部省社会教育課長であった寺中作雄は、国や地方公共団体といった権力的な行政組織の責任と負担とを明確に規定することによって、社会教育の自由を保障するのが社会教育法制化のねらいである、と明言している（寺中作雄『社会教育法解説』社会教育図書出版社、1949年）。

　社会教育法においては、戦前の社会教育のような団体中心的教化をくり返さないため、団体に所属しなくても個人が自由に学びに参加できるよう、公民館・図書館・博物館といった物的施設が重視された[2]。特に、全57条のうち23条が割かれた公民館は、戦後を象徴する日本独自の社会教育施設として全国に広がり、地域密着型で住民の自由な学習の権利を均等に保障するための貴重な公的施設となった。公民館の運営に際しては、館長の諮問機関として教育委員会より委嘱された公民館運営審議会が必置とされ、住民の意見を反映させる仕組みが整えられた。また、立法当時の社会教育法は、行政による社会教育活動への統制・干渉を戒める条項が多数を占めていた。行政の任務は国民の学習活動の「環境醸成」に限定され、地域住民に近い立場にある市町村自治体と市町村教育委員会が、その「環境醸成」の第一義的責任を負うとされた。すなわち、都道府県や国は意思決定機関として市町村に優越することはなく、財政的援助を主たる任務とすることが強調されたのである。

(4)「生涯学習」施策の動向

では、その後、社会教育は現代までどのように変容してきたのだろうか。

冒頭で述べたように、1965年、ユネスコにおいて「生涯教育」という概念が提唱された。これを受け、1971年の社会教育審議会答申では、初めて「生涯教育」という用語が登場し、その10年後の1981年には、中央教育審議会（以下、中教審）の答申に「生涯学習」という言葉が現れる。この中教審答申では、「生涯学習」を「各人が自発的意思に基づいて行うことを基本とするものであり、必要に応じ、自己に適した手段・方法は、これを選んで、生涯を通じて行うもの」と性格づけている。そして、「この生涯学習のために、自ら学習する意欲と能力を養い、社会の様々な教育機能を相互の関連性を考慮しつつ総合的に整備・充実しようとするのが生涯教育の考え方」であるとして、「生涯学習」と「生涯教育」の差異化を図っている。

さらに、中曽根康弘首相直属の諮問機関として注目を集めた臨時教育審議会（以下、臨教審、1984-1987）では、「生涯学習」を学校教育も含めた事業へと拡大する方針が打ち出された。臨教審の第二次答申では、「学歴社会の弊害を是正する」とともに「学校中心の考え方から脱却」するため、「生涯学習体系への移行」を図るべきである、と述べられている。以後、この考え方が学校教育を含めた教育システム全体の改革の基礎となっていく。

政府が打ち出したこの一連の「生涯学習」理念は、政策の視点を「教える」側から「学習する」主体へと移し、それまで主流だった学校教育中心の学習観に変更を迫った点で、大きな意義を有していた。市民が担う社会教育の現場では、制度に権威づけられた知識を受動的に吸収するのではなく、学習者としての市民が自身の経験を基盤として主体的に新たな価値を生み出していこうという気運が高まった。

こうした傾向は、マイノリティ集団における学習において特に顕著であった。例えば、女性運動とともに発展してきた学習活動の場では、80年代以降、「妻」「母」等の性役割を前提としていた従来の「婦人教育」の枠を脱し、女性を人権概念に基づく主体と見なす「女性問題学習」の実践が蓄積されてきた（村田晶子『女性問題学習の研究』未來社、2006年）。女性問題学習における学習主体の形

成とは、固定的な性役割が女性差別と分かち難く結びついているという認識から出発して、女性差別と闘い、女性の置かれた現状を打破する主体の形成を意味する（木村涼子「女性の人権と教育」『国立婦人教育会館紀要』4、2000年）。学習者自身を主体にすえる「生涯学習」の理念は、こうしたマイノリティの権利保障を求める社会運動と有機的に結びついていく可能性を有していた。

　ところが、その後、政府によって推進される「生涯学習」施策は、こうした人権に関わる主体的な学習活動を正当に評価せず、その機会を積極的に保障することもほとんどなかった。特に、「生涯学習」施策に法的な正当性を与えた1990年の生涯学習振興法には、多くの批判が寄せられている。この法律のいったい何が問題なのか。

　この法律のめざす方向性は、次の条文に明確に表れている。「都道府県は、……（中略）……社会教育に係る学習（体育に係るものを含む。）及び文化活動その他の生涯学習に資する諸活動の多様な機会の総合的な提供を民間事業者の能力を活用しつつ行うことに関する基本的な構想を作成することができる」（第5条）。注目すべきポイントは、①都道府県の知事直属の部局（首長部局）による「基本構想」作成の認可、②民間活力利用の奨励、の2点である（岩永雅也『現代の生涯学習』放送大学教育振興会、2012年）。

　一つ目のポイントは、地域住民に密着した市町村レベルの教育行政を重視するという社会教育法の原則を崩し、政策形成の重点を都道府県等の広域的な主体へと移行させるものと解釈できる。これにより、首長部局が独自権限で「生涯学習」施策を行う余地を広げるだけでなく、一般行政からの教育行政の独立性が失われ、「生涯学習」が政治的意向に左右される可能性が大きくなる（上野景三「地域社会における社会教育法と行政」末本誠ほか編『地域と社会教育の創造』エイデル研究所、1995年）。

　二つ目のポイントに関しては、公的な社会教育施設の運営を企業やNPOといった民間団体に委託するという方針を推進することで、地域住民の学習活動に市場原理・競争原理をもち込み、「生涯学習」を「サービス」へと変容させている[3]（上野、前掲論文）。効率と利潤が最も重視される市場原理の下では、経費の節減によって施設職員の労働条件が脅かされるだけでなく、社会的な不利

を抱える人々やマイノリティ集団に対する学習機会の均等な保障が軽視される危険性が指摘されている。

　こうした「生涯学習」施策の推進と並行して、戦後築かれてきた社会教育行財政は縮小の一途を辿る。1999年には、公民館運営審議会の必置規制の廃止と同時に、公民館長任命にあたっての公民館運営審議会の意見聴取制度が廃止され、社会教育に地域住民の意志を反映させる仕組みが後退した。また、行財政合理化を目的とする市町村大合併（〜 2005）により、公民館を始めとする社会教育施設の大幅な統廃合が行われ、地域に密着した社会教育の基盤が弱体化させられた。さらに、地方分権の名の下に、地方公共団体の社会教育施策に対する国からの助成金が次々と廃止された。その結果、財政が逼迫する自治体ほど社会教育費を削減せざるを得ないという状況に拍車がかかっている（細井雅代「自治体財政の状況と社会教育費の関係」『追手門経済論集』49（2）、2015年）。

　以上のように、近年の「生涯学習」施策は、敗戦直後の社会教育法が掲げた理念と逆行する形で進んでいるといわざるを得ない。公民館等、戦後の社会教育を支えてきた基盤を崩すだけでなく、都道府県の権限を強化することで、住民の意思を反映させるための市町村自治原則を骨抜きにし、民間活力と市場原理の導入によって、学習機会の均等な保障に対する行政責任を回避しているのである（李正連「日本の生涯学習政策の現状と課題」『生涯学習・キャリア教育研究』2、2006年）。

2　「生涯学習」施策推進の背景
（1）福祉予算の削減と「生涯学習」

　このように、「生涯学習」施策にはさまざまな問題点があるにもかかわらず、それでもなお継続的に推進されている背景には、どのような事情があるのだろうか。

　赤尾勝己によれば、1980年代に「生涯学習体系への移行」というキャッチフレーズが登場した背景には、日本政府の公費削減策があるという（赤尾勝己『生涯学習の社会学』玉川大学出版部、1998年）。70年代に起きた石油危機による低成長経済への移行に加え、社会全体の高齢化に伴って日本の社会保障費は一貫して

増大をつづけており、膨張する財政赤字への対応としてさまざまな分野で行財政のスリム化・効率化が図られている。先に見た社会教育施設の民間団体への運営委託も、こうした行財政改革の一環と見なすことができる。

このように悪化する財政状況のなか、政府は、1991年のバブル崩壊以降、急速に顕在化した格差・貧困問題への対応を迫られることになった。この時、打ち出されたのが、福祉手当の直接的支給を抑制する代わりに、職業訓練・就労支援の強化や「自立」支援プログラムの導入によって就労と福祉を結びつける新たな社会保障政策である。2008年の中教審答申『新しい時代を切り拓く生涯学習の振興方策について』には、「生涯学習」施策が、福祉予算削減に向けた動きの一角をなしていることが明確に示されている。「国民の経済的な格差の問題や非正規雇用の増加等の問題」に対応するため、「各個人が社会の変化に応じ、生涯にわたり職業能力や就業能力（エンプロイアビリティ）を持ち、社会生活を営んでいく上で必要な知識・技能等を習得・更新し、それぞれの持つ資質や能力を伸長することができる」環境づくりをめざす、というのである。

ここで打ち出されている方向性がもつ問題点を実態に即して考えるため、次項では、典型的な事例の一つとして、2000年代以降のシングルマザーに対する就労支援策を取り上げる。

（2）「自立」支援と「生涯学習」——シングルマザーへの就労支援を事例に

日本のシングルマザーを取り巻く状況の特徴は、就労率が高いにもかかわらず貧困率が高いことにある。厚生労働省『平成23年度全国母子世帯等調査結果報告』から現状を確認すると、まず、就労率は80.6％と世界的にもひじょうに高い。一方、非正規雇用者の割合が高く、正規職員39.4％に対して、パート・アルバイトが47.4％、派遣職員が4.7％である。また、シングルマザーの間でも所得に格差が生じており、正規職員の平均年収が270万円であるのに対し、パート・アルバイトの平均年収は125万円となっている。加えて、60.7％が、離婚した夫から子どもの養育費を受け取ったことがないという。このような事情の下で、多くの人が、就労しても貧困を回避できない状況にある。したがって、「シングルマザーは働かずに怠けているから貧しいのだ」という考

えをもつ人がもしいるとすれば、それは甚だしい誤解である。

　ひとり親世帯を支える代表的な所得保障制度に、児童扶養手当がある。子どもが一人の場合、所得に応じて月額9,980円から42,290円（2017年4月現在）が支給される仕組みとなっている。日本のひとり親世帯の多くは生活保護基準以下の所得だが、この制度によって経済的に保障されることで、辛うじて生活保護受給者とならないことも多い。特に、シングルマザーの生活を支える児童扶養手当の重要性は際立っている（赤石千衣子『ひとり親家庭』岩波書店、2014年）。

　しかし、その児童扶養手当も、80年代以降の行財政改革により削減がつづいている。特に、2002年の児童扶養手当法と母子及び寡婦福祉法の改正に伴う路線転換は、福祉を就労支援で代替するという新たな社会保障のあり方を象徴するものであった。これに伴い、児童扶養手当の満額支給の所得制限が年収192万円から130万円に引き下げられた。また、離別シングルマザーの場合、離婚した夫から養育費を受け取った時には、その8割に相当する金額が、児童扶養手当の支給額の算定に際して「所得」に計上されることになった。こうした直接的経済支援の抑制に加えて、すでに多くのシングルマザーが就労しているにもかかわらず、児童扶養手当を受給する人には就労が義務づけられ、経済的「自立」に向けた就労支援が強化されることとなった。具体的には、ハローワーク等の職業紹介機能の充実、ホームヘルパーや社会福祉士等の資格取得のための教育講座の受講料を一定額自治体が負担する自立支援教育訓練給付金制度、就職相談・就業支援講習会・就業情報の提供等を行う「母子家庭等就業・自立支援センター」の設置等が行われている。

　問題は、このように直接的な経済支援から経済的な「自立」の支援へと舵を切ったシングルマザー支援政策が、果たしてどれほどの実質的効果を挙げているのか、という点である。丹波史紀による、「自立」支援を受けた人を対象とした2度の追跡調査によれば、民間求人情報誌等の自己開拓による就職に比べて、ハローワークや「母子家庭等就業・自立支援センター」等の公的機関を通した就職の方が所得が高いといった相関は認められなかった。また、そもそも公的就労支援を活用して就職するシングルマザーはごくわずかであった。さらに、世帯の経済状況を2年後に比較しても大きな変化は見られず、最初の調査

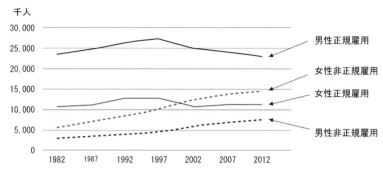

図7-1　雇用形態別労働人口の推移（男女別）（総務省統計局『就業構造基本調査2012』より作成）

時点で非正規雇用に就いていた人のほとんどが2年後の調査でも非正規雇用に留まっており、どちらの調査でも約半数が月収15万円未満で生活していた（丹波史紀「シングルマザーへの就労支援の有効性に関する実証的研究」『行政社会論集』23（1）、2010年）。

つまり、仕事に就かせることをねらいとする就労支援型福祉は、シングルマザーにとって利用が困難なばかりか、彼女たちを不安定な労働市場へと「再投入」するという事態を招いており、結局のところ、母子世帯の貧困からの脱却に寄与できていない（丹波、前掲論文）。

くり返しになるが、もともと日本のシングルマザーの就労率は世界的に見てもひじょうに高い。それにもかかわらず貧困率が高いのは、男女の賃金格差と就業形態をめぐる格差が深刻だからである。図7-1に見るように、1990年代以降、男女ともに非正規雇用人口は顕著に増えているが、実はその大部分を一貫して女性が占めている。2000年ごろを境として、女性の非正規雇用人口は正規雇用人口を上回る事態となっており、こうした就業構造全体の動向がシングルマザーの就労をめぐる困難を規定している。したがって、いくら就業能力を高めるための職業訓練を促しても、男女の賃金格差と連動した正規／非正規雇用間の男女格差が温存されている限り、就労支援をもって福祉とする政策は、実質的な問題解決を導くことはないであろう。

シングルマザーへの支援策に限らず、格差・貧困の拡大、社会保障費の増大に伴う財政赤字の膨張といった問題は、教育の力だけでは抜本的な解決を図れ

るものではない。「生涯学習」という言葉で、日本社会に生きるすべての人を絶え間ない就業能力向上の訓練へと巻き込んだとしても、格差を生み出す社会構造が変わらない限り、事態は同じなのである。

＊　　　　　＊　　　　　＊

　「生涯学習」という概念が市民による自主的な学習の場へと浸透していった80年代、この言葉は、学校教育において制度化・正統化された知識をただ身につけるのではなく、学習者自身が自らの経験から主体的に新たな知識や価値を創出していく営みを象徴するものとして受け止められていた。特に、社会的に不利な立場に置かれた人々やマイノリティ集団の権利獲得や抑圧からの解放に向けた学習の新たな理念としては、大きな可能性を秘めていたといえる。

　だが、その後の政府の施策を見ると、「生涯学習」における学習者の「主体性」「自発性」といった言葉が、教育政策のみならず社会保障をめぐる議論のなかにも歪曲された形で流入し、さらには自らの責任による職業能力・就業能力の向上を要請するフレーズとして、福祉切り捨ての口実に使われるという事態を招いていることは否定できない。「生涯学習」の時代なのだから、「自発的」な学習によって自分自身で不利な境遇を切り抜けなさい、というわけである。ここでは、社会的に不利な立場にある人々やマイノリティ集団の権利保障をめざす運動とも結びついてきた「生涯学習」が、「主体性」「自発性」のイメージが一人歩きすることで、むしろ不利益の原因を個人に押しつけ、政府が果たすべき責任を免除する方向に作用しているといえる。

　以上のように、政府が推進する近年の「生涯学習」施策は、格差・貧困といった社会問題を個人の自己責任で乗り切らせようとする傾向にある。実のところ、このように教育に関わる政策が経済危機や秩序不安を解消する手段として動員されるのは、いまに始まったことではない。例えば、第1節で見たように、戦前の社会教育における地方改良運動や自力更生運動等は、農村疲弊をもたらす根本的な経済構造に手を加えないまま、農民の自助努力と精神的団結に任せて財政支出を抑える施策にほかならなかった。もちろん、戦前の日本と21世紀の現代とでは、社会状況が大きく異なってはいる。だが、不安定雇用と格差を生み出す社会構造を不問に付したまま就労への努力を促す支援策が福祉予算削

減とセットになってすすめられ、「生涯学習」社会というイメージがその正当化に加担しているとすれば、「生涯学習」施策が有している性格は戦前の社会教育と構造的な連続性を有しているといえるのではないだろうか。

　それと同時に重要なのは、現代の日本が「民主主義」を標榜している以上、「生涯学習」施策の背後で進行する社会保障関連予算の削減には一定の民意が反映されている、ということである。つまり、「生活が苦しいのは個人の努力不足が原因なのだから、努力しない人々の社会保障に自分たちの税金が使われるのは我慢できない」という人々の姿勢こそが、そうした政策を後押ししているのである。だが、最低限の生活を送るための経済的保障を受けることは、すべての人間に賦されるべき基本的人権である。この基本的人権の保障を個人的努力の問題にすりかえて責任を回避することが、それ自体、人権侵害に当たるのはいうまでもない。また、社会構造的な問題として生じる不利益は、個人の責任に転嫁して済ませられるものではなく、公正な社会の仕組みの構築によってしか、実質的な解決に向かう展望をひらくことはできない。

　教育はすべてを解決する万能薬ではないが、これまでの政策を容認してきた人々の意識を変え、変革の主体を形成する可能性をもつという意味において、決して無力ではない。そして、その可能性の一端は、学校教育を担う教師たちにも委ねられているのである。

1）このプロセスは、学校教育においても同時進行していた。
2）図書館法（1950）、博物館法（1951）は、社会教育法とは別に施行されている。
3）生涯学習振興法の第5条第4項において、基本構想作成の際、都道府県が文部科学大臣だけでなく経済産業大臣にも協議できるとされているのは、「生涯学習」が教育行政の範囲をこえた産業振興的側面をもつ証拠である。

参考文献

赤尾勝己『生涯学習の社会学』玉川大学出版部、1998年。
苅谷剛彦『教育改革の幻想』筑摩書房、2002年。
E. ジェルピ（前平泰志訳）『生涯教育——抑圧と解放の弁証法』東京創元社、1983年。
中澤渉『なぜ日本の公教育費は少ないのか——教育の公的役割を問いなおす』勁草書房、2014年。
P. フレイレ（三砂ちづる訳）『被抑圧者の教育学』亜紀書房、2011年。

第 2 部　現代日本の教育課題

教育格差

不平等を再生産する装置としての学校

　あなたは、「教育格差」という言葉からどのようなことをイメージするであろうか。日本社会が「格差社会」という言葉で形容されるようになった2000年代以降、教育格差に関わる言説は、新聞・テレビ・インターネット等のマスメディアを始めとしてさまざまな形で流通している。

　しかし、教育格差という問題に対して、日本社会の関心が高まったのはそれほど昔のことではない。例えば、教育格差という語を含む新聞記事数の推移を見てみると（図1-1）、2000年代になってから記事の数は明らかに増えている。この図を見ると、日本社会は、2000年ごろを境にして、教育格差への関心を一挙に高めたと考えられる。

　それでは、なぜ2000年ごろに教育格差への関心が高まったのだろうか。そもそも、教育格差とは何か。なぜみんな同じように学校に通っているはずなのに、教育格差が生じてしまうのか。本章では、これらの問いを手がかりにしながら、

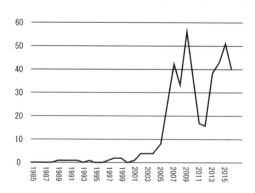

図1-1　「教育格差」を含む記事数の推移
（朝日新聞記事データベース『聞蔵Ⅱ』から筆者作成）

教育格差あるいは「教育における不平等」に対して学校の果たす役割や、学校に「できないこと／できること」を考えていきたい。

1　教育格差とは何か

　図1-1を見て「なぜ2000年ごろを境にして？」と思う人もいるかもしれないが、それは後に述べるとして、その前に「格差」という言葉の意味について確認しておきたい。

　教育格差という言葉を用いる際、多くの場合、次の3点が含意されている。すなわち、①個人間ではなく集団間の差であるということ、②その差が統計上の差であること、③その差は是正されるべき差であること、である（宮寺晃夫『教育の分配論：公正な能力開発とは何か』勁草書房、2006年。耳塚寛明編『教育格差の社会学』有斐閣、2014年）。少し詳しく説明しよう。

　第一に、個人間の差ではなく集団間の差であるということは、つまり、こういうことだ。AさんとBさんの間に学力の差があったとしても、それを「格差」とはいわない。他方、αグループとβグループとの間（例えば、男性と女性、親が大卒の子どもと高卒の子どもといった集団間）の平均点に違いがあった場合には、それを「格差」という、ということである。

　第二に、「格差」は、平均点や中央値、あるいは確率といった統計上の差である。したがって、例えばαグループとβグループの間に「学力格差」があるからといって、αグループに属するすべての個人の学力がβグループに属するすべての個人のそれを上回っているということを意味しない。逆にいえば、αグループの学力の平均点がβグループのそれを上回っているとしても、βグループに属するBさんがαグループに属するAさんよりも学力が高いということは十分にあり得る。

　第三に、一般に教育格差という場合、それは是正すべき対象として論じられる。周知のように、近代化以前の多くの社会（日本の場合は江戸時代以前の社会）は身分社会であり、そこでは「血縁の原理」に基づいて社会の分業・再生産がなされていた。しかし、近代化に伴って、自由・平等・効率といった観点から、能力に応じて人々をそれぞれの社会的地位に配分していく社会を理想とするよ

うになった。社会を編成する原理の理想が、「血縁の原理」から「能力の原理」へと変容したのである（図1-2）（中村高康「近代化とメリトクラシー」酒井朗・多賀太・中村高康編『よくわかる教育社会学』ミネルヴァ書房、2012年）。「能力の原理」に基づいて社会を編成しようとする現代では、人々の教育達成（具体的には獲得される学力や学歴）が、生まれながらの属性（親の職業や学歴、性別、地域等）によって左右されるのは望ましくない。この前提があるからこそ、教育格差は告発され、また、それは埋めるべき「格差」として論じられるのである。逆に、集団間に「格差」があったとしても、それが問題視されていなければ、一般の人の目にふれるような形で、それが論じられることはない。例えば「足の速さ」は、性別や生まれ育った地域によって「格差」があるのかもしれないが、それがマスメディアで大きく報道されるわけではないし、報道されたとしても人々の関心を集めるとは考えにくい。それは、「足の速さ」というものが、埋めるべき「格差」として人々に認識されていないからである。このように、「格差」という場合、それは単なる「差」ではなく「埋めるべき差」なのである。もちろん、何が「埋めるべき差」として人々の関心を集めるかは時代や国によって異なっており、教育格差も例外ではない。実際、先に見たように、日本社会において教育格差が注目を集めたのは、割と最近のことである。

　これらのことを逆にいえば、教育格差の問題に対する反論として、①個人差をもち出す、②統計的事実に反する例外的存在を示す、③その他の格差をもち出す、というような試みは、反論になっていない場合が多いということだ。本章でも教育格差という言葉を用いる場合、これらのことを含意しているので、

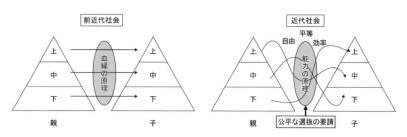

図1-2　近代化と能力の原理の台頭
（上掲『よくわかる教育社会学』33頁より作成）

気をつけてほしい。

2 教育格差の推移
（1）国際学力調査：TIMSSとPISAについて

　それでは、現代日本の教育格差は、どのような現状にあるのだろうか。ここでは、それをTIMSSとPISAという二つの国際学力調査をもとに概観することにしよう（川口俊明「国際学力調査からみる日本の学力の変化」『福岡教育大学紀要』第63号、2014年を参照）。これらの国際学力調査を参考にする理由は、日本国内で行われている学力調査のなかで最も信頼性が高いものだからである。これらの学力調査について説明しておくと、まず、TIMSS（国際数学・理科教育動向調査：Trends in International Mathematics and Science Study）は、IEA（国際教育到達度評価学会）によって行われる算数・数学と理科の国際的な学力調査であり、1995年の第1回から4年おきに実施されている。対象の学年は、日本では多少の変動がありながらも、現在は小4と中2である。一方、PISA（生徒の学習到達度調査：Programme for International Student Assessment）は、OECD（経済協力開発機構）が「読解力」、「数学的リテラシー」、「科学的リテラシー」の3分野について行っている学力調査である。対象は加盟国の15歳（日本では高校1年生）であり、2000年から3年おきに実施されている。これらの国際学力調査は、生徒に対する質問紙調査も行っているために、どのような子どもの学力が高い（低い）のかという教育格差の動向を確認する上で、最も適切な調査である。

（2）男性と女性の教育格差

　まず、PISAのデータに基づいて、男女間の教育格差を確認しよう。調査の設計上、数学的リテラシーは2003年から、科学的リテラシーは2006年からしか比較ができないという限界はあるものの、比較可能な年を取り出すと、図1-3のようになる。男子の平均値を四角、女子の平均値を三角のマークで示し、男女の「格差」を実線で示している。また、点線は全体の平均値の推移を表している。図1-3を見ると、読解力についてはすべての年で男性よりも女性の方が高い。全体の平均値に着目すると、2000年から2003年にかけて点数が下が

っているが、2009年には2000年と同水準になっている。他方、数学リテラシーと科学リテラシーについは、若干の男女差があるものの、2006年の数学リテラシー以外は統計学的に取り上げるほどの差ではない。そのため、PISAの結果からは、読解力についてのみ、男女格差が明確にあるということができるだろう。

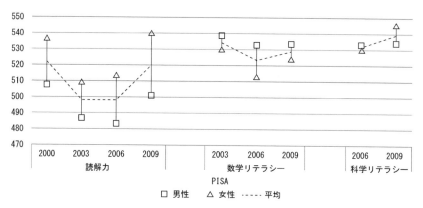

図1-3　PISAにおける男女差の推移
（前掲、川口「国際学力調査からみる日本の学力の変化」をもとに筆者が作成）

（3）家庭背景による教育格差

次に、TIMSSの結果から、家庭背景による「格差」を見てみよう。図1-4は、中2の数学の結果の推移を、家庭にある本の冊数別に示したものである。ここで家庭にある本の冊数別に見ているのは、それが家庭の文化的経済的豊かさ、すなわち子どもの家庭背景を代替する指標と考えられるからである。それを踏まえて図1-4を見てみると、どの年度においても、家庭にある本の冊数が多い子どもの方が、学力が高い傾向にあることがわかる。つまり、家庭背景の豊かさによって子どもたちの学力に格差があるということである。さらに、1999年から2003年にかけて全体の平均値（点線）が低下しているが、グループ別に下がり幅を見てみると、200冊以上の子どもたちの平均値はほぼ横ばいであるのに対して、10冊以下の子どもたちの平均値の下がり幅が相対的に大きく、結果的に集団間の格差（実線の長さ）が拡大している傾向にある。つまり、1999

年と比べて、それ以降の調査結果は、全体の平均値が低く、さらにその傾向は、家庭背景の厳しい子どもの学力低下、いいかえれば家庭背景による教育格差の拡大に一因があることがわかるのである。ここでは、中2の数学だけを示したが、こうした格差拡大の傾向は、TIMSSの他の結果（中2理科、小4算数・理科）からも読み取れる。

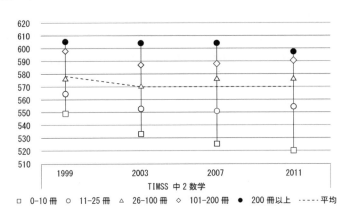

図1-4　TIMSS中2数学における家庭背景の格差の推移
（前掲、川口をもとに筆者が作成）

　以上、TIMSSとPISAの結果から、男女の格差と家庭背景による格差を見てきた。男女格差については、読解力については女子の方が有意に上回っている一方で、数学的リテラシーや科学的リテラシーにおいてはそれほど顕著な差は見られない。他方、家庭背景による格差は明確に存在し、それがこの10年の間にやや拡大しているということができるだろう[1]。

3　教育格差に対するまなざしの変化
（1）学力低下から学力格差へ

　現在の日本における学力格差の実態を、国際学力調査の結果をもとに確認した。それでは、なぜ、図1-1で見たように、2000年代に入って教育格差に対する社会の関心は高まったのだろうか。
　この問いに対する最も思いつきやすい答えは、2000年代に入って、特に家庭

背景による教育格差が拡大したからだというものだろう。この答えは部分的には正しい。なぜなら、先の国際学力調査の結果からもその傾向は読み取れるし、実際にさまざまな研究者が、2000年ごろに教育格差（主に学力格差）が拡大したことを明らかにしてきたからである。このことを概観するために、2000年前後の学力をめぐる論争を辿ってみよう。

　1990年代後半から2000年代初頭にかけて、子どもたちの学力低下にまつわる話題が世間を賑わせていた。例えば、「分数ができない大学生」という象徴的なエピソードが話題になり（岡部恒治・西村和雄・戸瀬信之編『分数ができない大学生』東洋経済新報社、1999年）、また、PISAの結果が2000年から2003年にかけて順位を下げたことが、テレビ等で大きく報道された。そして、その学力低下の原因として槍玉に挙げられたのが、1998年に改訂されたばかりの学習指導要領であった。「週休二日制」と「総合的な学習の時間」を軸とした学習指導要領は、その内容を削除しすぎだとか、授業時間数が少なすぎだなどと指摘され、学力低下を招いた原因として批判の的となった。いわゆる「ゆとり教育」批判である。

　しかし当時は、こうした学力低下論争が必ずしも主張を裏づけるデータをもとになされているわけではなく、個人が経験したエピソード（「分数ができない大学生がいる！」）から議論が展開していることも少なくなかった。そのような状況に対して、教育社会学者の苅谷剛彦と志水宏吉は、ゆとり教育導入前の1989年に行われたものと同じ学力テストを、同じ小中学校を対象にゆとり教育導入後の2001年に行うことによって、学力低下の実態を検証しようとした（苅谷剛彦・志水宏吉編『学力の社会学』岩波書店、2004年）。その結果明らかになったことを簡単にまとめると、①子どもたちの学力の平均点は確かに低下している、②しかし、その低下は生徒全体に一律に生じているのではなく、低学力層の増加によるものであった、③そして、その低学力層には家庭環境の厳しい生徒たちが多く含まれていた、ということであった。可能な限りで綿密な調査を行った結果、社会のなかで「学力低下」とされている問題の内実が、「学力格差」の拡大であり、そこに家庭環境が大きく関わっていることが明らかになったのである。いまから振り返ってみても、当時の教育社会学者たちの主張は

TIMSSやPISA等の結果と符合している部分が多く、概ね正しかったといえるだろう。

　だから2000年代に入って教育格差に対する関心が高まった、と結論づけたいところだが、その答えだけでは不十分だ。なぜなら、2000年代になって学力格差が拡大したのであって、それは、その以前に学力格差が不在であったことを意味するわけではないからである。1990年代以前にも家庭背景による学力格差は存在した。にもかかわらず、人々の関心を集めていなかったのである。そうであるとすれば、2000年代に入って、なぜ教育格差への社会の関心が高まったのかを説明するためには、それ以前の時期に、なぜその関心が希薄だったのかということについての説明も必要になる。

(2) 見過ごされていた「格差」問題

　そこで参考になるのが、苅谷剛彦の『大衆教育社会のゆくえ』(中央公論新社、1995年) である。この本のなかで苅谷は、各種統計資料等を分析し、教育の階層間格差 (家庭背景による格差) が戦後から1990年代にかけて一貫して存在していたことを明らかにした。具体的には、東京大学やその他の「有力大学」へ入学する者の保護者の職業構成が専門・管理職に偏っていることや、学業成績と親の学歴に相関関係が見出せることを示しながら、戦後一貫して教育の階層間格差が存在していたことを指摘している。苅谷によれば、戦後日本における子どもの教育達成に家庭が及ぼす影響は、「階級社会」とイメージされるイギリスや、「人種差別」に代表される階層構造を維持し続けているアメリカと比べても、それと同程度か、あるいはそれ以上だという。

　にもかかわらず、日本では、一般の人々だけでなく (1990年代の教育格差に対する関心の低さは図1-1で見た通りである)、多くの教育研究者や学校現場の教師も、教育達成に対する家庭環境の影響力にあまり目を向けてこなかった。より正確にいえば、日本でも戦後間もなくは、教育における「貧困」や「階層」の問題が語られていたものの、1960年代に入るころからそうした見方はフェイドアウトしていき、2000年代に入るまで、ほとんど語られなくなっていた。なぜだろうか。

その理由は、苅谷によれば、日本特有の「学歴社会論」と「差別選別教育論」にあるという。まず「学歴社会論」から説明しよう。日本では、1960年ごろから1990年代にかけて、誰にでも競争の機会が開かれており、その競争に勝ち抜けば（＝高い学歴さえ取得できれば）、「血統」に関わりなく、高い社会的地位につけるという認識が広く人々に共有されていた。こうした認識を前提にして、学歴が決定した後に学歴のない者にチャンスが与えられない不当性を問題化するのが「学歴社会論」である。1970年代から1980年代にかけて教育研究者は「学歴社会論」を盛んに論じたが、それは学歴取得以後の「不平等」を問題にする一方で、学歴取得以前の「不平等」に目を向けることはなかった。そのために、「学歴社会論」には、そもそも学歴をめぐる競争自体が階層化されていることに着目する視線が不在だったのである。

他方、「差別選別教育論」とは、学力による序列化を「能力主義」と見なし、そのような教育を「差別＝選別教育」として批判する議論のあり方である。この「差別選別教育論」を基礎にしながら、平等な教育とは生徒に差別感を生み出さない教育であるという認識が加わり、日本の教育現場では、生徒たちを分け隔てなく画一的に扱うことが重要視されていた。逆に、能力別学級編成などは、「差別選別教育」として批判された。その結果、生徒たちが不公平感や差別感を感じない限り（＝「主観的な」不平等）、教育における平等・不平等の問題は重大な論点になることなく、前節で見た家庭背景による学力格差のような「客観的な」不平等は見過ごされることになってしまった。

「学歴社会論」や「差別選別教育論」という言葉を聞いたことはないかもしれないが、そうした見方・考え方にふれたことがあるのではないだろうか。例えば、「日本社会は学歴によって決まる社会だ」とか「能力別学級編成は生徒に差別意識を生むからよくない」とか「日本の教育は悪平等だ」といった批判や主張は、「学歴社会論」や「差別選別教育論」の亜種ということができるだろう。戦後の日本は一貫して家庭環境によって教育格差が生み出されていたにもかかわらず、このような「学歴社会論」や「差別選別教育論」という見方が、学歴取得以前の「客観的な」不平等を覆い隠してきたのである。その結果、学力低下論争を契機として、学力格差が発見されるまで、日本の教育格差は社会

の関心を集めることがなかったのである。

このように学校教育は、戦後一貫して家庭環境による不平等を克服することができていない。だから、学校は、一般的に考えられているように、すべての子どもに平等な機会を提供していると素朴に想定することはできない。現実に即して考えるならば、学校は社会の不平等を再生産している機関として捉えた方がよい。実は欧米では、1960年代にすでに、子どもの学力に対して学校の及ぼす影響が家庭背景に比べてきわめて小さいことが明らかにされ、その後、学校のなかで、なぜ、どのように、不平等が再生産されるのかをめぐって数多くの研究が蓄積されてきた。そこで次節では、学校の基本的な機能を確認した上で、不平等と学校の問題を捉えた研究を具体的に紹介していきたい。

4 学校の社会的機能——社会化・配分・正統化

そもそも社会において学校はどのような役割を果たしているのだろうか。教育の不平等を主題の一つとして扱う教育社会学では、「社会化」、「選抜・配分」、「組織化・正統化」という三つに分けて学校の役割を整理することが多い（近藤博之・岩井八郎編『教育の社会学』放送大学教育振興会、2015年。Scott, Davies & Neil Guppy, *Schooled Society; An Introduction to the Sociology of Education*, Oxford Up, 2006）。ここでもその整理にしたがって説明したい。

（1）「社会化」という機能

「なぜ学校が必要か？」と問われて、まず思い浮かぶのは、子どもたちに、将来生きていくのに必要な知識や技能、態度、価値を教えるためだという答えだろう。人はいつか死ぬ運命にある。だから、一つの社会を維持していくためには、古い世代から新しい世代へとさまざまなことを受け継いでいかなければならない。それらを系統的に教えるのが現代では学校の役割であり、それが「社会化（socialization）」機能である。その教えるべき知識や技能の内容は、日本の場合、「学習指導要領」という形で具体化されている。また、近年、「アクティブラーニング」という言葉が流行しているが、こうした議論は、その知識や技能を学習者にいかに効率よく伝達するかということをめぐってなされてい

る。さらに、そうした学校の機能は、知識や技能だけでなく、その是非はともかく「道徳の教科化」をめぐる議論に現れているように、価値の次元にまで及んでいる。こうした議論が盛んに行われるのは、学校が「社会化」機能を担っているからである。

（2）「選抜・配分」という機能

次に、「選抜・配分（selection and allocation）」の機能である。本章第1節でも述べたように、近代化を遂げた社会では、能力の原理に基づいて社会の成員の社会的地位を決定することが望ましいとされる。その際に学校は重要な役割を果たす。というのも、学校は、それぞれの知識や技能、価値等を教え込むだけではなく、個々人がそれらをどれだけ身につけているのかを測定し、それに応じた社会的地位に人々を配分していく装置でもあるからだ。日本では一般的に、中学校を卒業して高校に入学する段階で高校入試が行われ、その結果に応じて、入学できる高校が決まってくる。そしてその入学する高校によって、どのような大学に進学するのかも制約を受けることになり、将来就く仕事にも影響を与えることになるだろう。要するに、学校に通うプロセスのなかで諸個人は、成績や試験によって序列化（＝選抜）され、それに応じて適当な社会的地位に割り当てられる（＝配分）。それを「選抜・配分」機能という。

本章の主題である教育格差がなぜ問題になるかといえば、学校がこの「選抜・配分」機能を担っているからだ。教育格差が生み出す序列関係が学校内に留まる問題であれば、それほど大きな関心を集めることはないだろう。そうした教育格差が、どのような高校・大学に入学できるか、そしてどのような仕事に就くことができるのか、つまり将来の社会的地位の差と対応する傾向にあるから、それは問題になるのである。

（3）「組織化・正統化」という機能

学校は社会を平等化する装置であり、人々は生まれにかかわらず、学校で能力さえ身につければ、高い社会的地位につくことができると一般に考えられている。しかし、過去半世紀の研究が明らかにしてきたことは、むしろ、学校は

社会の不平等を再生産する装置であるということであった。とはいえ、そうした事実が社会に広まることはあまりない。むしろ、ある個人が行きたい高校に不合格になったとすれば、勉強が足りなかったからだ、中学校での頑張りが足りなかったからだ等と解釈されて、当人の責任に帰せられてしまうだろう。逆に、学校のなかで行われる選抜の過程や、測定される能力の基準（≒試験の内容）、あるいはそもそも学校で教えられる知識や内容の偏りといった点は問われることはない。このように学校で伝えられる知識や技能、価値、あるいはその選抜の過程や結果は、社会のなかで正統化されている。これを学校の「組織化・正統化」機能と呼ぶ。

　私たちの社会では、仕事に就く際にさまざまな資格が求められる。例えば、公立学校の教員になるためには、教員免許が必要になる。逆にいえば、大学で単位をとって教員免許を取得さえすれば、さしあたり教員として必要とされる資質や技能は問われることはなく、教員として教壇に立つことができる。つまり学校は、そこで教えられる知識や技能、価値、その結果取得される免許や卒業資格、あるいは教育行為を通じて行われる選抜の結果を正統化して、人々を社会の適切な地位に配分し、社会を組織化していく。戦後日本では教育における不平等が一貫して問われることがなかったと前節で述べたが、これをいいかえれば、戦後日本では、「選抜・配分」機能によって社会的不平等を再生産しながらも、その選抜結果は問われることなく「正統化」され、社会を「組織化」していたということができるだろう。

（4）三つの機能の相互関係

　ところで、社会において学校はこれらの三つの機能を担っているが、それらは互いに補完し合ったり、矛盾・葛藤したりしている。上述したように、学校が行った「選抜・配分」の結果、社会的不平等が再生産されていたとしても、それにほとんどの人々が不平や不満を訴えないのは、その結果をまさに学校が「正統化」しているからである。その意味で、「選抜・配分」機能と「組織化・正統化」の機能は互いを補完し合っている。他方、「社会化」の観点からすれば、社会の成員に同じように能力を身につけさせることがめざされるにもかか

わらず、学校は「選抜・配分」機能も担っているために人々を差異化させざるを得ない。そのため、この二つの機能は原理的に矛盾や葛藤を抱えているといえるが、現実にはそれを教育段階によって強調点を変えることで緩和しているのである（具体的にいえば、小学校では社会化機能が前面に出ている一方で、中学校、高校と学校段階が上がれば上がるほど、それが後景化し、選抜・配分機能が前面に出てくる）。

5　教育に何ができないか／できるか
（1）不平等を再生産する装置としての学校

　学校の基本的な機能を確認してきた。おそらく、学校の役割は一般的に「子どもに将来必要なことを教える場」という程度に考えられていると思う。そのため、読者の多くは、「選抜・配分」や「組織化・正統化」といった機能については、これまであまり考えたことがなかったのではないだろうか。だが、くり返しになるが、教育格差という観点からいえば、むしろ重要なのは、「選抜・配分」と「組織化・正統化」の機能である。そこで次に、学校がいかに不平等の再生産に寄与しているのかを具体的な研究から考えてみよう。

　先述したように、欧米では1960年代に学校が社会を平等化する役割を果たせていないことが明らかにされ、その後、学校がなぜ不平等を再生産してしまうのかという問題意識のもとでさまざまな研究が蓄積されてきた。なかでも現在の教育研究に大きなインパクトを与えているのがフランスの社会学者P. ブルデューとJ. パスロンの研究である（P. ブルデュー＆ J. パスロン『再生産』藤原書店、1991年。P. ブルデュー＆ J. パスロン『遺産相続者たち』藤原書店、1997年）。

　本章第2節では日本の家庭背景による教育格差の現状を国際学力調査の結果から確認したが、そうした格差はなぜ生まれてしまうのだろうか。多くの人は、その格差が生まれる問題を、まずは経済的な問題と関連づけて解釈しようとするだろう。すなわち、学習に必要な道具を買うお金がないから、塾に通わせるお金がないから、といった理由である。もちろん、そうした経済的な問題もあるだろうが、ブルデューらの研究を踏まえれば、学校が不平等を再生産するメカニズムはそれほど単純なものではない。

　ブルデューらによれば、本章の第2節で示したように出身階級（いいかえれば

家庭背景）によって教育的成功の確率が異なるのは、学校教育システムが、中立性を装いながらも特定の階級に資するように成立しているからだ。学校で習う知識は、一般に、すべての人に必要な知識だと考えられている。しかし、実はその知識が特定の人々の文化に親和的な知識でしかなく、だからこそ、階級によって教育的成功の確率が異なると、ブルデューらは説明する。例えば、学校では「話し言葉」よりも「書き言葉」の方が重視されるために（試験がどのような形で行われるかを想像すればそれは明らかである）、家庭教育のなかで「書き言葉」に親しんでいる子どもの方が、そうでない子どもよりも学校で成功する確率が高まるだろう。その意味で学校教育は、特定の文化を優遇し、それ以外を排除する装置なのである。ブルデューらは、そうした学校で成功を収めるための文化財を総称して「文化資本」と呼び、学校が階級の再生産にどのように寄与しているのかを体系的に把握しようと試みた。

　ブルデューらの議論でポイントとなるのは、中立性を装いながら、という点である。上述したように、学校は特定の階級や集団に資するように成立している。にもかかわらず、それが中立性を装っているために、学校での成功／失敗は個人の責任とされてしまう。ブルデューらの言葉を借りれば、「（引用者注：例えば教育的成功の確率が出身階級によって異なるという）社会的不平等について目を閉じてしまうと、あらゆる不平等、とりわけ学校での成功に関する不平等を自然的不平等として、つまり生まれつきの才能の不平等として説明せざるをえなくなるし、またそうすることが許されてしまう」というわけである。

　もちろん、こうした議論は確率の問題であって、学校文化に親和的でない家庭から教育的成功者が現れないということを意味しない。家庭の「文化資本」が乏しくても学校で成功を収めるような例外的存在は確実にいるだろう。そして、それがまた事態をややこしくするのである。例えば、上記のような話をすると、必ずといっていいほど、社会経済的に厳しい家庭で育った者が教育的成功を収めたというエピソードに基づいて「だから頑張れば誰でも成功できる」という反論をする者がいる。しかし、それは確率の問題に個々のエピソードを対置するというミスを犯しており、反論になっていない。それどころか、そうした反論は不平等の再生産に加担してしまっている。なぜなら、こうした反論

があるからこそ、不平等は見過ごされ、再生産されていくからである。

さて、ブルデューらの議論は学校教育システムについて論じたものだが、「落ちこぼれ」の視点から学校教育システムがどのように映っているのかを描いた研究もある。イギリスの社会学者P.ウィリスの『ハマータウンの野郎ども』〈筑摩書房、1985年〉である。

この研究の主な問いは、労働者階級の子どもたちはなぜ自ら進んで労働階級の仕事に就いていくのかということであった。ウィリスは、ハマータウン男子校という中学校に通う反学校的な男子生徒12名（〈野郎ども〉）の学校生活や家庭での様子を観察し、それを丹念に描くことで、この問いに答えていく。ウィリスによれば、〈野郎ども〉は決して自己否定して「落ちこぼれて」いくのではない。教師や学校に順応する生徒である〈耳穴っこ〉を女々しいと見下し、学校のなかで「ふざけ」て学校的価値を拒絶する。そして職選びの際も、反学校的文化と連続性のある職業、すなわち男性的で、仲間内で「憂さ晴らし」をすることができるような肉体労働に積極的に就いていくのである。ここで重要なのは、〈野郎ども〉の言動や選択は、決して荒唐無稽なものではなく、的を射ているものが少なくないということだ。これまで述べてきたように、客観的なデータで見れば、学校教育は結局のところ有利な者が得をするようにできている。その意味で、労働者階級の子弟である〈野郎ども〉の立場からすれば、勝率も掛け金も大きくない学校教育のゲームから早めに撤退することは、それほど非合理的な選択ではない。しかし、このような鋭い洞察が含まれているとはいえ、結局のところ、彼らは親と同じように工場労働に就いていく。その意味で、彼らの言動や選択は、結果的に階級間の不平等を再生産することにつながっていく。

ブルデューらとの対比でいえば、ブルデューらが学校（あるいは教師）が生徒に対して「正統性」を押しつけている現実を浮き彫りにしようとしたのに対して、ウィリスは、学校教育において劣位に置かれている者たちの言動によって、学校の「正統性」が温存されていくプロセスを丹念に記述・分析した。確かに〈野郎ども〉は教師に反抗し、学校的規則に順応する〈耳穴っ子〉を見下し、自ら進んで学校から去っていく。そして、彼らの学校批判には鋭い洞察も含ま

れている。しかし、より広い視野から見れば、彼らが学校から仕事へと移行していくプロセスは結局のところ階級を再生産するプロセスにほかならない。その意味で、彼らの教師への反抗も、そこに含まれる鋭い洞察も、彼らの意図にかかわらず、学校の「正統性」を存続させることに手を貸してしまっているのである。ウィリスが明らかにしたのは、教師への反抗と階級の再生産の意外な共犯関係であり、その逆説的な現実であった。

　ここで紹介したブルデューやウィリスの研究以外にも、不平等を再生産する学校の側面について論じた研究は数多くある。例えば、言語運用に着目して教育の不平等を論じたB. バーンスティン、教育関係と生産関係の「対応原理」について論じたS. ボールズとH. ギンタス、カリキュラムの視点に基づいたM. アップル等である。ここでは紙幅の関係でこれ以上紹介できないが、これらの研究については日本語でも読めるものが多いので、興味のある人は読んでみてほしい。

（2）教育に「できないこと」

　さて、これまで説明してきたように、学校教育は、一般に人々が考えているほど、平等化の装置となっているわけではない。むしろ、学校は不平等の再生産装置といった方が現実に即している。しかも、社会のなかにある不平等を「正統化」するという巧妙さも兼ね備えた装置なのである。そもそも冷静に考えてみれば、全体社会の一部でしかない学校教育によって、その外部にある社会経済的な格差やその他の社会問題を解決しようとすることは、かなり難しいことなのである。

　にもかかわらず、社会のなかで問題が起これば、人々はその解決を教育に求めがちだ。その例を挙げればきりがない。学力低下が生じているから確かな学力を身につけられる教育を、非正規雇用の若者が増えたから職業意識や職業能力を育むキャリア教育を、10代による殺人事件が社会問題となったから道徳教育を、……。

　そのようにして教育内部の要因を過大評価して、その外部にある社会経済的な格差の意味を過小評価する議論の組み立て方を「教育学的誤謬」という（橋

本健二『階級社会』講談社、2006年)。本章で見てきたように教育格差が生じているのは、学校教育のやり方だけでなく、その外部にある社会経済的格差も深く関わっている。そのため、学校教育をどのように変革したところで、学校が教育格差を改善できる余地は限られている。逆にいえば、その外部にある社会経済的格差を是正しなければ、教育格差の問題を解消することは難しい。にもかかわらず、現実認識を誤って教育の問題として捉え、教育によって解決しようとするから、「教育学的誤謬」なのである[2)]。

　もちろん、何らかの問題を教育的に解決しようと議論する人々に、悪気はないのかもしれない。しかし、それは結局のところ原因を見誤り、間違った処方箋を出してしまっている点で、大きな問題だろう。譬えるなら、医者が別の大病を患っている人に対して、風邪薬を処方してしまっているようなものである。間違った処方箋を出していると、その病気を治せないだけでなく、その間にも病は進行してしまう。特に教師や教育研究をしている者は、教育の効果を過大評価してしまい、「教育学的誤謬」に陥りやすい傾向にあるため、より注意深くなる必要があるだろう。その意味では、その問題解決が教育に「できないこと」ではないかと考える姿勢を身につけることが重要である。

(3) 教育に「できること」

　とはいえ、教育に「できること」はないのか、と考えたい人もいるだろう。もちろん、教育に「できること」がないわけではない。そして、「できないこと」という教育の限界を認めた上で、教育に「できること」を考えることは、とても重要なことである。

　ここではその可能性を示した研究の一つとして、「効果のある学校」ないし「力のある学校」研究を取り上げたい。本章で論じてきたように、ほとんどの学校では、家庭教育によって生じてしまう学力格差を是正できていない。しかし、数は少ないながらも、そうした家庭背景による格差をかなりの程度克服している学校がある。そのように学力格差の是正が達成できている学校は、「効果のある学校」あるいは「力のある学校」と呼ばれている。教育社会学者の志水宏吉とその研究グループは、被差別部落の子どもたちの低学力問題に長年取

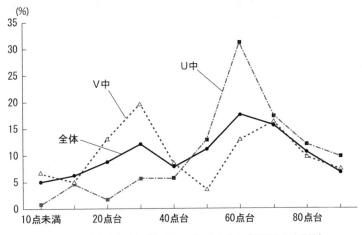

図1-5　得点分布（非通塾グループ）から見る「効果のある学校」
（苅谷・志水編、前掲『学力の社会学』225頁より作成）

り組んできた学校のなかから「効果のある学校」の存在を見出し、その取り組みや特徴を探ってきた（志水宏吉『力のある学校の探求』大阪大学出版会、2009年）。

　図1-5は、志水がある学力調査から、「効果のある学校」を発見した際のものであるが、そこには「効果のある学校」の卓抜さが現れている。この図は、非通塾者だけを取り出して、厳しい家庭背景の子どもたちが多く通う二つの学校（U中とV中）と全体の得点分布（数学）を示したものである。これを見ると、全体では、30点台と60点台の生徒が多くなっていることがわかる。注目して欲しいのは、U中とV中の違いである。U中は60点台の生徒が最も多く、低得点者が全体に比べても少ない。一方、V中は対照的に30点台が全体よりも多くなっている。通っている子どもたちの家庭背景が厳しいために、通常であれば、V中のように全体よりも低得点者が多くなっても不思議ではないが、それにもかかわらず、U中は全体よりも好成績を収めているのである。

　このように、数は少ないながらも、家庭背景による教育格差を是正する「効果のある学校」は存在する。「効果のある学校」研究は、そうした学校の取り組みや特徴を探り、広めていこうとする試みである。「効果のある学校」の存在が示すように、学校の力は決して学力格差に対して無力ではない。ただし、

こうした研究や学校があるからといって、学校の力を過大評価してしまうと、結局のところ、「教育学的誤謬」を犯してしまうことになるだろう。教育に「できること」を探る際には、あくまで慎重な姿勢が求められることを再度強調しておきたい。

＊　　　　＊　　　　＊

　学校教育は、教育格差を是正するどころか、それを正統化し、永続化する役割を果たしている側面がある。各種統計データやこれまでの研究成果を踏まえれば、むしろ、そうした側面が学校教育の本質だと考えた方がいいのではないかとさえ思えてくる。「教育」という営みはポジティブな理念で語られがちであるが、現実の「教育」は必ずしもそうした理念とは一致しない。

　おそらく本書は「教師になりたい」と思う人が手に取ってくれている場合が多いと思う。本章で述べてきたことを踏まえてあえていうが、学校が不平等を再生産する装置であるとすれば、教師は不平等を再生産する主体である。もちろん、現実には「効果のある学校」のように教育格差を克服している学校があるわけだから、格差を是正している教師も存在するだろう。しかし、全体的な傾向からいえば、教師は不平等を是正するよりは再生産に手を貸してしまっている。まずはこの現実を直視して、それをどのようにすれば、学校を「平等化の装置」に近づけていけるのか。それを一人ひとりが自覚し考えるところから、教育格差の是正の可能性は紡ぎ出されるのだと思う。

1）　ただし、他の国々と比べると日本は、学力と家庭背景の関連が弱く、OECDから「日本の教育制度は、教育の機会の平等性が確保されている」と評価されていることにも留意しておく必要がある。OECD, "Country Note –Results from PISA 2015: Japan", http://www.oecd.org/pisa/pisa-2015-Japan-JPN.pdf, 2016/12/07.
2）　これは学力格差の問題だけではなく、非正規雇用の若者（いわゆるニート・フリーター）が増加した問題をキャリア教育によって解決を図ろうとしている議論や、若者が凶悪化したからといって（その事実認識が正しいかをまずは問う必要があるが）道徳教育を重視しようとする議論にも当てはまる問題である。ここでは紙幅の都合で詳しくは論じないが、それぞれ考えてみてほしい。

参考文献

苅谷剛彦『教育と平等』中央公論新社、2009年。
志水宏吉編『「力のある学校」の探求』大阪大学出版会、2009年。
広田照幸『教育は何をなすべきか』岩波書店、2015年。

❷ 子どもの貧困と学校の役割

　平等な自由のための教育

　今日の私たちの社会は、貧困の再発見ともいうべき状況にある。低所得家庭の子どものなかには食事に事欠く状態にある子どもがいること、親の経済力と学校成績には明確な相関関係があること、子ども期に生活苦にあった人はそうでない人よりも成人後も生活苦に陥る確率が高いこと等が明らかにされてきている。

　「子どもの貧困」は何が、なぜ問題なのだろうか。また、問題の改善のために学校には何ができるのだろうか。本章では、個別具体的な支援策というよりは、そうした支援策の重要性や正統性を説明する上で不可欠となる理論的側面から、子どもの貧困と学校の役割について考えていきたい。

　なぜならば、理論は具体的支援策の指針となるからである。指針のない実践は、目的地を知らずに漕ぎ出す航海に等しい。行先を知らない行き当たりばったりの航海は、例外はあるにしても、多くの場合どこにも行きつかずに沈没するだろう。理論を学ぶことは、目前の問題の改善方法を考えるための第一歩なのである。

1　貧困のなかの子ども
（1）日本の「子どもの貧困」と貧困率

　「子どもの貧困」とは何をさすのか。新聞やテレビで目や耳にする時のこの言葉は、一般的には相対的貧困状態にある17歳以下の人間の状況を意味している。「相対的貧困」は、所得格差を把握する視点として用いられている言葉である。つまり「子どもの貧困」とは、日本の大多数の17歳以下の人間が当たり前に得ているものを得られない17歳以下の人間の状況を意味し、その割合はこ

152　第2部　現代日本の教育課題

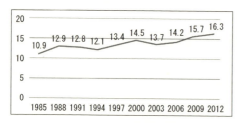

図2-1　子どもの貧困率推移
（『平成27年版　子供・若者白書』内閣府より作成）

こ10年じりじりと増加を続けている。

厚生労働省の「平成25年国民生活基本調査」によれば、相対的貧困状況の子どもは16.3％の割合で存在している。1学級30人とすれば、そのうちの4人から5人程度の児童・生徒が貧困状態という計算になる。ただ実際には、家庭の経済状況は地域的特徴をもつものでもあるから、貧困状態にある児童の数は地域によってもっと少なかったり、ずっと多かったりするというのが実態であろう。

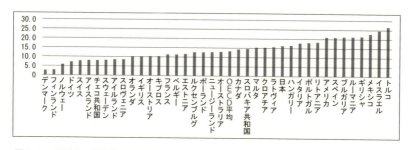

図2-2　子どもの貧困率　国際比較　（OECD（2016）Family Database "Child poverty"より作成）

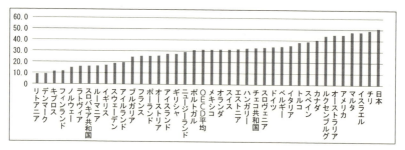

図2-3　ひとり親世帯の貧困率　国際比較　（OECD（2014）Family Database "Child poverty"より作成）
㊟　ハンガリー、アイルランド、日本、ニュージーランド、スイス、トルコの数値は2009年、チリの数値は2011年。

日本の子どものこの貧困率は、OECDによる2012年の調査に基づくと加盟国中13番目の高さとなり、OECD平均よりも高い貧困率となっている。

さらに日本におけるひとり親家庭の子どもの貧困率は2009年には50.8%であり、OECD加盟国中で最も貧困率が高い状態となっている。また2012年には54.6%へ上昇しており、ひとり親世帯の半数以上が貧困状況にあることが明らかとなった。

(2) 貧困世帯の生活状況

どこからが「貧困」となるのかという定義づけは難しいものであるが、OECDは「等価可処分所得が全人口の中央値の半分以下」の世帯を貧困世帯と定義している。「等価可処分所得」とは、世帯全員の手取り所得（収入から税や社会保障費等を差し引き、年金や子ども手当等の社会保障給付を加えたもの）を、世帯人数で調整したものを意味する。この所得が中央値（平均値ではなく、等価可処分所得を大きい順に並べていった時に、上から数えても下から数えても真ん中の値）の半分以下の世帯が貧困世帯ということになる。阿部彩によると、日本における相対的貧困基準は、等価可処分所得が1人世帯で127万円、2人世帯（幼児1人を抱える母子世帯）で180万円、4人世帯（両親と小学生の子ども2人）で254万円であるという（阿部彩『子どもの貧困』岩波書店、2012年）。

相対的貧困世帯の生活は、どのような状況なのだろうか。生活をしていくために一般的にお金が必要となる項目を示すとすれば、「住居」「光熱費」「食費」「衣類・身なり」「教育・進学貯金」「娯楽・交際費」「通信」「交通（車）」「医療・生命保険」「貯金・その他」となるだろう。より具体的にいえば、「住居」には家賃以外にも洗剤や歯ブラシ、トイレットペーパー等の消耗品や食器、家電・家具の類も含まれる。「教育・進学貯金」には教材や学校諸費以外にも部活や習い事、学資保険等が、「交際費」には同僚や友人との飲み会だけではなく、家族旅行や盆暮れの帰省等が、「衣類・身なり」には、日常的なもの以外にもスーツやアクセサリー、バックや靴、場合によっては冠婚葬祭に対応したものや散髪といったものも含まれてくるだろう。

例えば37歳夫婦（1人は正規雇用、もう1人は非正規雇用、都市部居住）と中学生の

	一般家庭（平均値）	相対的貧困家庭（例）	困難ケース（例）
住居	¥94,000	¥60,000	¥45,000
光熱費	¥18,000	¥15,000	¥15,000
食費	¥42,000	¥35,000	¥30,000
衣類（身なり）	¥12,000	¥10,000	¥10,000
教育・進学貯金	¥40,000	¥5,000	¥5,000
娯楽・交際費	¥50,000	¥10,000	¥5,000
通信	¥18,000	¥10,000	¥10,000
交通（車）	¥25,000	¥10,000	¥0
医療・生命保険	¥21,000	¥15,000	¥0
貯金・その他	¥20,000	¥0	¥0
合計	¥340,000	¥170,000	¥120,000

図2-4　家計支出平均値と例
（幸重社会福祉事務所『子どもの貧困を考えるワークブック』より作成）

子ども1人の3人世帯の平均的な月の生活費が34万円程度だとすると[1]、上記項目の何にどれだけかけるだろうか。子どもの世話や世帯のやりくりに責任を担うものとして現実的に考えてみよう。ちなみに都市部の家賃支出の平均は10万円前後になる。ただし、家賃は、駅からの距離や設備等の利便性と値段とが比例する。どんなに安くても、学校や職場に毎日通うためには不適切な物件もある。また、生活費を安く抑えられる地域では移動手段としての車が欠かせない場合が多い。光熱費や通信には、利用していなくても基本料金が必要となるし、子どもがいじめられないようにするためにも、体や衣服の清潔さは欠かせないだろう。

次に、34万円の半分、相対的貧困規準である月17万円ではどうなるのかを考えてみよう。さらには何らかの借金返済を抱えているとして、月12万程度の収入ではどうなるだろうか。

学校での給食が唯一の食事であったり、足に合わない上靴を無理に履いていたりする子どもたちの生活背景が、何となくでも見えてはこないだろうか。

（3）健康格差

上記会計簿を実際にやりくりしてみると、ぎりぎりの生活をするなかでは食

費や電気・水といった光熱費を優先し、健康保険等の医療費は節約の対象となりがちである。実際、2008年の厚生労働省の「資格証明書の発行に関する調査」において国民健康保険の保険料を384万世帯（全世帯のうちの18.5％）が滞納していることが明らかとなった。5世帯のうち1世帯程度が滞納していることになる。保険料を滞納すると健康保険証を返還しなければならない。健康保険証を返還した滞納世帯に対する対応策の一つとして「被保険者資格証明書」の交付がある。これを利用した場合、受診した医療機関の窓口では医療費をいったん全額負担するが、滞納している保険料を支払えば市町村窓口で自己負担分（3割）以外の負担額を払い戻してもらえる。しかし、滞納した保険料を支払う余裕のない世帯の子どもは、無保険状態となる。証明書が交付された世帯のうち、中学生以下の子どもがいる世帯は18,000世帯以上あった。そこで、2009年4月より無保険の子どもにも保険証を交付する「子ども無保険救済法案」が施行された。それでも、低所得世帯においては病院に行くことを控える受診抑制の傾向があり（阿部彩「誰が受診を控えているのか」『CIS Discussion paper series』No.603、2013年）、所得の低い世帯の子どもと所得の高い世帯の子どもとの間には健康格差があることが明らかにされてきている（阿部彩「子どもの健康格差の要因——過去の健康悪化の回復力に違いはあるか——」『医療と社会』Vol.22、No.3、2013年）。またアメリカで実施された調査においては、住環境や栄養状態、保護者によるケア、金銭的ストレス等の程度に応じて、子どもの健康には明らかな格差があり、この格差は低所得世帯の子どもの年齢が上がるにしたがって健康状態が悪化することにより、10歳ごろから拡大する傾向にあることが指摘されている (Currie, J. and Stabile, M. "Socioeconomic Status and Child Health: Why Is the Relationship Stronger for Older Children?" *The American Economic Review*. 93（5）, 2003)。

（4）児童虐待

さらに、経済的困難は児童虐待の背景要因の一つといわれている。

児童虐待の背景要因を明らかにしようと、児童相談所が対応した虐待家庭の状況についていくつかの観点から分析が行われた（平成15年度厚生労働科学研究費補助金（子ども家庭総合研究事業）分担研究報告書「児童相談所が対応する虐待家族の特性

分析——被虐待児及び家族背景に関する考察」)。その結果、家庭の経済的状況という観点から見ると、「生活保護世帯」が19.4％、「市町村民税非課税世帯」と「所得税非課税世帯」とが合わせて26％となっており、低所得世帯が対応世帯の半数近くを占めていた。もちろん、虐待の背景要因は経済的困難だけではない。周囲からの孤立（孤立の原因も保護者が心身に何らかの病を抱えていたり、外国籍のためであったり、さまざまである）や育てにくい子どもであったり等、複合的であり、経済的に困窮していれば必ず虐待が起こるというわけではない。しかし、児童相談所が対応した虐待のうち、半数近くの世帯が経済的に困窮していたということは、貧困が背景要因として一定の影響があることを示唆していると考えられる。

（5）世帯所得と学力

では、子どもの貧困は、学校での活動にどのような影響を与えるのだろうか。

まず、耳塚寛明の調査結果によると、世帯所得と学力調査結果には強い因果関係がある。

野球やピアノ、塾等の学校以外の教育にかける月の支出（学校外教育支出）が5万円以上の家庭の子どもは、算数テストの結果が平均で78.4点であったのに対し、月の支出が0円の家庭の子どもは、同じテスト結果が平均で35.3点であったという。学校外教育に支出をする世帯の子どもと、支出をしない世帯の子どもとの点数差は実に40点以上である。支出をしない世帯の子どもは、そのテスト領域を3割程度しか理解していなかったことになる。同じように、世帯所得が1000万円以上の世帯の子どもは算数テストの結果が65.9点であるのに対し、世帯所得が500万円未満の世帯の子どもは

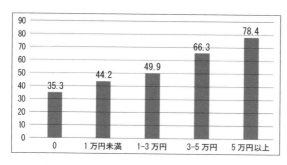

図2-5　学校外教育費支出別算数学力平均値

（耳塚寛明・牧野カツコ（2007）『学力とトランジッションの危機』より作成）

41.9点であり、20点以上のひらきがあった。

テストで何点とれるかは、どれだけ自分で勉強したのか、その努力とも関係がある。実際、家庭学習の時間が長い子どもほどテストの点数も高い。しかし、

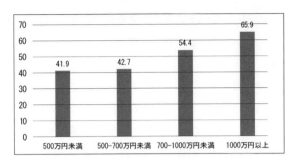

図2-6　世帯所得別算数学力平均値
（前掲『学力とトランジッションの危機』より作成）

家庭で同じ時間勉強していても、年収の高い家庭の子どもの方がテストの点数が高い傾向にあることが示されている（耳塚寛明・牧野カツコ編著『学力とトランジッションの危機——閉ざされた大人への道——』金子書房、2007年）。総じて世帯所得の低い家庭の子どもは学校において相対的に低い学力を獲得することが明らかとなった。

また、苅谷においては、成績や学習への意欲と社会階層に強い関連のあることが明らかにされている（苅谷剛彦『階層化日本と教育危機』有信堂、2001年）。学力や意欲が低いということは、進学や就労において不利になる。つまり、学歴の低さが不安定で低所得の職につながり、低所得がその世帯の子どもの低学力に

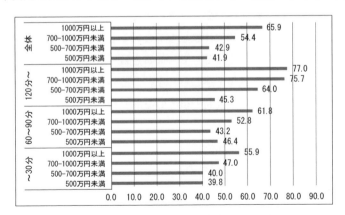

図2-7　家庭学習時間別・世帯所得別学力平均値
（前掲『学力とトランジッションの危機』より作成）

つながり、というように、親世代の貧困が次世代の子どもの貧困につながるという貧困の連鎖が予測される。

(6) 社会的排除

学校という場で、子どもの貧困は成績にだけ影響を与えるわけではない。

テス・リッジは、イギリスの貧困世帯の子どもたちが自らの貧困経験をどのように解釈しているのかを、インタビュー調査によって明らかにしている。それによると、貧困世帯の子どもたちが気にしたり困難を感じたりしているのは、友人関係、服装、学校への包摂（居場所や所属意識）、同年代の仲間と一緒に活動に参加することといった社会的生活の領域にあった（テス・リッジ『子どもの貧困と社会的排除』桜井書店、2010年）。

流行りのゲームや携帯電話、仲間内で価値が共有されている服装等、消費財が子どもたちどうしのコミュニケーションや仲間意識の形成手段としてそれなりの比重を占めている。また、学校指定の上履きや体操着、遠足への参加等、学校という場において足並みをそろえることが当然視されているもの・ことや、放課後のファストフード店でのおしゃべりや休日のレジャー活動等、同年代の仲間の活動に参加することにもお金がかかる。流行りのゲームをもたないのではなくもてない、放課後のファストフード店に行かないのではなく行けない子どもたちのなかには、疎外感や孤独感を抱え込んでいる子どもがいる。

上記のように同世代での共通体験をもてないことは、社会や集団への帰属意識をもてないことにつながる。そして、帰属意識をもてないことは自身の居場所をもてないことや存在価値を感じられないことへとつながるだろう。子どもの貧困は、社会的存在という人間の根源的なあり様へも影響を与えている。

2 問題の所在と支援の方向性

(1) 子どもの貧困はなぜ問題なのか

ある子どもが、他の多くの子どもよりも経済状況の厳しい世帯に暮らすということは、なぜ問題なのだろうか？

前節で「子どもの貧困」の実態を整理してきたことからもわかるように、経

済的な欠如それ自体というよりは、欠如によってもたらされている「不公平さ」に問題の所在があると考えられている。すなわち、貧困のなかで生きる子どもの状況は、私たちがめざす社会――下記に示すような自由で平等な社会――のあり様に抵触すると考えられている。

　私たちがめざしてきているのは、「自らが生きたいと思える人生を、どの人も選んでいくことのできる社会」である。ただし、例えば、大学等の高等教育は、数の限られた教室や教員によって少しでも高い成果を出すことが求められ、医者やスポーツ選手等はその分野により長けていることが社会的に要請されるため、機会を平等に開いた後は各人の能力と努力に基づいて競争する方法が原則として採られている。だが、現実において、機会は全員に対して平等に開かれているのだろうか。

　先述のように、学力格差の背景調査をした耳塚が問題として指摘していたのは、学力の獲得が本人の能力と努力というよりは、たまたま生まれ落ちた世帯の所得からかなり強い影響を受けることであった。貧困のなかにいる子どもたちは、本人の努力や能力以前に、例えば義務教育よりも上の教育を受けることや健康であること等、生きたいと思える人生を選ぶことが難しい。それが「子どもの貧困」が問題とされる一つの理由である。

（2）「機会の平等」というルールの意味

　「機会の平等」という言葉は、一度は耳にしたことがあるのではないだろうか。個々人の生の可能性を広げていけるよう、公平さを求める社会に広く認められているルールではあるのだが、何をもって「機会の平等」とするのか、その具体的意味内容についてはさまざまな議論がある。性別や宗教といったその人の属性に関係なく、誰にでも機会を開くという立場（形式的機会平等）もあれば、市場的な競争を重視しつつも、競争のスタートラインでの格差をなくそうとする立場（実質的機会平等）もある。それぞれの立場においても論点は多様で、例えば、実質的機会平等の立場にしても、学力の格差を是正するべきかどうかや、女性であることや黒人であることを理由に機会が狭められてきた人たちを、合格点に満ちていなくても一定割合受け入れること（アファーマティブ・アクショ

ン）を認めるかどうか等、さまざまである。

　さらに、実質的機会平等を求める議論の論点は、これまでは上記のように、所得や学力、高等教育への機会等、生きていくために誰もが欲するようなものを、誰にどれだけ分けるのかということが主なものであったが、最近では、みなが平等に分け与えられるべきものは、そもそも何なのかということが議論されるようになってきている。貧困問題と向き合いながら、新たな社会理論を提案している人物の一人にマーサ・ヌスバウム（Martha Nussbaum, 1947-. 以下ヌスバウム）という人がいる。ヌスバウムは、実質的機会平等の立場に立ち、誰にどれだけ分配するか（分配基準）についてよりも、何を平等に分配するか（分配対象）について踏み込んで考える必要性を指摘している。

　「機会の平等」をどのように考えれば、貧困のなかにいる子どもたちにとっても「自らが生きたいと思える人生を、選んでいくことのできる社会」となるのだろうか。ヌスバウムの提案を聴いてみよう。

　ヌスバウムの社会理論は、「ケイパビリティ（capability）」という観点から不平等や貧困問題を考えることから、ケイパビリティ・アプローチと呼ばれる。つまり、所得等、所有する財ではなく、「ケイパビリティ」という観点から暮らし向きの良し悪しを捉える。「ケイパビリティ」は、「人がそのおかげで何かをすることが可能となるような先行条件」（M.C.ヌスバウム「女たちに正義を！」『みすず』389、8月号、みすず書房、1993年）を意味する。その基礎には、私たちの日常生活はさまざまな「機能（function）」によって構成されているという考えがある。生活を「食べる」「文字を読む」「外出する」といったさまざまな「機能」によって成り立っている、という見方で捉えるのである。

　例えば、電車やバスにまったく乗らない人がいたとしよう。その人がなぜ電車やバスに乗らないのかといえば、何らかの理由で利用に不都合があるからかもしれないし（文字が読めず降車駅がわからないからとか、盲目で駅から転落することが怖いからとか）、ただ単に健康のためからかもしれない。後者の場合、その人が電車に乗るためのさまざまな先行条件は整っているので、風邪をひいて調子が悪い時等、本人が乗りたい時には乗るという選択ができる。それゆえ、「電車やバスに乗る」という「機能」への「ケイパビリティ」がある。しかし、前者

の場合は、その人が乗りたいと思っても、電車やバスに乗ることにまつわる個人的もしくは社会的な先行条件が整わず困難があることに変わりがない。そのため、「ケイパビリティ」そのものが欠如した状態と見なされる。

一般にケイパビリティは「潜在能力」と訳される。「潜在能力」というと、個人の努力や何らかのきっかけしだいで目覚め開花するものという意味合いに理解されがちであるが、ケイパビリティ・アプローチにおける「ケイパビリティ」が捉えようとしているものは上記のように少し違う。その人がもっている素質や能力を実際に機能として具現化できる条件下にあるかどうか、ある人が選ぼうと思えば何を選べる状態にあって、実際に何を選び何をなしているのかを捉えようとする。

くり返していうならば、目や足が不自由な人は本質的ないしは絶対的に自転車に乗れないのではない。いまの社会的条件のもとでは乗れる自転車がないというだけであり、社会のなかで誰かがそれを開発すれば障がいがあっても自転車に乗れるようになる人も出てくる。つまり、生得的な素質や能力を基にしつつも、それが教育やインフラ整備の程度等によって、どのように、そしてどの程度の「具現可能性」をもっているかを捉えようとするのがケイパビリティ・アプローチである。それゆえ、個人の努力を要請するというよりは、状況改善のための社会的支援の要点を浮き彫りにする。ケイパビリティ・アプローチにおける「ケイパビリティ」とは、機能の潜勢的状態ではあるが、本人の選択しだいでその機能を具現化できるのかどうか、その「具現可能性」を意味する。

しかし、誰もが自転車に乗れるようになることを望むとは限らないだろう。それでは、特定の誰かではなく、どの人にも平等に保障されるべきもの・ことは何だろうか。

ヌスバウムは、フィールドワークで訪れたインドで女性の過酷な生活を間近にした経験に基づき、「人間がよい暮らしをするとはどういうことなのか」や、そのために社会的に保障されるべきことは何かを探究した。その結果、国家によってどの人にも最低限保障されるべきこととして、人間らしい生を構成する機能へのケイパビリティを提案する。

以上のように、ケイパビリティ・アプローチは、「貧困」を「ケイパビリテ

ィの欠如」として捉える。そして、生きたいと思える人生をどの人も選べる社会に接近するために、ある一定の「ケイパビリティ」を社会的に保障することを「機会の平等」の具体的意味内容としている。

(3) ケイパビリティ・アプローチの革新性

　ヌスバウムの理論が革新的だと評価されるのは、「ケイパビリティ」という貧困分析の新たな視点を提示したからだけではない。貧困や不平等問題を「財(goods)」[2]の分配によってではなく、「人間としての善き生(good human life)」の保障によって改善することを提起することで、それまでの社会理論が前提としてきたものを一新した点にもある。

　それまでの社会理論は、人生の目的や楽しみ（諸個人の善）は、人によって異なるということを尊重してきた。すなわち、他人が何を人生の目的とするのかや何を楽しみとするのかは個々人の自由であり、口出ししたり指図したりしてはならない、干渉しないということを大事にしてきた。そのため、諸個人の善を実現するための手段としての「財」を、いかに分配することが適切かということが重視されてきた。実際、ある国が貧しいかどうかは、国民総生産で判断されているし、生活保護を受けられるかどうかも世帯収入の多寡で測られている。そして、問題の改善のためには誰にどれだけ「財」を再分配すればよいかが話し合われている。しかし、手段としての「財」をたとえ平等に分配したとしても、その「財」によって達成できることの程度は人や環境によって異なってくる。例えば、健康でいるために必要な栄養は乳児と大人では違うであろうし、どのような環境で暮らしているのかでも違うであろうから、全員一律に同じ食料を同じだけ与えても、達成できる健康の程度は異なってくるだろう。

　そこでヌスバウムは、「正義についての理論に説得力をもたせようとするなら、どのような生活状態と行為様式が望ましいのかという質問に対して、ある程度はっきりした見解を述べなければならない」（ヌスバウム、前掲書）とし、「諸個人の善」とは何よりもまず「人間としての善さ」のはずであると、個々人の自由の問題とされ干渉せずにきた領域（私的領域）に踏み込んでいったのである。

　誰もが生きたいと思う人生を選び生きていく社会であるためには、私的領域

に干渉しないことが大事だとする、これまでの社会理論は、自身にとって何が善いかは当人が最もよく判断できる、誰にも依存しない自律的な存在としての人間像を前提としている。それに対してヌスバウムは、生きたいと思う人生を選び生きていくには、資源やケアなどさまざまなニーズへの応答や充足が必要だという、傷つきやすく脆弱で相互依存的な存在としての人間像を理論の前提としている。

このようなケイパビリティ・アプローチは、公的領域のルールとしての正義と、私的領域におけるニーズへの配慮としてのケアとの間にあった倫理的境界を崩し、生きにくさを抱えている人々を、より深い射程から解放することへの挑戦的な試みである。今日の国連開発計画における政策指針は、ケイパビリティ・アプローチを採用しているという。

3　学校ができること

子どもの貧困という問題において、学校ができることは何だろうか。

「貧困」を所得等の「財」が周囲の人々に比べて少ない状態と捉えるのであれば、その改善のために学校ができることは、現在の生活と将来の所得等に関する支援になるだろう。市区町村の役所の役割として生活支援相談があることや、NPO等の社会ネットワークのなかには、フードバンクといった生活支援組織があること等、社会のなかにある暮らしを支える仕組みの現状を伝えて課題の解消・解決を考えることは、貧困改善の支援になるであろう。また、将来に大きな影響を与える進学や就職については、選抜手段となる学力を向上させること、奨学金や職業、そして就労に関する情報や知識を提供することが、貧困改善のための間接的ではあるが非常に重要な役割となる。

では、「貧困」を「ケイパビリティの欠如」として捉える時はどうだろうか。「ケイパビリティ」が整っている状態であるためには、機能をすでに身につけていることが必要である。本や新聞を読むというケイパビリティが、文字を読むという機能を身につけて初めて得られるように、私たちの生活を構成している機能には教育によって身につけられるものが多くある。自分の生き方を自分で決定するということは、数あるケイパビリティのなかから実際に機能として

具現化させるものを自分で選ぶということである。それでは、将来子どもたちが、生活を構成する機能を自ら選べるようになるために、学校教育にできることは何だろうか。

ヌスバウムは、社会保障の対象となる10のケイパビリティを以下のように提案している³⁾。

---

1) 生命
　正常な長さの人生を最後までまっとうできること。
2) 身体的健康
　健康であること。適切な栄養を摂取できていること。適切な住居に住めること。
3) 身体的保全
　自由に移動できること。性的暴力、子どもに対する性的虐待、家庭内暴力を含む暴力の恐れがないこと。性的満足の機会および生殖に関する事柄の選択の機会をもつこと。
4) 感覚・想像力・思考
　想像し、考え、そして判断が下せること。
5) 感情
　自分自身の回りの物や人に対して愛情をもてること。
6) 実践理性
　良き生活の構想を形作り、人生計画について批判的に熟考することができること。
7) 連帯
　A他の人々と一緒に、そしてそれらの人々のために生きることができること。
　B自尊心をもち屈辱を受けることのない社会的基盤をもつこと。
8) 自然との共生
　動物、植物、自然界に関心をもち、それらと関わって生きること。
9) 遊び
　笑い、遊び、レクリエーションを楽しめること。
10) 環境のコントロール
　A政治的　自分の生活を左右する政治的選択に効果的に参加できること。
　B物質的　形式的のみならず真の機会という意味でも、(土地と動産の双方の)資産をもつこと。

リストをそのまま参考にするとすれば、例えば、人間は何歳まで生きられるものなのか、健康であるとはどういうことで、どのような、そしてどの程度の栄養を必要としているのか、出産や中絶に関する身体の変化やリスク、社会の仕組みはどうなっているのか等、学校は各項目に関する知識を提供するだけではなく、「生命」「身体的健康」「身体的保全」の機能それ自体を保障しなければならない。また一つの出来事に対して、自分とは違う立場の人がそれをどう受け止めているのかを想像する「想像力」や、「思考」、「連帯」、「遊び」等の機能を直接に育てる役割を担う。なかでも学校という場は、友人や先生、友人の家族等、さまざまな考えをもって、さまざまに生きている人たちを間近にすることから、自らが育った環境において当然視していた価値観や生き方を相対化することができるので、上記リストの6）「実践理性」を鍛えるまたとない場となるだろう。

＊　　　　＊　　　　＊

　子どもの貧困は、自らが生きたいと思える人生を選び生きていくことが、当人にはどうしようもできないことによって困難であるために、問題とされている。一方で、それぞれの子どもが、どのような人生を望み生きていくのかを支える場の一つが学校である。

　子どもの貧困という問題は、「貧困」を「経済的欠如」と捉えるよりは、「ケイパビリティの欠如」として捉えた方が、支援の方途を考えやすい。例えば、世帯の収入がどれくらいあるのかということや、電子レンジやパソコンといった物品が家庭にあるかどうかということが、その世帯の子どもの成長や人生選択にどのような影響を与えるのかはわかりにくい。一方で、読み書きが不自由であったり、遊び方を知らなかったり、自分には価値がないと信じているといったことは、その子どもの生き方の幅を狭めるであろうことは予測しやすく、そうならないための支援のしどころも考えやすいだろう。

　このようにケイパビリティ・アプローチは、困難を背負っている子どもたちへの支援を考える際に、より直接的で深い射程をもっている。しかし、どの機能をどの程度身につけさせるのか、親の意向はどうするのか、他者への信頼や愛情、コミュニケーション能力等、学校教育以前のあり様が重要な場合、誰が

どこでその責を担うのか、さらに考えていかなければならない点も多くある。

　生きることにさまざまな困難を抱えている子どもたちにとって、学校はどうすれば自分自身の人生を自分なりに選び切り開いていくことを支える場となれるのだろうか。読者諸氏も一緒に考えてくれれば幸いである。

1）　世帯人員を指定して調べる場合、総務省の「家計調査」と「全国消費実態調査」、人事院の「標準生計費」が参考になる。ただし本章では、子どもの貧困問題に取り組んでいる重幸社会福祉事務所が発行している「子どもの貧困を考えるワークブック」（2014）を参考にしている。
2）　ヌスバウムは、ジョン・ロールズによって提案された『正義論』という社会理論を乗り越えようとした。『正義論』は20世紀で最も影響力のあった理論といってもよいものであり、この理論においては、合理的な人間であれば誰もが望むと推測される、自由や機会、所得や富、自尊の基礎といった、人生の目的を追求するために必要となる有形無形のさまざまなものを「社会的基本財」として定義し、平等分配を提案している。ヌスバウムが「財」という時は、単なる所得ではなく、ロールズが定義したこの「財」を含意している。
3）　このリストは、性別や国籍、宗教等、多様な背景をもつ人々との10年以上におよぶ議論のなかで形をなした。しかし、このリストは、決して普遍のものではなく、つねに議論され追求されつづけるものとして提示されている。Nussbaum, M.C., *Women and Human Development,* Cambridge University Press, 2000（池本幸生他訳『女性と人間開発』岩波書店、2005年）.

参考文献

秋山千佳『ルポ 保健室 子どもの貧困・虐待・性のリアル』朝日新聞出版社、2016年。
阿部彩『子どもの貧困』岩波新書、2012年。
苅谷剛彦『階層化日本と教育危機』有信堂、2001年。
マーサ・ヌスバウム（池本幸生・田口さつき・坪井ひろみ訳）『女性と人間開発』岩波書店、2005年。
耳塚寛明・牧野カツコ『学力とトラジッションの危機』金子書房、2007年。

❸ フェミニズム教育に向けて

ジェンダー／セクシュアリティの視点から

　人とすれちがう時、あなたはその人の何を見ているだろうか。服装だろうか。それとも、髪型や年齢だろうか。おそらく、「性別」をわざわざ挙げる人はいないだろう。だが、それは、人を判断する上で性別が重要度の低いものだからではなく、あまりにも自然に人の性別を判断しているためにあえてそれを意識しないからではないだろうか。

　このことは、すれちがった人が一見して男性か女性かわからない風貌だった時に明らかになる。あなたはその人が男か女か判明するまで凝視するかもしれないし、あるいは、そんなことは失礼だと思いつつも逸らした視線をもう一度ちらりと向けるかもしれない。あなたは、「その人が特殊だからそのような反応は自然なものだ」と思うかもしれない。だが、これらの反応はむしろ次の事実を示している。すなわち、私たちは普段ほとんど意識していないが——というよりもむしろ意識の表面に上らないくらい深く——性別にこだわっているのだ、ということを。目の前にいる人の性別がわからず困惑するのは、私たちの感じ方、考え方、価値観が深く性差に左右されているからなのである。いわば、私たちの多くは人の性別がはっきりしないことに我慢ならないのである。

　だが、一見男性に見える人が本当に男性かどうかは、その人自身に問い合わせない限り本来はわからないはずである。にもかかわらず、私たちはいちいち尋ねたりすることなく相手の性別を勝手に判断して日常生活を送っている。そうだとすれば、私たちはその人の名前さえ知らないのに性別だけはどうやら知っているらしいことになる。だが、これは考えてみると不思議なことではないだろうか。

　本章では、性という私たちにとって極めて身近な現象をフェミニズムの知見

から考察する。そして、それを通して、より自由で平等な生き方や社会のあり方について考えるフェミニズム教育とは何かを読者のみなさんと一緒に探りたい。

ところで、性と一口にいってもさまざまな次元を含んでいる。そこで、本章で用いるいくつかの用語をあらかじめ確認しておきたい。女性学やジェンダー・スタディーズと呼ばれる分野では、「生物学的な性差」をセックス（sex）、「社会的・文化的な性」をジェンダー（gender）、そして「性的な欲望」をセクシュアリティ（sexuality）と呼ぶ。さらに、「性指向（sexual orientation）」はどの性別の人を好きになるか、性的に欲望するかというセクシュアリティのベクトルをさす概念であり、異性愛（heterosexual）、同性愛（homosexual）、両性愛（bisexual）等に区別される。また、性自認（gender identity）は自分をどの性別のグループに属すると見なすかというアイデンティティの問題であり、トランスジェンダーにとって問題なのはこの自認の問題である。トランスジェンダー（transgender）とは、生まれた時に与えられたセックス／ジェンダーとは異なるジェンダーを生きようとする人の総称として用いられる。そのなかにはホルモン投与や外科手術によって「性転換」した人（トランスセクシュアル: transsexual）、異性装を行う人（トランスヴェスタイト（transvestite）ないしクロスドレッサー（cross-dresser））が含まれ、またトランスジェンダーは狭義には、そのいずれでもないが社会に割り当てられたセックス／ジェンダーとは異なるジェンダーを生きたい人をさす場合もある（例えば、異なるジェンダーで日常生活を送りたいが医学的な手術を必要とは思わない人等）。トランスジェンダーのなかにはもちろん異性愛者もいれば同性愛者も存在し、性指向と性自認は基本的には異なる現象と理解すべきである。また、「男（male）から女（female）へ（MTF）」「女から男へ（FTM）」という人もいれば、いずれの性別も拒否する人、両性的と感じる人など多様である（ちなみに「性同一性障害」は医学上の用語である。それはトランスジェンダーのあり方を「病理」と前提にしている点で問題がある）。

さて、フェミニズムとは、ベル・フックスに倣っていえば、「性差別をなくし、性差別的な搾取や抑圧をなくす運動」のことである。フェミニズムを「男を敵視する女の集団」と考える人もいるが、それは偏見というべきである。フ

ックスの定義が問題にしているのは、男女を問わず性差別的な振る舞いや発言であり、さらには性差別的な社会的制度や構造である。この社会から性差別をなくし、もっと自由で平等な社会を求め、奮闘するすべての人のためにフェミニズムはあるのだ。この意味で、フェミニズムは、社会のなかで「当たり前」とされているジェンダーの規範に疑いを差し挟み、批判的に問い直す実践であり思想であるとともに、別の生き方、もっと自由で平等な生き方や社会のあり方が可能であることを教えてくれるものでもあるといえるだろう。したがって、フェミニズムの視点からの教育とは、ジェンダー規範を問い直すことを通して、子どもたちの（そしてまた教師自身の）「批判的思考（critical thinking）」を養い、一人ひとりの子どもたちを（そしてまた一人ひとりの教師を）エンパワメントするものであるだろう。

　以下では、「フェミニズム教育」を考えるために、ジェンダー／セクシュアリティの視点を導入する。第1節では、身近な現象として「労働」を取り上げ、いまもってジェンダーが重要な概念であることをまず確認したい。その上で、第2節では、ジェンダー概念について、とりわけそれが導入された歴史的背景について振り返りたい。第3節では、セクシュアリティの視点を導入し、性差別が同性愛差別といかに結びついているかを考察する。第4節では、性差別と同性愛差別の双方が前提にしている「性別は二つしかない」という認識そのものを問い直していく。

　ジェンダーやセクシュアリティは決して一部の少数派の「特殊な」問題ではない。それらは私たちそれぞれが生きる現実である。私たちはそのような社会的現実のなかに生まれ落ち、そのなかで自己を作っていく。だから、「性」について考えることは「私たち」について考えること、あなた自身がどのように社会のなかで作られているのかを考えることなのである。

1　「女性活躍」の時代？

　大学にいると、時々（？）「もう男女差別なんてない」という学生がいる。果たして、性差別や男女間の不平等は本当にもう存在しないのか。もしそうだとすれば、ジェンダーという概念はもはや必要がないということになる。そこで、

「ジェンダーとは何か」を見ていく前に、それが現在でも重要な概念であることを「労働」を例にまず確認しておこう。

若年層の非正規労働者の増加と貧困が社会問題化されて久しい。ところで、例えば「フリーター」といった言葉から、あなたはどんな人を連想するだろうか。そのイメージの内実がどのようなものであれ、多くの人は男性を連想したのではないだろうか。しかしながら、統計上、「フリーター」は女性の方が多く、さらに、「フリーター」より広い概念である「非正規労働者」に関してはその約7割が女性である。つまり、「非正規労働者問題」とは実際には「女性労働者問題」ともいうべき問題なのである。

「非正規労働者」の約7割は女性であるから、数の上では女性の方が目立つはずである。ところが、「非正規労働者」の問題がメディアにおいて現れたのは、まず「男性労働者」の問題（それも「高学歴」の）としてだった。このことは、ある種の事象が社会問題化される、まさにその過程にすでにジェンダーを始めとした力関係が働いているということを物語っている。よく考えてみるとすぐに気がつくことだが、いわゆる主婦の「パート」は「非正規労働」である。C. V. ヴェールホフが80年代の早い段階で指摘していたように、労働の非正規化・不安定化という現象は主婦のパートタイム労働の形態が若年男性層を含めて拡大・一般化したものであるということができる（ヴェールホフはこの現象を「労働の主婦化」と呼んだ）。労働形態が同じように不安定でも、主婦の「パート」は家計を「補助」するものと見なされ、また、シングルで働く女性も後に結婚し「寿退社」するというジェンダー観が働いたために、「女性労働者」が置かれている経済的不平等はそもそも「社会問題」として認識されてこなかったのである。

このような問題を考えるために、ヴェールホフやマリアローザ・ダラ＝コスタといった「マルクス主義フェミニスト」と呼ばれる女性たちは「再生産労働」という概念を創造した。「再生産労働」とは「生産労働（いわゆる労働）」と対になる概念である。『資本論』の著者カール・マルクスは「生産労働」から家事や子育てといった「家の中」の仕事を除外した。授業で学生に「家事は労働か？」と尋ねると、一定数の人が「労働ではない」と答える。彼（女）らは

マルクスと同様に、家事は賃金を生み出さないので「労働ではない」と考えるわけである。それに対して、「再生産労働」とは単に出産・育児だけでなく、家事や看護、介護、情緒的、性的ケア等を含む概念である。マルクスは労働者を自らの「労働力」を「商品」として売る者と見なしたが、その「労働力」を「商品」として売り込むためにはその身体が活力のあるものとして維持されなければならない。つまり、「労働力」は「再生産」されなければ酷使され疲弊してしまうばかりである。毎日の家事やケアが労働者の身体を「活力のある身体」として「再生産」し、出産・育児が「次世代労働力」を「再生産」するという意味で、これらは「再生産労働」と呼ばれる。マルクス主義フェミニストは、「（生産）労働」のさらに基底にある労働として「再生産労働」が存在することを浮き彫りにしたのである。

　近代の資本主義社会において「再生産労働」はそもそも「労働」とは見なされないシャドウ・ワーク（影の仕事）である。近代社会において、家の「中」と「外」はそれぞれ私的領域と公的領域に区分され、再生産労働は前者に、生産労働は後者に分割される。また、再生産労働はアンペイドワーク（無償労働）、生産労働はペイドワーク（有償労働）に峻別される。このような賃金の有無は労働間にヒエラルキーを設け、社会的な優劣をつける効果をもつ。生産労働が人の「いのち」に金銭を介して間接的に関わるものであるのに対して、再生産労働は「いのち」により直接的に関わる労働であるにもかかわらず、賃金が発生しないために生産労働よりも低い社会的評価を下される。いや、より正確には、賃金の有無は再生産労働を「非・労働」と見なす効果をもつものである（実際、家事や子育てといった労働は「余暇活動」と同義と見なされることがある）。このような労働の峻別・階層化は同時に、「家の中」の労働を女性に、「家の外」の労働を男性に割り当てるという意味で「労働のジェンダー化」でもある。

　近年では、再生産労働は「社会化」され「民営化」されている傾向があり（例えば、サービス産業のほとんどは家事労働の延長であるし、また「介護の社会化」等、伝統的には「家庭内の仕事」とされていた労働のアウトソーシングも進んでいる）、前段落で見たような伝統的な図式がそっくりそのまま当てはまるわけではない。しかしながら、再生産労働を生産労働に対して劣位に置く社会的構造が大きく変化

したわけではない。事実、多くの「社会化」された再生産労働（介護、看護、保育といった労働）は低賃金を余儀なくされている。つまり、現代はペイドワークとアンペイドワークの間に「アンダーペイドワーク（低賃金労働）」が生まれている状況といえるのである。女性に非正規労働者が多いのは、このような労働の階層化とジェンダー化から帰結するものだといえるだろう。

　2016年現在、安倍首相が謳う「女性活躍」の政策は、まさにこのような労働をめぐる不平等な社会構造を巧みに利用するものである。また、そのためにさまざまな矛盾が噴出している。安倍首相は「女性の活躍は、しばしば、社会政策の文脈で語られがちです。しかし、私は、違います。『成長戦略』の中核をなすものであると考えています」と公言している。この発言から透けて見えてくるのは「女性活躍」という言葉とは裏腹に女性を「安価な労働力」として活用したいという経済的な思惑であり、真剣にジェンダー平等がめざされているわけではない。実際、専業主婦が家庭を支え、それによって夫の長時間労働が可能になる日本の伝統的な労働システムを温存しておきながら「女性労働力」を積極的に用いることは、多くの女性に再生産労働と生産労働の「二重労働」を課すことに等しい。それゆえ、「女性活躍」の推進を「社会的政策」ではなく「成長戦略＝経済的政策」に位置づける政策は女性労働者に度重なる我慢を強いるものであるほかないだろう。また他方、ライフワークバランスや育児、介護等に関する「社会的政策」がいっそう必要になることも目に見えている。2016年には「保育園落ちた日本死ね!!!」というネット上の書き込みが社会を賑わせたが、この書き込みは、保育園を利用できなかったために仕事をやめざるを得なかった女性の声を反映している。彼女（たち）の声は、「女性活躍」という聞こえの良い言葉の影でいまだに女性が働く環境が十分に整備されておらず、いっそうの「社会的政策」が必要であることを示している。実際、この書き込みとそれに共感する女性たちの声が政府を「待機児童問題」の解決へと衝き動かすことになったのだった。このように、女性が働きやすい環境はまだ十分に社会的に実現されていない。そして、「女性労働者」が「活躍」するために利用する当の保育園といった施設の多くはまさに女性たちのアンダーペイドワークによって支えられているのである。これらの幾重にも重なる不平等の構造を

丁寧に解きほぐし、解決していくことがいま求められているとすれば、ジェンダーは決して有効期限の切れた概念ではないだろう。そこで次節では、ジェンダー概念について考察することにしたい。

2　ジェンダーと第二波フェミニズム

　ジェンダーとはもともと、「文法的な性」を意味する用語だった。日本語を第一言語にする人にはなかなかイメージし難いかもしれないが、例えばフランス語には女性名詞、男性名詞が、ドイツ語には女性・男性名詞のほかに中性名詞があり、これらの区別は実際の性別とはほとんど関係がない（例えば、フランス語の「椅子」を意味する "chaise" は女性名詞、「鳥」を意味する "oiseau" は男性名詞）。「文法的な性」を意味していたジェンダーが「社会的、文化的性」という意味を担うようになった背景にはさまざまな要因がある。本節で強調したいのは第二波フェミニズムの影響である。ジェンダーが「社会的、文化的性」という意味で広まった背景には、1960年代後半以降「波」のように世界各地で展開されていった女性解放運動を抜きには決して語れないだろう。

　第二波フェミニズムは、1860年代に始まり1920年代に終息した第一波フェミニズムと区別される。第一波フェミニズムが女性の参政権の要求を主軸にした運動であったのに対して、第二波フェミニズムは個人的で私的な問題と思われていた家庭における男女間の関係やセクシュアリティ、教育、仕事等のなかに働いている権力構造（家父長制）を問い直すものだった。このような第二波フェミニズムの特徴は「個人的なものは政治的である（The personal is political）」というそのスローガンによく表れている。第二波フェミニズムは性差別的な社会制度を支えている考え方そのものを問い直していったのである。

　家父長制とは、社会的な男女のあり方を押しつけ、男性を優位に置く権力関係をさす。例えば、アメリカにおける第二波フェミニズムの先駆者的存在であるベティ・フリーダンは「良妻賢母」という社会通念を批判した。フリーダンはその著作『女らしさの神話（邦題『新しい女性の創造』）』で、「結婚して子どもをもつ郊外住宅の主婦」が女性の憧れの的とされた時代に、多くの主婦たちが「寝床を片付け、食料品を買いに出かけ、子どもの世話をし、夜、夫の傍に横

になるときも、『これでおしまい？』と自分に問うのを怖がっていた」ことを明らかにした。「良妻賢母」という「美徳」は、このような「悩み」に蓋を閉め、女性が被る抑圧や不平等を正当化するものだった。実際、20世紀後半のアメリカで「結婚して子どもをもつ郊外住宅の主婦」が女性の理想的なあり方とされた社会的背景には、第二次世界大戦の戦時中に男性労働者が減ったために工場で労働に就いた女性たちを戦後「家庭に戻す」社会的、政治的圧力があったからである（このような歴史的推移は日本も例外ではない）。

このようなフェミニズム運動の流れのなかで、ジェンダーは例えば「母性」のような「生物学的宿命論」に対するアンチテーゼとして波及したといえる。シモーヌ・ド・ボーヴォワールの『第二の性』に倣えば、「人は女に生れない、女になる」のであり、「女であること」や「女らしさ」の意味は社会によって作られていく「政治的なもの」なのである。実際、女性学やジェンダー・スタディーズが明らかにしてきたことは、ジェンダーは社会や文化によって異なるものであり、それ自体、自然なものではなく、特定の歴史をもつということである。ジェンダーとは、社会のなかで「自然」や「当たり前」とされ、「個人的な問題」にすぎないとされていた性の問題を政治的に作られた不平等や差別の問題として批判的に語ることを可能にしたのである。

第二波フェミニズムは、男性中心の社会構造を批判したばかりでなく、男性優位社会のなかで虐げられた女性たちをエンパワメントするものでもあった。それは、「女性である」ために経験するさまざまな葛藤や苦悩、軋轢が「個人的な悩み」と見なされていた時代に、女性たち自身が自らの経験を語り、またその語りを通して、その経験が「個人的なもの」ではなく、他の女性たちと共有され得る社会的・政治的な経験であると知ることを可能にしたのだった。例えば、第二波フェミニズムのなかで生まれたコンシャスネス・レイジング（意識高揚運動）の取り組みに関して、ベル・フックスは『フェミニズムはみんなのもの』のなかで次のように述べている。

　　基本的には、コンシャスネス・レイジングの集まりは、セラピーとしての役割を果たした。傷つき搾取された多くの女性たちにとって、そこは、自分の心

の奥深くにしまってきた痛みを告白し、さらけ出すことのできる場だった。こうした告白という要素は、癒しの儀式になった。コンシャスネス・レイジングを通して、女性たちは、職場や家庭での家父長主義的な横暴に立ち向かう力を得たのである。／だが重要なことは、こうしたことを可能にする土台ができたのは、女性たちが、フェミニズムの思想と出会いフェミニズムの運動に関わることを通じて、性差別的な考えを検証し、自分自身の態度や信念を変える方法を見いだそうとしたからだ、ということだ。コンシャスネス・レイジングの集まりは、まずなによりも変革の場だったのである。

　第二波フェミニズムの系譜からジェンダー概念を捉え返すならば、ジェンダーには二つの重要な意味が賭けられているといえるだろう。それは、一方で既存のジェンダー規範に対する「批判的思考」を磨き、他方でそれを通して個々人のエンパワメントを促進するために創造された概念である。この二つの試みをいかに引き継ぐかを考えることこそ、フェミニズム教育に課された課題なのではないだろうか。

　ところで、1960年代後半に始まった第二波フェミニズムはその運動の当初から、「女」という集団的アイデンティティの政治的確立とその問い直しの連続だったといえる。「女」のなかにはもちろん、階級や人種、民族、セクシュアリティなどさまざまな差異があるにもかかわらず、「白人中産階級の女性」の考えや見解があたかもフェミニズム運動全体の意見を代表しているかのように主張される傾向があった。実際、先に引用したベル・フックスは70年代から80年代にかけて主流のフェミニズムのなかで「黒人女性」が周縁化され無視されたことを告発した。「黒人女性」は、一方で黒人解放運動においては性差別の問題が無視され、他方でフェミニズム運動においては人種差別の問題が無視される苦境を経験したのである。また、次の節で言及するジュディス・バトラーはフェミニズム内部の「異性愛中心主義」を批判することになった。このように、現代のフェミニズムは多かれ少なかれ、第二波フェミニズムの残した遺産と課題のなかで展開しているということができるだろう。

　フェミニズムはいまやますます、他のさまざまな差別構造からジェンダーを

切り離すのではなく、むしろジェンダーをそれらの「交差点（intersection）」として考える思想や実践へと向かっている。それは、性差別の問題だけを他の差別から切り離すことが結果としてフェミニズムの内部にさらなる「他者」を生み出し、差別してしまうことへの歴史的教訓から培われたのである。したがって、フェミニズム教育もまた、ジェンダーだけを特権的に扱うのではなく、ジェンダーを他の差別との「交差点」として捉え返し、そのような複層的な差別の構造に対する「批判的思考」を磨き、さまざまな立場にある人の「エンパワメント」を育むものであらねばならないだろう。

3　ジェンダーと異性愛規範

　上に述べてきたような歴史的経緯を経て、ジェンダー概念はさらなる展開を遂げることになった。『ジェンダー・トラブル』（1990）の著者ジュディス・バトラーは、そもそもジェンダーを男女という二つの項に区別し、それを「自然なもの」と表象することは正当なのかと問うた。すでに見たように、ジェンダーはもともとセックス（生物学的性差）から切り離された社会的・文化的に形成された性を意味するものだった。とすれば、ジェンダーを男女という二元論的なものと理解することはセックスの二元論を無批判に前提にしているのではないか、というわけである。このような彼女の立論は現実的な問題意識に裏打ちされたものである。

　すでにモニク・ウィティッグも指摘していたことだが、男女という区別はそのカップリングである異性愛を「正しい」「自然な」あり方として正当化するものでもある。そこでは、レズビアンやゲイといったセクシュアル・マイノリティは「異常」な「病理」として周縁化されることになる。例えば、学校の教室における席はしばしば「男女ペア」であるが、このような席の並びは異性愛を「正常」、「自然」とし、同性愛をその「逸脱」であると暗黙に教える「隠れたカリキュラム」であるとの指摘もある。このように、セックスは単なる自然な事実であるとはいい難い。バトラーが「セックスはつねにすでにジェンダーである」と主張することになるのは、生物学的な事実に見えるセックスも不可避的に社会的な規範（ここでは異性愛規範）を通して認識されるということである。

本節ではセクシュアリティの視点を導入し、ジェンダーの形成がいかに異性愛規範と結びついているかをより詳しく見ていこう。

　バトラーの著作に、"the violence of derealization" という表現が時に見受けられる。直訳すれば「非現実化の暴力」とでも訳せるが、ここではやや意訳して「いなかったことにする暴力」と訳出することにしたい。セクシュアル・マイノリティはまさにこの「いなかったことにする暴力」のもとに置かれているということができる。つまり、セクシュアル・マイノリティはあたかも「テレビの向こう側の存在」であり「身近にはいない存在」であると見なされているのである。

　学校では、時に教師自身がこの暴力を行使するケースがある。いわゆる「ホモ」や「おかま」を「ネタ」にジョークをいう場合がそうだ。それが「ネタ」になる条件とは「そ・ん・な・人・がこの教室にいるはずがない」という思い込みであり、それは結果として「そんな人はいてはならない」というメッセージを送ることになる。この「いなかったことにする暴力」の存在は、セクシュアル・マイノリティのカミングアウトの実践からも明らかである。カミングアウトは "coming out of the closet"（クローゼットから出ること）の略語だが、これは逆にいえば、同性愛者はカミングアウトしない限り異性愛者として見なされ、「いなかったことにされる」ことを意味する。これに対して、異性愛者は自らのセクシュアリティをカミングアウトする必要がない。それは、異性愛のセクシュアリティが「自然」だからではなく、社会が異性愛を「規範」として作り出し、それに則る限り自分から何もしなくてもその存在が社会的に認められるからである。

　このように、教室や職場といった空間は一見中立的でフラットな空間に見えるが、実際には多くの場合セクシュアル・マイノリティが「いなかったことにされ・た・」異性愛化された空間なのである。この「いなかったことにする暴力」の結果、レズビアンやゲイの自己に対する尊厳が損なわれる事態になったとしても何の不思議もない。事実、セクシュアル・マイノリティの自殺率は異性愛者よりも高く、例えば、2016年には一橋大学の学生がアウティング（他者のセクシュアリティを勝手に暴露すること）された結果、自殺に追い込まれた事件が起

こっている。

　イヴ・K. セジウィックは、いわゆる「男社会」と呼ばれるような男性中心の公的領域の構造が性差別だけでなく、同性愛差別ないしホモフォビア（同性愛嫌悪）とも結びついていることを例証した。すでに第1節で見たように、近代は家の「中」と「外」で労働を峻別し、前者の再生産労働を女性に、後者の生産労働を男性にジェンダー化するものだった。この構造はまた、セクシュアリティの領域を「生殖、出産」という形で家の「内」という私的領域に局限するものである。反対に、公的領域は非セクシュアルな空間として形成される。セジウィックは、このような非セクシュアルな男性どうしの公的関係をホモソーシャリティ（homosociality）と理論化する。男どうしの公的関係は女性を「性的対象」と見なした上で排除するミソジニー（女性蔑視）によって構造化されている。セジウィックに先立って、すでにリュス・イリガライはこの男どうしの公的な関係性を"hom（m）osexuality"と呼んだ。この"hom（m）osexuality"は「同性愛」を意味する"homosexuality"とフランス語で「人間（＝男）」を意味する"homme"とをかけた言葉である。つまり、イリガライは公的領域を「女」を排した一種の男性同性愛的な関係と規定したのである。

　セジウィックの功績は、公的な男性間の関係のメカニズムにミソジニーだけでなく、ホモフォビアが働いていることを明らかにした点にある。したがって、イリガライとは違い、セジウィックのホモソーシャリティは同性愛を意味するホモセクシュアリティとは区別される。男性間の公的関係性は、女性だけでなく、同性愛者の存在を排除することによって成り立つのである。女性を「性的対象」と見なし、男性を「非－性的な」存在と見なすことで成り立つホモソーシャリティにおいて、男性同性愛者の存在はまさにこの区別を揺るがす「性的な存在」と見なされ、嫌悪や脅威の対象として排除される。ミソジニーとホモフォビアは別々の差別構造に見えるが、異性愛男性のホモソーシャリティによってともに生み出されるのである。例えば、多くの異性愛者がゲイを「オネエ」と同義と見なすのはそのためだろう。性自認と性指向とは別々の事象であるにもかかわらず、異性愛をモデルと見なす枠組みにおいては「男性を愛する男性」は「女性的な気質」をもつに違いないと想定され、そして「性的な存

在」として「女性化」され、ホモソーシャルな関係から排除される。

　同性愛者と実際に「初めて」知り合った異性愛者はよく、「思ったよりも普通だ」と驚きの声を挙げる。このことは、同性愛者のイメージが社会によって一方的に作られていること、そして、そのイメージのなかで具体的な同性愛者の存在が「いなかったことに」されることを示している。とりわけレズビアンは、ホモフォビアとミソジニーという二重の差別構造に巻き込まれるために「いなかったことにする暴力」にいっそうさらされる。このような複層的な差別の構造を解きほぐしていくために、ジェンダーは「交差点」として探求されているのである。

4　性別二元論と公共スペース

　前節では性差別と同性愛差別が互いに補完する社会構造であることを見てきた。ところで、いずれの暴力も「性別は二つしかない」という認識に支えられている。性別は二つしかないという考え方はあまりにも自明なので、それをわざわざ意識的に問い直すことは不思議に思えてならないかもしれない。とりわけ、身体的な性差は歴然と存在していると誰もが考えるだろう。だが実は、生物学的に考えても「性別は二つしかない」という認識は人間の生物学的な実態に比べて乱暴な見方である。生物学的性といっても、外性器、性腺、染色体といったさまざまな次元があり、しかもそれらは必ずしも一貫しているわけではない。

　「性別は二つしかない」という認識は、冒頭でふれたように、強い社会的圧力をもって「当たり前」のものとして前提にされている。つまり、その枠組みから逸脱すると、好奇や病理の対象として負のレッテルを貼られるのである。この性別二元論（ないし性別二元制）のために、トランスジェンダーは生活のなかで差別や暴力の危険にさらされやすい。

　ここでは例として、公共トイレを取り上げよう。公共トイレのほとんどは男女別だが、そのためにトランスジェンダーの多くはトイレの使用に心理的な負担を感じる傾向にある。この点に関しては、私自身、身をもって体験することになった。以前、私は「女装」して街を歩いたことがある。「女装」している

のがバレてしまわないか、びくびくしながら歩いていたのを思い出す。幸いなことに、気心の知れる友人たちと一緒だったのでとても心強かったが。街路を歩くこともなかなか勇気のいることだったが、それ以上に困ったのが公共トイレだった。さて、私はどっちに入るべきだろう。いずれであれ、「変質者」や「犯罪者」と見られはしないか、という不安がよぎる。このような不安や、現実に警察に通報されるかもしれない恐怖を感じながら毎日トイレを使わねばならないとすれば、まさに気が滅入るというものである。そのため、トランスジェンダーのなかには性別分けのない「障がい者用トイレ」を日常的に使うケースが多い。ジェンダーを問わない「障がい者用トイレ」はトランスジェンダーにとっては一種のシェルターとして機能するのである。

　公共トイレは政治的にニュートラルな公的空間ではなく、きわめて複雑な政治的な空間であるとつくづく思う。というのは、男女別トイレから逃れるようにトランスジェンダーが利用するジェンダーを問わない「障がい者用トイレ」は、反対に、「障がい者」にとっては自分のジェンダーが「ないものにされる(derealized)」非常に暴力的なものに見えるからだ。例えば、車椅子で生活する「障がい者」がヘルパーに押されて男女別トイレに入る時、その「障がい者」自身ではなく、ヘルパーの方の性別が優先されるケースがあるという。この場合、「障がい者」の性は「ないものとされ」、あたかも「健常者」に対して「二流市民」であるかのように扱われている。その時、ジェンダーのない「障がい者用トイレ」はまさに「障がい者」の性を否定する暴力的な装置として働いていることになるだろう。近年では、「障がい者用トイレ」も男女化されていく傾向にあるようである。だがそれは同時に、トランスジェンダーにとってはシェルターを失う死活問題でもある。トイレという身近な現象一つとっても、決して簡単に解決できる単純な問題ではない(例えば、「トランスジェンダー」で「身体障がい者」である人を考えてみてほしい)。

　近年では、同性間パートナーシップを施行した渋谷区や世田谷区を始め、男女分けのないトイレが設置され始めている。そのトイレには男女の標識の隣にレインボー色の人間の標識が描かれている。こういったトイレが増えることはさしあたり喜ばしいことではある。が、これらの標識は問題の本質を明らかに

取り逃している。これらの標識から透けて見える規範的認識の構造とは、異性愛の男女という「ノーマルな」人間の横にそこから逸脱した「アブノーマルな」マイノリティが存在する、という認識である。男女の標識の横に記される人物の標識のレインボーは「セクシュアル・マイノリティ」を意味するシンボルだが、そのなかには「性別違和」をもたない同性愛者や両性愛者の存在が含まれている。また最近、マスメディアでよく見かけるようになった「LGBT男性」とか「LGBT女性」といった表記は実際には特定の個人をさす場合が多く、わざわざ「LGBT」という言葉を用いることにはひどく違和感を覚える（LGBTとはレズビアン、ゲイ、バイセクシュアル、トランスジェンダーの頭文字をとった総称である）。こういった「LGBT」という言葉やレインボーの使用からうかがわれるのは、「LGBT」といったセクシュアル・マイノリティに「フレンドリーな」言葉を用いつつも、相変わらず「アブノーマルな」マイノリティを一緒くたにした上でその存在を「ノーマルな」マジョリティから区別し周縁化する意識が働いているということではないだろうか。

だが、ここで本当に問われているのは、性別二元論や異性愛規範といった社会のなかで「常識」「当たり前」と思われている規範を批判的に問い直すことである。トイレだけでなく、トランスジェンダーは学校のなかで敬称や名簿、席順、制服等、男女分けされたものに困ることが多い。そして、トランスジェンダーやレズビアン、ゲイを始めとしたセクシュアル・マイノリティの生徒は、「女らしさ／男らしさ」といったジェンダー規範や、異性愛者しかいないことを前提にした考え方の下、「いなかったことに」されることによって傷つけられていく。ジェンダー規範や異性愛規範を批判的に捉え返す試みによってこそ、本当の意味で誰にでも開かれた「公共性」を実現していく準備が整うはずである。

*　　　　*　　　　*

教室とは「出会い」の場である。だが、それと等しく、あるいはそれ以上に認識すべきは、教室という共有された場が「出会い損ね」の場でもあるということである。ジェンダー／セクシュアリティの観点からいえば、ジェンダー規範や異性愛規範、性別二元論によって、「教室」における「出会い」の可能性

は構造的に分断されているのである。フェミニズム教育とは、このような「分断」の構造を批判的に読み解くことを通して「出会い」の場を創造しようと模索する試みであるだろう。

　その試みは、社会のなかでマジョリティとされる者にとっては、自分の他者に対する「無知」に気づくこと、そして自分が「無知」のままでいることを可能にした社会の構造を批判的に問い直すことである。また、マイノリティとされる者にとっては、「いなかったことに」されることによって傷つけられた経験を社会の問題として捉え返すことで、自己をエンパワメントするものである。そして、このような批判的思考とエンパワメントの試みは相互に結びつき、高め合うものであるだろう。自分が「当たり前」と感じていた規範を問い直すことは、その規範から外れた他者への想像力を高めることへと結びつく。そして、他者への想像力を育むことは、ある規範に縛られていた自己に対する感受性を柔軟に、より豊かにすることへとつながっている。

　「男女混合名簿」等、制度面での「ジェンダー・フリー」の政策が必要なことはいうまでもない。だが、それと同時に、あるいはそれ以上に重要なのは、自己のジェンダーやセクシュアリティ（あるいはエスニシティや障がい、人種）といったアイデンティティに向き合い、それをエンパワメントする場を創造することである。人権教育で同性愛者の人権についての授業づくりをすることはいうまでもなく大切である。けれども、こういった場はちょっとした工夫でいつでも創り出すことができるはずだ。教室や保健室の本棚にセクシュアル・マイノリティ向けの本を置いてみるのはどうだろう。教職員向けのトイレをジェンダーを問わないトイレとして開放してみてはどうだろう。異性愛の恋愛を主題とした小説を扱う授業のなかで異性愛が「当たり前」ではないことを伝えるのはどうだろう。生物学の授業で、他の多くの生物が同性愛行動をとること、同性愛が「異常」ではないことを伝え、生物学的性が安易には二つに分けられない複雑な構造にあることを伝える場にはできないか。家庭科の授業で、家事や子育ての内容を挙げてもらい、そのなかに「女性にしかできない」仕事がほとんどないことを考える場に変えるのはどうだろう。

　そのような試みをする教師に、例えば「性別違和」を抱える生徒が声をかけ

ることもあるかもしれない。その時、その教師はまずその生徒の話を丁寧に聞き、その生徒から「学ぶ」必要があるだろう。教師と生徒の間のヒエラルキーを解きほぐし、「対話」の空間や雰囲気を作り出すこともまた大切な試みの一つである。社会的マイノリティの立場にある人間が声を挙げやすい「対話」に開かれた環境は、他の人にとっても悩みや不安等、自分の経験を語りやすい環境でもある。教室のなかの「一人」の声に寄り添い、その人にとっての「生きづらさ」や「生きやすさ」を考えることは、他の一人ひとりにとっての「生きづらさ」や「生きやすさ」を考えることでもあるのである。

　教師と生徒たち自身が、これまで「当たり前」だと自明視していた偏見や固定観念に疑いの目を向け、自己と批判的に向き合い、もっと自由で平等な社会を共に模索する時、その時にこそ、教室は「出会い」の場として機能し始めるのではないだろうか。それは骨の折れる、失敗がつきものの試みであるかもしれないけれど、その一つひとつの歩みから私たちは価値あるたくさんのことを学ぶことができる。そして、それら一つひとつの小さな積み重ねが新しい社会を準備していくのである。

参考文献

ベル・フックス『フェミニズムはみんなのもの——情熱の政治学』新水社、2003年。
ベル・フックス『とびこえよ、その囲いを——自由の実践としてのフェミニズム教育』新水社、2006年。
田中玲『トランスジェンダー・フェミニズム』インパクト出版会、2006年。
堀江有里『レズビアン・アイデンティティーズ』洛北出版、2015年。
山森亮『ベーシック・インカム入門』光文社新書、2009年。
木村涼子『学校文化とジェンダー』勁草書房、1999年。
田中弘子・小倉康嗣『多様なセクシュアリティとジェンダーの公正』明石書店、2007年。
山田創平・樋口貞幸『たたかうLGBT&アート——同性パートナーシップからヘイトスピーチまで、人権と表現を考えるために』法律文化社、2016年。

グローバリゼーションと国際理解教育

日本の教育課程における国際理解教育の位置づけと課題

　あなたは、これまで受けてきた学校教育のなかで国際理解教育を受けた経験はあるだろうか。このように聞かれると、とまどう人も多いのではないだろうか。大学の講義の際に学生にこの質問を投げかけると「総合の時間でやったことがあると思います」などと答えてくれる学生も確かに散見されはするが、しかしながら、大半の学生は「記憶にありません」と答える。そうなのである。特殊なプログラムを有している私立校等を除き、日本において国際理解教育は、教科ないしは科目として存在しているわけではない。だから、算数・理科・社会・国語のように、時間割表に国際理解教育という教科ないしは科目があったと記憶する人はいないだろう。あれがそうだったかも知れないが確信はもてないプログラム……というのが、これまでの学校教育経験者の国際理解教育に対する一般的な認識ではないだろうか。

　本章では、国際理解教育が日本の学校教育のなかで、どのような位置づけで展開されてきたのか、そもそも国際理解教育とは何か、といった、教職をめざす学生のなかでも多くの人がもっているかもしれない国際理解教育に対する素朴な疑問を出発点として、将来を担う子どもたちにとって国際理解教育がもたらす意味や意義、および課題について検討してみたい。

1　世界の国際理解教育の歴史

　国際理解教育が具体的にどのような内容の教育なのか、その用語を知っている人であっても、定義するのはなかなか難しい。異文化間教育や多文化教育、環境教育や平和・人権教育、グローバル教育、あるいはまた近年注目されてきている市民性教育等、類似領域と思われるさまざまな教育領域があり、それら

とどのような関係をもち、どのように異なる領域を形成しているのか、教職をめざす学生たちであってもなかなか理解するのが難しいのではないだろうか。それは国際理解教育が、皮肉なことに、国際的な共通理解をもたない特殊な学問領域になっていることから起因しているかもしれない。今日、国際理解教育という言葉が市民権を得ているのは日本と韓国のみだといわれている（汐見稔幸ほか編『やわらかアカデミズム・〈わかる〉シリーズ　よくわかる教育原理』ミネルヴァ書房、2011年）。ではなぜ日本では「国際理解教育」という言葉が使われるのか。まずは、「国際理解教育」という言葉がどこから来たのか、その起源と歴史を探ってみよう。

（1）国際理解教育という言葉の由来

　日本における国際理解教育の歴史は、日本がユネスコに加盟した1951年にまでさかのぼることができる。

　ユネスコとは1946年11月に創設された教育文化科学に関する国際連合である。正式名称を国際連合教育科学文化機関（United Nations Educational, Scientific and Cultural Organization）といい、その英語名の頭文字をとってUNESCOと呼ばれている。ユネスコは、終戦前の1942年に、教育と文化を発展させることで戦争の悲惨を再びくり返さぬようにとイギリス外務省が呼びかけたことをきっかけとし、長崎・広島の原爆投下によって科学も平和使用されなければならないという経験が加えられ、「教育」「文化」「科学」に関する国際連合として設立されることになった。すなわち、平和な世界を築いていくために「教育」「文化」「科学」を発展させることを目標として設立されたのがユネスコである。長崎・広島の原爆投下を経験し、敗戦という形で戦後を迎えた日本も、国際復帰の年に当たる1951年にユネスコに加盟した。その際、日本の代表は、ユネスコの精神がこれからの日本の指導原理でなければならないと決意を表明している。では、その精神とはいかなるものか。

　ユネスコの基本精神が凝縮されている「ユネスコ憲章」の前文の冒頭には次のような文言が示されている。

この憲章の当事国政府は、この国民に代わって次のとおり宣言する。
　戦争は人の心の中でうまれるものであるから、人の心の中に平和のとりでを築かなければならない。相互の風習と生活をしらないことは、人類の歴史を通じて世界の諸人民の間に疑惑と不信を起こした共通の原因であり、この疑惑と不信の為に、諸人民の不一致があまりにもしばしば戦争となった。（文部科学省ホームページ「日本ユネスコ国内委員会」より）

　戦争の悲惨をくり返してはならないと考えたユネスコは、「相互の風習と生活を知らないこと」こそ、「人の心の中に平和のとりでを築く」ことを妨げ戦争を可能にしてきたものであると考えた。憲章で強調されたこの精神を反映した教育こそ、他の国の人々の風習や生活を理解する「国際理解教育（Educational for International Understanding）」であった。

　日本においても、戦争によって二度と平和を脅かさないためのその具体策として、国際理解教育が導入された。まずは、ユネスコ憲章で示された精神を、学校教育実践を通じて普及することを目的に、1953年にユネスコ共同学校（現在はユネスコ・スクールという）プロジェクトが発足した。このプロジェクトには、1954年度からさっそく日本の中学校2校、高等学校4校が参加している。このように、日本において国際理解教育はプライオリティの高い領域として導入された。

　しかしながら、その後は、実際のところ、文部省および文部省内に設置されたユネスコ国内委員会によって長年明確な指針が示されなかったという経緯もあり、国際理解教育は日本の教育課程のなかで中心には位置づいて来なかった。

（2）国際理解教育から国際教育へ

　他方、この間にユネスコ自体が大きな転換期を迎えていた。1974年、「国際教育勧告」（正式名称：国際理解、国際協力および国際平和のための教育並びに人権および基本的自由についての教育に関する勧告）が採択され、他文化を理解するだけに留まらない目標をもつ教育領域として、国際理解教育に代わって国際教育（International Education）が提唱されるようになった。他文化理解を深めること

で他国の人々との間に信頼関係を築いていこうとしたこれまでの国際理解教育に加え、世界平和と世界の人々の人権を守るために国際協力を行うという、さらに踏み込み「実践力の育成」までを含み込んだより広い領域を示す用語として「国際教育」への方針転換が促されたのである。

　この背景には、世界平和を阻む問題が戦争に通じる国家間の摩擦だけではない、というユネスコの見解があった。すなわち温暖化や大気汚染、貧困、飢餓といった、一国では解決できない、地球規模で取り組まなければ乗り越えられない大きな課題が顕在化、緊迫化しつつあったのである。このため、国際教育には、国際理解教育に加え、人権教育、開発教育、環境教育が含まれていた。

(3) ESD (Education for Sustainable Development) の方へ

　しかしながら、現在ではユネスコにおいても国際教育の語が使用されていない。それはなぜか。一つには多文化教育という概念の登場が挙げられる。アメリカの多文化教育の第一人者であるジェームス・A. バンクスによれば、両者の違いは受容したり共生したりしようとする他文化の捉え方にあるという（ジェームス・A. バンクス『入門　多文化教育』明石書店、1999年）。すなわち、国外の文化的多様性の問題を課題とするのが国際理解教育であり、国内に存在する文化的多様性の問題をも課題としているのが多文化教育である。だとすれば、前者のような国外に限定した国際理解教育では世界平和が十分に達成できない。なぜなら、それは男女差別、民族差別、宗教への差別など国内で起こる差別・排除の問題や、国内における他文化に対する理解不足から生じる内紛を乗り越えるすべをもたないからである。

　また、交通手段やインターネットの目覚ましい発展によって、いまや、ヒト・モノ・カネが国境を越えて縦横無尽に地球規模で行きかうグローバリゼーション（グローバル化）と呼ばれるボーダレス社会が到来している。もはや、国内も国外もない、つまり国際理解教育と多文化教育という分類が意味をなさなくなるような地球規模の一つの多文化社会が作られつつあるのである。

　このように地球時代の到来を迎え、ユネスコは1998年、多文化共生社会の現実化を念頭に、国家への帰属を念頭に置いた「国民 (Nation)」という考え方よ

りもむしろ、国家を超えてつながり合い地球規模の課題を乗り越え理想とする社会を実現するための政治的主体たる「市民（Citizen）」としての自覚が肝要であるとし、'Citizenship Education for the twenty-first Century：21世紀のためのシチズンシップ教育' を謳い、世界規模でのその促進をめざすようになった（田中耕治編『やわらかアカデミズム・〈わかる〉シリーズ　よくわかる教育課程』ミネルヴァ書房、2009年）。

これを受け、イギリスでは2002年からシチズンシップ教育（市民性教育）が学校教育に導入される等、欧米の諸地域において「国民」ではなく「市民」の育成のための教育が推進されていくこととなった。さらに2005年からは、国連の「ESD（Education for Sustainable Development：持続可能な発展のための教育）の10年」が始まった。現在、ユネスコでは、他文化に関する理解のための教育、人権教育、環境教育等に総合的に取り組み地球的視野をもった市民を育成するための教育を、「ESD」と呼ぶようになっている。

こうした動向のなかで、欧米諸国においては現在、日本の国際理解教育に当たるような教育は、グローバル・スタディーズ（Global Studies）や地球市民教育（Global Citizenship education）、「ESD」の名称で呼ばれることが多い。

そもそも、グローバル化が、国家間の境界線のボーダレス化をさすのに対し、国際化（インターナショナル）は、諸国家間の関係が密接になることを示す。したがって、物事をボーダレスに考えていこうとするグローバル・スタディーズと、国家を前提にその関係性について考える国際教育は異なる意味合いをもつ。ユネスコにおいて国際教育の用語が使われなくなったのには、「国際」という用語が、明らかにユネスコのめざす教育にはなじまない用語となったためだと推察される。ユネスコにおける世界平和の捉え方、世界平和のための課題意識が、国家間の関係を緊密にするというより、ボーダーを超えて地球規模の課題を共に解決する地球市民を育成することへと変化してきたのである。

ユネスコを中心とする世界平和のための教育が、その課題認識に合わせて以上のように名称を変えてきたのに対し、日本では長年、国際理解教育という名称を変更することはなかった。このことは何を意味するのだろうか。ユネスコ加盟当初を除き、日本の国際理解教育が低調だったことは先に見てきたが、日

本においては地球的規模の課題に応えるような教育が考えられて来なかったということなのだろうか。

2　日本の教育課程のなかの国際理解教育
（1）1960年代～1990年代：「国際化に対応した教育」の時代

　1951年のユネスコ加盟および1954年のユネスコ共同学校プロジェクトへの参加を皮切りとして、学校教育へと広く展開されていくかに見えた国際理解教育は、活動のマンネリ化等が指摘されるようになり、1960年代後半には衰退していったとされる。その後、1974年5月の中央教育審議会答申「教育・学術・文化における国際交流について」において、帰国子女教育、海外子女教育、外国語教育を国際理解教育の中核に位置づけるとの見解が示され、当初の国際理解教育の教育内容とは異なる国際理解教育が展開されることになった。

　だが、1980年代に入ると政治・経済の国際化、グローバル化を背景に、日本でも「国際理解」に関する議論が再び顕在化した。1981年には日本ユネスコ国内委員会から『国際理解教育の手引き』が発行され、1989年改訂の学習指導要領では、「国際化に対応した教育」が提唱されるに至った。確かに、学習指導要領には「国際化」というキーワードが掲げられたが、70年代から90年代にかけては、国際理解教育とは主に帰国子女や海外に在住する日本人が、日本の社会や世界のなかで、日本人として円滑に生きていくために必要な日本語と文化の習得をサポートするという、一部の子どもたちのための補助的カリキュラム、個別対応的カリキュラムをさしていた。他方、日本の子どもたち誰もが受けるメインカリキュラムのなかでは、国際理解教育は、「国際化に対応した英語教育」のみに集約されていた。いいかえれば英語教育以外、通常誰もが学ぶメインカリキュラムとして国際理解教育は展開されて来なかったのだといえる。

　その後、1990（平成2）年に入管法（出入国管理及び難民認定法）が改正され、日系ブラジル人やアジア・中東等から大量の外国籍労働者が流入し、学校に日本語のわからない外国籍の子どもたちが急増した。このことが契機となり、1996年に示された第15期中央教育審議会第一次答申「21世紀を展望した我が国の教育の在り方について」では、「国際化と教育」に関する方針として、既存

の外国語教育、帰国子女教育、海外子女教育に留まらず、「日本に在住する外国人の子供たちの教育改善・充実」を目的とした国内の文化的多様性に対応する教育、いわゆる多文化教育と呼ばれる領域に関わる視点が新たに加えられることになった。この点こそ、国際理解教育の次の流れを作っていく、大きな飛躍の契機となった。

本答申には、次の三つが国際理解教育で展開されるべき内容として掲げられている。

(1) 異文化を理解し異文化と共生できる資質・能力の育成
(2) そのために日本人、個人としての自己の確立を図ること
(3) 相手の立場を尊重しつつ自分の考えや意思を表現できる外国語能力、コミュニケーション能力の育成を行うこと

国際理解教育はこれまでも、特定の教科や科目としてではなく、各教科、道徳、特別活動等と連関させながら学校教育活動全体を通して育成されるべきものだと示されてきたが、実際には、外国語教育、帰国子女教育、海外子女教育としての国際理解教育では、(2)と(3)の内容に留まってきたといえるだろう。しかしながら、学校のなかに日本語のわからない外国籍の子どもたちが急増したことで、国際理解教育開始時の精神が反映されている(1)の内容を含んでいく必然性が生まれたのである。

国立教育政策研究所とJICA地球ひろばによって共同でなされた大規模な調査・分析結果(「文部科学省国立教育政策研究所・JICA地球ひろば共同プロジェクト　グローバル化時代の国際教育のあり方国際比較調査」最終報告書(第1分冊、第2分冊)、2014年)では、このような国際理解教育の本来の精神が教育実践の場で機能し出したのは、この1996年の答申以降のことと分析されている。1996年答申のなかでは、国際理解教育の本来的な目標を達成するため体験学習や課題学習、国際的な情報通信ネットワークの活用等を取り入れ、単なる知識注入型の知識獲得ではない総合的な教育活動の必要があると述べられ、新しく導入される「総合的な学習の時間」の活用が示唆された。このことが、国際理解教育の方向性を転換する大きな契機となったと評価されている。

（2）2000年代〜現在：国際教育の時代へ

　1996年の答申の内容に基づきつつ、2000（平成12、高校は平成13）年に始まった「総合的な学習の時間」においては、「国際理解」が学習課題の一つとして例示された。これにより、国際理解教育は教育課程のメインカリキュラムの一部として広く浸透していくこととなった。「国際理解教育は総合的な学習の時間」という、本章冒頭に示した学生たちのイメージは、この時から生まれたと推察できる。そしていよいよ、日本の国際理解教育は新しい教育領域を含み込む伸展の時期を迎える。

　2004（平成16）年から2006（平成18）年にかけて初等中等教育局で進められた検討会のなかで、既存の国際理解教育に対する見直しが図られ、文部科学省はこれまでの「国際理解教育」を「国際教育」へと名称変更し、既存の国際理解教育を拡張させる方針を示した。2005（平成17）年にこの検討会が作成した「初等中等教育における国際教育推進検討会報告」書のなかでは、以下のように検討会の趣旨説明がなされている。

　　これまで海外子女教育、帰国・外国人児童生徒教育、国際理解教育といった、初等中等教育における国際教育は各分野毎に推進されてきており、各分野で養成された人材、蓄積されたアプローチなどは必ずしも有効活用されていなかった。……これらの教育分野の有機的連携を図るなど、初等中等教育における国際教育の推進の在り方について総合的な観点から検討し、今後とるべき具体的な方策をとりまとめる。（文部科学省ホームページ「初等中等教育における国際教育推進検討会報告〜国際社会を生きる人材を育成するために〜」より）

　ここで注意したいのは、見直しの結果、「国際教育」が「国際社会において、地球的視野に立って、主体的に行動するために必要と考えられる態度・能力の基礎を育成する」ための教育として定義されるようになったことである。

　これまでの「国際化に対応できる教育」という考え方では、世界市場で活躍できる人材育成等が想定され、英語教育が中心とされてきた。しかし、国際教育では、世界平和に向けて、地球規模の課題を担う「地球市民」を育成する教育へと考え方がシフトされたのである。これにより、異文化間教育、多文化教

育、人権教育、開発教育、環境教育、市民性教育等の、世界の平和を切り拓くことを目標とする教育諸領域が、国際教育に包括されることになった。ただし、教育実践の現場では「国際理解教育」の用語が「国際教育」と同義の内容をもつものとして使用され続け、2006年には『国際理解教育実践事例集中学校・高等学校編』、2007年には『国際理解教育実践事例集小学校編』[1]が発行され、国際教育に関する実践現場へのモデルプランも提供されるに至った[2]。

例えば、『文部科学省　国際理解教育実践事例集中学校・高等学校編』(教育出版、2008年)には、日本全国の中・高等学校や大学、ユネスコ協会で取り組まれた26の実践事例が掲載されている。「総合的な学習の時間」として実践するもののほかに、修学旅行や研修等の特別活動に「総合的な学習の時間」とセットで位置づけるもの、「総合的な学習の時間」と他教科とをセットで位置づけるもの、「総合的な学習の時間」を中心として複数教科を関連させるもの、また社会科や国語科等、単体の教科として国際教育を展開するものもある。なかには、海外研修旅行を教育の目玉とし、これを充実させるために、国・数・理・社のように学習指導要領に記載された教科とは別に、「比較文化」「国際協力」「国際協力実習」等、独自に教科を設定している私立学校もある(静岡県オイスカ高等学校等)。

例えば、東京都にある大森学園という工業高校では「アジアに届け！空飛ぶ車いす～車いすをバトンにボランティアリレー～」と題された国際理解教育が実践された。日本では年間3万台、金額にして15億円相当の車いす廃棄の状況があることに注目し、工業高校ならではの技術を生かし、生徒が車いすを再生させ、実際に、アジアの国々の人々へ手渡す国際貢献活動を行った。活動過程では、いかに経費をかけずに継続的貢献が可能となるかが模索され、ビジネスマンや旅行者の輸送ボランティアとの連携や、アジア各国で車いすの利用者に引き渡すソーシャルワーカーとの連携も実現されている。この活動は、特別活動として位置づけられており、当初は機械いじりを通した友達・仲間づくりを動機として参加した生徒たちもいた。だが、交流の広がりを通して、しだいに他文化をもつ人々との間に確かな心の交流が生まれ、そのことによってしっかりと「車いすの向こうの人の顔を見える」ようになり、「アジアの中の日本と

自分の存在を自覚し、自分の役割を理解」できるようになったと報告されている。

　このように、実践事例集は、国境を超えて人々と助け合いつながり合うことができるような実践力をもった「市民」を育てることをめざす内容となっている。これまでの英語中心の国際理解教育が、確かに、地球的規模の課題を担う国際教育へと変化しているといえよう。各学校が柔軟な発想をもてば、「市民」を育成するための豊かな学びをもたらすテーマの設定と授業づくりが可能になることが示されている。そして、「総合的な学習の時間」の課題の一つとして国際理解教育が例示されたことや、実際に「総合的な学習の時間」が国際理解教育の場として導入されることが、他教科と緊密に関連させながら地球規模の大きな課題について考え、さらには実践につなげていく、国際教育の確かな足場となることが見て取れる。このように、日本でも、誰もが学ぶメインカリキュラムとして、地球規模の課題を担う「市民」を育成する時代がやってきたのである。

3　「グローバリゼーションと国際理解」の教育
（1）国際理解教育の用語を使い続ける意義

　ただし、1-(3)で見たように、日本以外の国においては、地球規模の課題を乗り越え、世界平和をめざす「市民」を育成する教育の名称が、グローバル・スタディーズや市民性教育、ESDへと転換してきている。日本では、「国際理解教育」でありつづけてきたが、上記に見てきたように、その用語に含まれる内容は時代によって変わってきた。今日、文部科学省は、「国際理解教育」を用語として使い続けていくことの積極的意義も示すようになってきている。次に、この点について考え深めてみたい。

　ここで注目したいのは、1996年答申「21世紀を展望した我が国の教育の在り方について」の「国際化と教育」の章のなかで、国際理解教育における重要な観点として掲げられた以下の指摘である。

　　　……我が国は、あらゆる面において、これまでとかく欧米先進諸国に目を向

けがちであった。しかし、今日、様々な面でアジア諸国を離れては存在し得ない我が国としては、今後は、アジア諸国やオセアニア諸国など様々な国々にも一層目を向けていく必要がある、このことは、国際理解教育を進めるにあたっても、十分に踏まえなければならない視点である。(文部科学省ホームページ　第15期中央教育審議会第一次答申「21世紀を展望した我が国の教育の在り方について」より)

　アジア・オセアニア理解の大切さを示唆したこの指摘は、外国語といえば英語、世界史といえばフランス革命やコロンブスのアメリカ発見等、西欧中心に展開されてきた日本の学校教育課程にとって画期的であった。国際的な政治や経済の領域で、実際に利害関係がぶつかりやすいのは、西欧よりもむしろ隣国や近隣諸国である。この点は、少し考えれば誰でも思いつくことであり、近隣諸国との相互理解を深め合い平和につなげる発想は、一見当たり前であるようにも思える。

　しかし、隣国、近隣諸国に重点を置いて国家間の理解を深めることは、現在の経済的・政治的・文化的関係性ももちろんだが、それらの国々と日本がこれまでいかに関係をもってきたのかという、アジア・オセアニア諸国と日本の近代史にも留意せざるを得ないことを意味している。

　日本は、第二次世界大戦(1939-1945)において、アメリカを主とする連合国との戦いに敗れた。そのためか、戦争の歴史や戦争を乗り越え平和をもたらす国際関係を築こうという時に、日本では欧米との関係が考慮されることが多い。だが、日本は明治維新以降、中国の一部、ロシアの一部、朝鮮、台湾、東南アジアと南洋諸島のほとんど、東西7,000km、南北7,000kmという広大な領域を軍事制圧下に置いていた。この領域に属する国々との関係性は、いわば宗主国と植民地のようなものであったといえる。この歴史を抜きに、他文化を理解し関係性をもとうとすれば、それ自体が国際問題となり得る。それゆえ、中央教育審議会が1996年答申において「アジア・オセアニア」における国家間の理解を重視した点は、世界平和に向け近隣諸国と協働し深い信頼関係を築いていく上で、とりわけ意義深いといえるだろう。

とはいえ、礼儀作法や信仰、生活習慣といった日常生活のなかで当たり前に身につく自然な感覚において相容れない文化をもつ人々や、上記のように、必ずしも過去において友好であったとはいえない関係にあった複数の国家の人々が理解し合うということは、簡単なことではない。では、どうしたら、信頼関係を築くことにつながる国際理解教育ができるのだろうか。最後にこの点について、考えてみたい。

（2）越境学としての国際理解教育

　　宇宙に行って1日目、まず自分の国を探す。3日目には、自分の大陸を探す。5日目、わたしたちはただ一つの地球をみるようになる。（春原憲一郎編『「わからないことは希望なのだ」新たな文化を切り拓く15人との対話』アルク、2010年）

　これは、宇宙飛行士であったサウジアラビアのサウド王子が、1985年にスペースシャトルに搭乗した際のコメントである。感動的な言葉である。もしもこのコメントが、大気圏を突き抜けることで、国家の枠組みにとらわれない、地球的規模で物事を考えられる視野をもつことを意味しているのだとすれば、信頼関係を築きにくい国家間に生きている人々が協働できるようになるための一つのヒントになるかもしれない。では、どうしたら皆がそのように思えるようになるのか。そのヒントを見つけるために、大気圏を突き抜けることで飛行士にどのような心境の変化がもたらされたのか、想像してみよう。

　大気圏の外から眺められる地球は、地球儀や世界地図とは異なり、経度や緯度の線も国境線も描かれていない。初め、飛行士は、自分が学校で習ってきた国境線を思い出しながら、自分の国を見つけようとしたかもしれない。だが、自分の国を見つけることは、至難の技かもしれない。人は、自分の国の国境線を寸分たがわず覚えているだろうか。たとえ、自分の国の輪郭をはっきりと覚えている人がいたとしても、宇宙から見る、経度や緯度の線さえ引かれていないただの大陸の上に、パズルのピースをはめるかのように、ぴったりと国境線を描くことは難しいのではないか。このように、宇宙から眺める地球には、国境線がないのだという事実を、飛行士は目の当たりにすることになるだろう。

このまなざしを獲得した者が地球市民になるのではないか。もはや経度や緯度の線も国境線も見当たらなくなった「ただの地球」からは、例えば森林減少、砂漠化の拡大、大気汚染にオゾンホール等、いかに地球が痛んで苦しんでいるかが見えてくるかもしれない。この視点をもった人間は、この後、地球市民として環境問題等の「地球規模の課題」に取り組んでいく人間になっていく可能性がある。

　読者のなかには、だとすれば私たちはもう国家という言葉に縛られた国際理解教育や国際教育をやめて、むしろボーダレスに物事を考えていくグローバル・スタディーズや市民性教育、ESDの充実を考えていくべきではないか、と思う人がいるかもしれない。だが、本当に国際理解教育が意義をもつようになるのは、実は、地球市民としての視点をもった後のことではなかろうか。

　5日目、ただ一つの地球を眺める目をもった後、宇宙飛行士は地球に降りてくるが、5日目以降の話のつづきがあるはずである。それを想像してみよう。

　国境線などない一つの地球を眺めるという新しい視点をもち、生還を果たした飛行士は、政治的、経済的にはいまだ国境線に隔てられている大地に戻ってくる。だが、新しい視点をもった飛行士は、もしかすると、いままで当たり前だと思っていた物事に疑問が湧いてくるかもしれない。なぜ、地球には国境という目に見えない線が引かれなければならないのか、その目には見えない境界線のこちら側とあちら側で、食べるものにも困る人々と、飽食のなかでダイエットに気をもむ人々が隔てられている。内紛で明日の命も知れない人々と、長期休暇にどこのリゾートに行くかに頭を悩ませている人々とが隔てられている。また、なぜ目には見えない境界線を守るために、あるいは拡張するために戦争が生じるのか。しかも、見えない境界線によって生み出された「国民」としてのアイデンティティをもつ必要があるのか。実は、この見えない境界線こそが、地球規模の深刻な課題を生み出してしまっている要因なのではないか。このように、人々を分断している、しかし当たり前に思われて普段は気づき難い「境界線」の問題に、みなが気づいていけば、何かが変わるのではないだろうか。この「境界線」の問題が乗り越えられなければ、文化の異なる人々が互いに助け合おうとする「地球市民」になることは難しいかもしれない。このように思

い至った飛行士は、「地球市民」の生成のためには、一つの地球という視点からあらためて「国際」を問い直すことが欠かせないと考えるようになるのではないだろうか。

ここに至ると、もはや国際理解とは、自分の文化とは異なる他文化を理解し、異質なものを受け入れようとするだけのものではなくなっているだろう。自分にとって他者が異質であることだけを意識して、これを受け入れようとする時には、どうしても受け入れ難い異質性に遭遇してしまう。自分にとってあまりにも非常識・不道徳と思える他者の文化には、嫌悪感や侮蔑の意識も生じてしまうかもしれない。だが、「相互の風習と生活を知らないことは、人類の歴史を通じて世界の諸人民の間に疑惑と不信を起こした共通の原因」であるとしたユネスコ憲章前文を思い出してほしい。ここに示されているのは、実は、他文化を受け入れるという一方向の理解の重要性ではなかった。それは、他文化と共に自文化も反省的・省察的に理解しなければならないとする、国家間の相互理解の重要性なのである。「地球市民」になることの大切さを感じて地球に戻ってきた宇宙飛行士があらためて気づくのは、他文化と自文化を同じ地平において眺めることができ、自分と他者を隔てる国家や文化を原理的に問い直し相対化できる、相互理解の視点ではないだろうか。

人は、自分が生まれ育ったところの文化を「当たり前」のものとして身につける。一般に、「当たり前」と思うことを、人は掘り下げて考えようとはしない。だが、自分が身につけてきた文化を「当たり前」だと見なす視点は、他者の文化を異質、時には「間違っている」と一方的に見なしやすい。つまり、他者の文化への違和感、時には嫌悪感を醸成してしまう可能性がある。この違和感や嫌悪感の出処を見つめ、他者の文化と同様に、自分の身につけてきた文化にも疑問をもち、これを理解していこうとする視点をもつことが、相互理解ということなのではないだろうか。宇宙飛行士の例でいいかえるなら、相互理解とは、当然のように自分の国を探していた、その「当たり前」の感覚がどこから来るのか、なぜ、自分たちが「当たり前」に「正しく」て、他者の文化の方を「異質」だと感じてしまうのか、という疑問がわくことから始まる。この疑問が、自分の内部にある他者との間の「境界線」を越境させ、「地球市民」と

して人々と共生できる英知をもつことへとつながる、大きな一歩になるのではないだろうか。

　私たちが、未来の子どもたちに提供しなければならないのは、自分のなかにある他者との境界線の越境を可能にする「越境学としての国際理解教育」なのではないだろうか。もちろん、サウジアラビアのサウド王子のように実際に大気圏を突き抜けてみる体験は、誰もができるものではない。教師は、子どもたちにこの体験学習はさせられない。それでも、グローバリゼーションが促進される社会であることと国際理解の重要性とを同時に考えていくことで、大気圏のなかにいながら大気圏を突き抜けて地球を眺めてみることのできる教育を追究していくことができるのではないだろうか。これが、国際理解教育の今後の課題といえるだろう。

＊　　　　＊　　　　＊

　これまでに見てきたように、国際理解教育は、カリキュラム全体を通した取り組みが必要である。それは間違いではない。だからといってあなたが教員として配属される学校がもしも国際理解教育に無関心な学校だったらどうするのか。学校の方針だから仕方がないとあきらめるのか。

　現在、国際協力の最前線にいる実践者たちのなかには、ある一人の教師と出会い、その教師によるたった1回の国際理解教育の授業が動機となったという人もいる。もちろん学習環境が豊かであるに越したことはないが、どのような状況にあっても、上で述べたような、大気圏のなかにいながら大気圏を突き抜けることを可能にするような学習はきっと可能である。子どもが、大気圏のなかにいながら大気圏を突き抜ける視点をもち、自分のなかにある他者との境界線を越境するためのきっかけを、私たちはどのように創ることができるか。その方法を、これからも共に考え続けていこう。

　　※　本章は、JSPS科研費26381028の助成による研究成果の一部である。

1)　初版は1999年であるが、「国際教育」への流れを受けて2007年、2013年に全面改訂された。
2)　『国際理解教育実践事例集』は、文部科学省が専門家と諸学校へ実践の試みを依頼した委嘱研究の成果がまとめられたもので、本発行物の発行元も文部科学省となっている。にもかかわらず、実践事例集は小学校編、中学校・高等学校編ともに、2005年に文部科学省が「国際理解教育」の用語

の使用を「国際教育」に変更後も、その書名に示されているように、「国際理解教育」の用語を使いつづけているのである。本書では、先に挙げた「国際教育」の定義とまったく同じ文言が「国際理解教育」の定義として掲げられている。本書において特段説明が加えられていないため正確な理由は不明だが、一つには、この事例集の事例は文部科学省による用語変更より前である2001（平成13）年から2005（平成17）年度の間に実践された実践記録（『国際理解教育実践事例集 中学校・高等学校編』3頁）だと示されており、その時点で流通していた国際理解教育の表記をそのまま残した可能性が考えられる。いずれにしても、結果的な効果として、実践現場にいる教員がカリキュラムや授業を構想しようと参照する出版物に「国際理解教育」と示されているからには、現段階では、「国際教育」はまだ広く市民権を得ておらず、日本における国際教育は今後もしばらくの間は、「国際理解教育」として人々に認識され続けていくものと思われる。

参考文献

文部科学省『文部科学省委嘱研究 国際理解教育実践事例集 中学校・高等学校編』教育出版、2008年。
日本国際理解教育学会編『グローバル時代の国際理解教育』明石書店、2000年。
独立行政法人国際協力機構地球ひろば株式会社国際開発センター（IDCJ）「文部科学省国立教育政策研究所・JICA地球ひろば共同プロジェクト グローバル化時代の国際教育のあり方国際比較調査」最終報告書（第1分冊、第2分冊）、2014年。

5 共通歴史教科書が示唆するもの

共に、そして複層的に語る歴史の可能性

　「学校の授業で必ず使うものは何か？」――この問いを受けて読者のみなさんは何を思い浮かべるだろうか。筆記具、ノート、黒板等、思い浮かべるものはさまざまだろう。その一つに教科書を浮かべる人はどのくらいいるだろうか。国語・算数・理科・社会・音楽・体育……、どの教科においても教科書は用意されている。日本の場合、国家（文部科学省）の検定を通った教科書が児童・生徒の手元に届けられる（検定教科書制）。つまり、私たちが小・中・高等学校で使用している教科書は、どこの出版社のものであれ、国家が設定した基準を満たしたものとなっている[1]。この基準が設定されていることにより、全国どこの学校においても学習内容に大きな偏りが生じることはない。

　しかしながら、このように、一定の基準を満たして検定を通過した教科書が、とりわけ歴史の教科書に記載された内容が、近隣諸国を巻き込んだ国際問題に発展することがある。例えば、従軍慰安婦問題や南京大虐殺等の歴史的「事実」をめぐる問題、北方領土や竹島等の領土問題がそうだ。なぜ、日本の教科書に記載されている内容が国際問題にまで発展するのか[2]。

　仮に、歴史教科書に記載されている内容が誤った歴史認識に基づいたものであり、その歴史を子どもたちが正しいものとして受け取るような事態が生じるのであれば、そのような教科書を使用する教育は国内外の歴史に対する偏見を醸成し、近隣諸国との関係性を歪めてしまう危険性がないとはいえない。歴史教科書の記述は、国民の歴史認識を醸成するにあたって重要な役割を果たすものである。そして、そうした国民の歴史認識が近隣諸国との関係性を構築する礎となり、時として近隣諸国との関係性を揺るがしかねないものであるからこそ、歴史教科書の記述はつねにある種の緊張感をもって注目されるのである。

では、そもそも近隣諸国との有意義な関係性の構築に貢献するような歴史教科書とはどのようなものなのだろうか。この問いについて考える前に、以下に提示する二つの写真を見てもらいたい。

写真1　　　　　　　　　　　　　　写真2

(歴史教育研究会（日本）・歴史教科書研究会（韓国）編『日韓歴史共通教材　日韓交流の歴史——先史から現代まで』明石書店、2007年、289頁・291頁)

　二つの写真はともに、同じ日の人々の様子を写したものである。読者のみなさんのなかには、これらの写真を歴史の教科書で見たことがある人もいるのではないだろうか。写真1は1945年8月15日の日本の様子、写真2は同日の朝鮮の様子である。これらの写真から見て取れるのは、1945年8月15日がそれぞれで異なる意味をもっているということだ。日本にとって8月15日は終戦記念日（あるいは敗戦の日）と呼ばれ、日本国民が敗戦の決定的な事実を知らされた日である。一方で、朝鮮にとって8月15日は光復節（クヮンボッチョル）と呼ばれ、日本の植民地支配から解放された喜ばしい日だ。このように、1945年8月15日という一日をめぐっても、その位置づけや意味は、誰が、どの立場から、どのように語るのかによって異なってくる。
　このことを踏まえた上で、先に挙げた問いに立ち戻ってみたい。近隣諸国との有意義な関係性の構築に貢献する歴史教科書とはいかなるものだろうか。それは単純に、例えば上の写真が示すように、日本には日本の、朝鮮には朝鮮の8月15日に関する歴史認識がある、ということを互いに理解できるよう、両者を併記した教科書なのだろうか。あるいは、互いに話し合い、「共通」の歴史

認識を生み出し、それを記載した教科書のことなのだろうか。この問いは次の問いをさらに生むことになるだろう。そもそも、「共通の」歴史認識を提示することは可能なのだろうか。そのような「共通の」歴史認識を提示することが可能であるとして、その認識は（誰にとって）どのような意味をもつのだろうか。

　これらの問いを考えるにあたり、本章では、まず、共通歴史教科書を作成したドイツとフランスの取り組みについて考察する。第1節では、人々を共通歴史教科書の作成へと導いたドイツ・フランスの歴史教科書対話を取り上げる。つづく第2節では、ドイツ・フランスの共通歴史教科書の作成過程ならびにそれが残した課題を検討する。第3節ではドイツ・フランスの共通歴史教科書をモデルとして取り組みが始められた、日本と近隣諸国（本章では中国・韓国に焦点を当てる）の共通歴史教材の作成について検討する。以上の歴史教科書対話および歴史教科書・教材の作成の取り組みを踏まえた上で、最後に、国家間で共有し得る「共通の」歴史認識を形成するという取り組みそのものがもつ意義と課題について考察したい。

1　ドイツ・フランスによる歴史教科書対話

（1）ドイツ・フランスの高校生による要望

　2003年1月、エリゼ条約40周年記念行事の一環として、ドイツ・フランス（以下、独仏と表記する）両国の高校生による集会（独仏青少年会議）が開催された。この青少年会議は、独仏両国の高校生500人あまりが財政、外交、環境、教育等、15の委員会に分かれて討議を行うという一種の模擬議会である。この青少年会議の教育委員会が提出した提言、「相互無理解に基づく偏見をなくすために、両国に同一内容の歴史教科書を導入する」が実現可能なものとして独仏両政府に認められたことをきっかけとして、両国による共通歴史教科書の作成が本格的に始動した（剣持久木「仏独共通歴史教科書の射程——使用現場調査と東アジアへの展望」剣持久木ほか編『歴史認識共有の地平——独仏共通教科書と日中韓の試み』明石書店、2009年）。

　剣持によると、青少年会議で決議された内容は確かに両国の未来を担う若い世代の願いを反映したものではあったが、とはいえ、その決議には、両国政府

に対する法的拘束力はまったくなかった。そのため、例えば「核の完全廃棄」等、政府が実現困難と判断した提案は現実の政策に反映されはしなかった。このことから、独仏両政府にとって共通歴史教科書の作成が実現可能な事案として承認されたということがわかる。両国政府が共通歴史教科書の作成を実現可能だと判断した背景には、ドイツとフランスが長い時間をかけて積み重ねてきた歴史教科書対話の実績がある。以下では、独仏共通歴史教科書の作成を実現へと導いた歴史教科書対話が始まった経緯を振り返ってみよう。

（2）対話の始まり

　そもそも、歴史教科書対話とはどのような取り組みなのだろうか。ヨーロッパにおける歴史教科書対話を研究している近藤孝弘は、次のように定義している。

> 　国際教科書対話とは、まず複数国の歴史研究者、教師、また場合によっては教科書出版社や行政の代表も参加して国際的な会議を開き、各国の歴史教科書やその他の教材のなかに存在する自国中心主義的な記述を相互に指摘しあうことを通して、客観的で公正な理解に到達することを目指す活動のことをいう。そして、こうした活動は多くの場合、当然、教科書中の字句の訂正に満足するものではなく、そこに示された歴史理解の改善を通して、歴史教育全体をナショナリズムから解放し、より平和的なものとすること、さらには人々の歴史理解をより開かれたものにすることを究極の目標としている。（近藤孝弘『国際歴史教科書対話――ヨーロッパにおける過去の再編』中央公論社、1998年）

　近藤によるこの定義を踏まえた上で、読者のみなさんに考えてもらいたい。ドイツとフランスによる最初の歴史教科書対話が行われたのはいつのことだろうか。第二次世界大戦後、つまり1945年以降ではないか、と考えた人も少なくないのではないか。他国との対話を通して自国中心主義的な歴史理解から脱却することを一つの目標とする歴史教科書対話は、平和な国際社会を築くことに貢献し得る活動である。だとするならば、独仏の歴史教科書対話を、ナチス政権下のドイツが第二次世界大戦中に犯したさまざまな行いに対する深い反省を

起点とした取り組みだと考えても不思議ではない。

　しかしながら、ドイツとフランスによる最初の歴史教科書対話が行われたのは1935年、すなわちドイツがアドルフ・ヒトラー率いるナチス政権下にある時代であった。1933年の政権成立当初より国内外から不信の念を抱かれていたナチス政権下のドイツにとって、ヨーロッパの平和創造に尽力する姿勢を積極的に示し、近隣諸国からの信頼を勝ち取ることは急務であった。フランスとの歴史教科書対話は、このようなナチス・ドイツの政治戦略の一環だったのである。

　では、こうしたドイツ側の思惑が働くなかで行われた1935年の歴史教科書対話はどのように進められたのだろうか。近藤によると、独仏両国の歴史家たちは一週間に及ぶ対話を通して、双方の歴史教科書で取り扱われている歴史のうち、40の項目について見解の相違を明らかにし、両国で共有し得る歴史認識をまとめ上げた（1935年勧告）。しかしながら、その内実は互いの歴史記述に対して留保を要請するもの、ないしは、折り合いがつかずに両国の歴史認識を併記するものであり、実際には、両国で共有し得る共通の歴史認識ができ上がったわけではなかった。

　さまざまな課題を残した形とはなったが、たとえ形式上であろうとも独仏両国が歩み寄り、双方の歴史認識について対話を行ったという点では、この歴史教科書対話がもつ意味は大きい。実際、1935年勧告には、対話によって築かれた歴史認識を速やかに両国の教科書編者や出版社に知らせ、すべての教員の信頼を得られる形で公刊するという条件が盛り込まれていた。そのため、フランスでは、教員向けの雑誌に1935年勧告の内容が掲載され、歴史教科書対話の内実がフランスの教員に知らされることとなった。

　だが、ドイツでこうした対応は見られなかった。それどころか、歴史教科書対話の試みそのものを批判する論文がドイツ歴史教育組合の機関紙に掲載されていたという。その批判とは、自国の歴史の正当性を一方的に主張することを肯定するものであった。これでは、他国との対話の可能性を見出すことは困難である。このようなことから、1935年の歴史教科書「対話」は事実上、失敗に終わった。

　1950年、独仏歴史教科書対話が再開された。この対話では、1935年勧告をも

とに新たな教科書勧告を作成することが取り決められ、翌1951年5月より、その具体的な作業が開始された。この時、ドイツ側の中心人物として活躍したのが、ドイツ近現代史の研究者、ゲオルク・エッカート（1912-1974）である。彼は、イギリス占領軍の協力を得て、フランスを始めとする各国の歴史家や教員とコンタクトをとり、自らが所属する大学に「国際歴史教科書研究所」を設立し、国際歴史教科書対話を精力的に推進した。こうした彼の取り組みが独仏国家間の緊張緩和に果たした役割は大きいものであった。その功績が讃えられ、彼の死後、同研究所は「ゲオルク・エッカート国際教科書研究所」と改名されている。

　近藤によると、1951年に作成された勧告は、1935年に作成された勧告に数多く見られた留保や両論併記をなくした点で、高く評価される。対話に参加した両国の歴史家ならびに教員らは、すべての項目において両国の見解は一致に達したと宣言して会議を終えたとされている。だが、もちろん、課題も残された。例えば、第一次世界大戦の記述に関して、フランスの侵略行為や戦争責任に対する事実は洩らさず記述されているにもかかわらず、ドイツの責任を示す事実が省略されている節がある、という批判がフランスの歴史家からなされている。こうした見解の違いに伴う溝を埋めるべく、独仏両国は1951年勧告の作成を皮切りに、精力的に歴史教科書対話を継続している。この活動は67年に一時中断するが、1981年に再開され、今日までつづいている。こうした対話の積み重ねが、本節冒頭で紹介した2003年の独仏共通歴史教科書を実現させたのである。

2　独仏共通歴史教科書の作成過程とその課題
（1）共通歴史教科書の作成過程

　独仏共通歴史教科書は、一つの章を独仏双方の代表者が共著で記述するという形式で進められた。長年にわたる歴史教科書対話の蓄積により、両国間の歴史認識をめぐって大きな意見の衝突は見られなかったものの、執筆者らは作成にあたって歴史認識の相違とはまた異なる部分で苦労を重ねていた。というのも、歴史教科書対話が、相手国の歴史教科書の記述内容に偏見や誤りがないかを互いに確認し合い、修正を重ねていくだけの試みであったのに対し、共通歴

史教科書の作成は、歴史認識に偏りがないことを前提とした上で、両国が共有し得る「共通の」歴史を一つの教科書のなかに象る試みだからである。新たな試みを開始するにあたって、両国の代表者らには以下に示すような課題と向き合うことが求められた。

第一に、学校教育において共通歴史教科書をどのように使用するか、という点で両国の立場は異なっていた。ドイツ側が、共通歴史教科書を教室で使用する唯一の歴史教科書として位置づけるべく作成しようとしていたのに対し、フランス側は、すでに導入されている教科書を補足する資料集のような副読本という位置づけで共通歴史教科書を取り入れようと考えていた。この違いは、共通歴史教科書の内容構成に大きく影響するものである。正式な唯一の教科書として導入したいドイツ側からすると、共通歴史教科書は執筆者らが記述するテキストの内容に重きを置くべきものとなる。一方で、資料集のような副読本として共通歴史教科書を導入したいフランス側の要望に沿うならば、優先されるのはむしろ多くの原典や詳細な史資料を豊富に掲載することとなる。協議の結果、この問題は両国がそれぞれ妥協する形で進められることとなった。

共通歴史教科書の作成に委員として参加したイヴ・ボーヴォワは次のように述べている。この教科書は「ドイツ人たちが望んでいたように教室で使われる唯一の教科書になるだろう。しかし、その形式から見るとそれは現に存在しているフランスの教科書に非常に似ているものになるだろう。そこではドイツの教科書とは逆に執筆者のテキストよりは原典や史料の提示が優先されているからだ」（イヴ・ボーヴォワ「仏独歴史教科書の製作過程――2003-2008年」剣持久木ほか編、前掲『歴史認識共有の地平――独仏共通教科書と日中韓の試み』）。

第二の課題として示されたのは、翻訳の問題である。具体的な事例としては次のようなものが挙げられる。

> 1945年以降、フランス人たちは至って中立的にconstruction européenne（ヨーロッパ建設）という言い方をする。ドイツ人たちは意味的により多くのことを共起させる「統合」とか「統一」という用語を使う。（イヴ・ボーヴォワ、前掲論文）

ある事柄を記述するのにどのような言語を使用するかという選択には、その

第5章　共通歴史教科書が示唆するもの　　207

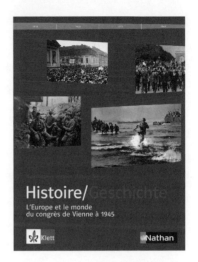

写真3　ドイツ語版共通歴史教科書　　　　写真4　フランス語版共通歴史教科書

　言語を使用する人々が脈々と継承してきた文化や伝統等の歴史的背景が関わる。ある人々にとっては、その特定の言い方でしか表現し得ない事象が確かに存在する。したがって、同じ事象を別の言語に翻訳する際に、同じような言い方で表現できない場合がある。こうした翻訳の問題に対し、共通歴史教科書の執筆者らは、翻訳不可能な言葉のうち、最も目を引くものを選択し、その言葉がどのような意味をもつのかを記述するという対応を取った。翻訳できないという事実をあえて取り上げることで、言語表現の違いが何を意味するのか、どのような問題をもつのかを生徒たちに考えてもらうことにしたのだ。
　こうした課題を一つずつ、対話という形で乗り越えた末に完成した独仏共通歴史教科書は、独仏国内だけではなく世界各国からも高い評価を受けた。
　事実、この共通歴史教科書の作成は、さらにドイツとポーランドによる共通歴史教科書作成の取り組みを後押しすることとなった。また、後述するように東アジアにおいても、歴史教科書対話に向けた研究会が開かれるきっかけにもなった。

(2) 残された課題

コリーヌ・ドゥ・フランスによると、教科書作成の試みとしては一定の評価を獲得し、成功した独仏共通歴史教科書であったが、その運用面においてはまだ課題が残されているという。実際、独仏両国における共通歴史教科書の使用状況は、バイリンガルまたは多言語を使用する特別学級やアビバック[3]等、いわゆる国際的に開かれた学級に限定されており、一般的な学校教育の現場では教科書として積極的に機能しているとはいい難いのが現状であるという（コリーヌ・ドゥ・フランス「仏独共通の歴史教科書――フランスとドイツの歴史家の協力の要石」剣持久木ほか編、前掲『歴史認識共有の地平――独仏共通教科書と日中韓の試み』）。

では、なぜ独仏共通歴史教科書は一般的な学校教育の現場に浸透しないのだろうか。剣持の調査によると、教員側の意見としては、①共通歴史教科書にいわゆる教師用指導書が用意されていないため、経験の浅い教員が使用するには準備等に負担が掛かること、②フランスに限っていうならば、共通歴史教科書に掲載されている内容はバカロレア対策には向かないものであり、一般の学校ではなかなか導入が進まない、というものが挙げられる（コリーヌ・ドゥ・フランス、前掲論文）。

また、剣持は、実際に共通歴史教科書で授業を受けた学生にもアンケート調査を行っている。これは、共通歴史教科書が一般的な学校現場に浸透しないことと直接的には関連しないが、参考までに紹介しておこう。独仏両国の学生ともに、共通歴史教科書には肯定的な意見が多かったという。具体的には、例えばフランスの学生からは「ドイツ人はフランス人よりも第二次世界大戦について彼らの過去をよく知っている。両国（の過去の克服過程）を並べた事は我々にも有益」という意見が見られ、ドイツの学生からは「両国についての情報が対置され、偏見がない」という意見が上がっている。一方で、否定的な意見としては、「ヨーロッパの国々が皆同じ歴史認識を持っているわけではないし、各国固有の歴史が脇に置かれてしまう」、「共通教科書はヨーロッパそれぞれの国の固有の歴史を消したり忘れさせたりする可能性がある」等の意見があるという。

ドゥ・フランスによると、こうした学校現場の声とは別に、独仏共通歴史教

科書の作成の試みそのものが、両国政府の政治の思惑に利用されているのではないか、という懸念もあるという。ドゥ・フランスは、このような懸念が生じる原因について、「おそらく、教科書の作成そのものには関わらなかったのに、できあがった教科書が公開される際、このプロジェクトの提案者として（エリゼ条約40周年記念で議論した）青少年たちが前面に強調されすぎたせいではないか」（コリーヌ・ドゥ・フランス、前掲論文、括弧内は引用者）と推察している。実際に、1935年の歴史教科書対話がナチス・ドイツによって政治利用されたということも、この懸念の背景にあるのではないだろうか。

　ここまで、ドイツとフランスによる共通歴史教科書の作成の軌跡を辿ってきた。いくつかの課題は残されているものの、互いの歴史認識について議論を重ね、両国で共有し得る歴史とは何かを模索した試みは多くの国々に影響を与えた。東アジアで取り組まれている共通歴史教材作成の試みもその一つである。次節では、日本・中国・韓国において試みられた共通歴史教材の作成過程について見ていこう。

3　日本・中国・韓国による共通歴史教材作成の試み
（1）動き出した試み

　2005年5月、日中韓が共同編集した共通歴史教材『未来をひらく歴史』が三カ国同時に刊行された。

　この教材を作成する直接の契機となった出来事は、前節で述べた独仏の場合と少し異なっている。その出来事とは、2001年に「新しい歴史教科書をつくる会」が編纂した歴史教科書をめぐるものである。「新しい歴史教科書をつくる会」は、従来、日本の教育現場で使用されてきた歴史教科書の内容を「自虐史観」に基づくものと批判し、「自虐史観」に基づいた歴史教育を受けた子どもたちが自国

写真5　日本語版『未来をひらく歴史』

に対する誇りをもてなくなることを憂慮した。そこで、「日本に誇りがもてる教科書を子どもたちに」というスローガンのもと、『新しい歴史教科書』（自由社、2015年）を出版した。

「新しい歴史教科書をつくる会」の考え方に対しては、日本の侵略の歴史を肯定・美化するものであるという厳しい批判が国内外から向けられ激しい議論が交わされたが、『新しい歴史教科書』は、議論の決着を待つことなく文部科学省の検定を通り、いくつかの都道府県の中学校および特別支援学校で採択された。そこで、「新しい歴史教科書をつくる会」の考え方やこの教科書の内容を批判する人々が、それぞれの国のナショナリズムを超えて、アジア諸国の有意義な関係性を構築し得るような「共通の」歴史教材を近隣諸国と共同で作成する試みを始めたのである[4]。

（2）共通歴史教材の作成過程

日中韓共通の歴史教材を作成するにあたり、2002年、第1回編集会議がソウルで開催された。参加メンバーの一人であった齋藤一晴によると、同会では以下に示す3点を基本方針とすることが決められたという（齋藤一晴『中国歴史教科書と東アジア歴史対話――日中韓3国共通教材づくりの現場から』花伝社、2008年）。

（1）　近現代史を対象とする。
（2）　通史ではなくテーマ別の内容にする。
（3）　自国中心の歴史叙述を克服する。

（1）に関しては、とりわけ日本のアジア侵略をメインテーマとすることが決定された。（2）で示されているように通史という形式を採用しなかった背景には、三国の歴史を一つにまとめ上げることに注力するのではなく、むしろ、三国が各々形成してきた歴史理解や歴史像を互いに話し合うことを通して、歴史を一つにすることが難しいという現実と向き合うところから始めよう、という議論がなされたためだという。（3）は、日本の侵略戦争の歴史をめぐって三国の立場や視点がどのように異なっているのかを認識することから始め、各国の歴史研究の動向や歴史教育実践の変遷、さらには国民感情として定着している戦争の記憶に関する情報を相互に交換することを通して実現をめざすこと

となった。

　ここまで、日中韓共同の共通歴史教材『未来をひらく歴史』の作成の背景を、簡単にではあるがまとめてきた。ここで一つ、注記しておかなければならないことがある。『未来をひらく歴史』は「教科書」として使用されることを目的として作られたものではない。それゆえ、この書籍は共通歴史「教材」と呼ばれている。編者らの目的は、この教材を、日本の侵略の歴史をアジアの視点から描き出した副教材として使用してもらうことであった。通史を採用しないことには、教材として位置づけられる資料であることも関わっている。この点は、先に取り上げた独仏による共通歴史教科書の取り組みとは大きく異なっている。
　また、独仏と異なるもう一つの点として原稿執筆の方法も挙げられる。独仏は執筆にあたり、一つの章を双方の代表者が共著で記述するという方法を採っていた。これに対し、『未来をひらく歴史』の作成にあたっては、日中韓三国による交流・対話の土台づくりが必ずしも十分に蓄積されてきたとはいえないという実情を踏まえ、章や節のタイトルは三国の話し合いによって決定した上でそれぞれの節ごとに担当国を決め、執筆者が各自で執筆するという形式を基本にしたという。もちろん、執筆された原稿の内容に関しては、三国の編者らが協議を重ね、幾度も修正したものとなっている。

（3）立ち現れた認識の壁

　『未来をひらく歴史』の作成にあたっては、各国の歴史理解や歴史記述の違いによる意見の衝突が度々あったという。具体的にどのような意見の衝突が生じ、どのような形で収束を図ったのか。事例を一部、紹介しよう。
　齋藤によると、戦争の記憶をめぐって三国で最も激しい議論が交わされたのが、日本の戦争被害に関する記述であったという（齋藤、前掲書）。日本では、分量や記述に多少の差はあるとしても、概ねどこの出版社の教科書であれ、南京大虐殺や韓国併合等のような日本の加害の歴史とともに、原爆投下のような日本の被害の歴史も記載されている。『未来をひらく歴史』においても、日本側の執筆者は加害・被害の歴史をどちらも記述しようとした。
　これに対し、中国と韓国からは次のような意見が寄せられた。「日本の侵略

戦争の被害を受けた国々では、原爆投下が戦争の終結を導いたと考える立場もとりうるが、そうした見方をどのように受けとめるのか」、「日本側は、被害面から戦争をとらえる傾向が強く、原爆の被害を『非人道的』といった言葉で象徴させることによって、自らの戦争責任を曖昧にすることにつながりかねないのではないか。」このような意見に対して日本側は次のように答えている。「原爆投下によって戦争が早期終結したというのは歴史的事実とは言い難い」、「日本の加害だけでなく被害の歴史も記述しているのは戦争責任を曖昧にするためではなく、戦争の歴史の全体像を明らかにするためである。」齋藤もまた、日本側の意図としては「むしろ自らの戦争責任を追及する姿勢を示すものであった」と説明を加えている。しかしながら、日本側の記述に対する中国・韓国からの修正要求は、その後も断続的に行われたという。

(4) 共通歴史教材の作成過程を再考する

　読者のなかには、上述の議論に対し、中国・韓国側こそ、いわゆる被害者意識を前面に押し出しており、日本側の応答は客観的な歴史的事実に基づいたものである、と思う人もいるのではないだろうか。しかしながら、独仏歴史教科書対話・作成を研究してきた近藤は次のように述べている。

　　　加害者にとって、自らの歴史に対して反省的であることは実は相対的に容易なのであって、本当に難しいのは被害者の立場から歴史を捉えることなのである。被害者の視点から歴史を理解する際には、自らの加害の事実を認識することは最低限必要だが、それだけでは十分ではない。そこでは、被害を受けた側の主体性を確認することが要求される。しかし、現実には、相手の立場に立つことは非常に困難である。つまり、過去に対する誠実な姿勢までもが自国中心主義的な傾向を免れにくい。(近藤、前掲書、傍点筆者)

　このような近藤の指摘を私たちは心に留めておく必要があるだろう。戦争の歴史の全体像を明らかにするために、加害だけでなく被害の歴史も記述したという日本の対応は、ある側面においては戦争という出来事がもたらした帰結と誠実に向き合った歴史認識であるといえるだろう。しかしながら、こうした歴

史認識が日本という国家が描いた一つの歴史像にすぎないということもまた、看過してはならない事実なのである。実際に中国・韓国との間に生じた意見の対立を目の当たりした齋藤は「原爆の投下で戦争が終結したわけではないとしても、原爆の投下によって戦争が終わったと当時のアジアの人々が感じたことも、また歴史の事実」(齋藤、前掲書)と述べている。

近藤は「過去に対する誠実な姿勢までもが自国中心主義的な傾向を免れにくい」という逃れ難い「障がい」があるからこそ、国家間の歴史教科書対話には特別な意義があるのだという。こうした近藤の考えは、第1節で紹介した国際歴史教科書対話の定義にも表れている。ここで改めて、その定義を確認しておこう。

> 国際教科書対話とは、――中略――各国の歴史教科書やその他の教材のなかに存在する自国中心主義的な記述を相互に指摘しあうことを通して、客観的で公正な理解に到達することを目指す活動のことをいう。そして、こうした活動は多くの場合、当然、教科書中の字句の訂正に満足するものではなく、そこに示された歴史理解の改善を通して、歴史教育全体をナショナリズムから解放し、より平和的なものとすること、さらには人々の歴史理解をより開かれたものにすることを究極の目標としている。(傍点筆者)

近藤がいみじくも述べているように、歴史教科書対話の目標は「ナショナリズムからの解放」であり、「人びとの歴史理解をより開かれたものにすること」である。そうであるならば、私たちは歴史を象る視野そのものを広げてみる必要がある。日中韓で行われてきたこれまでの共通歴史教材作成の試みは、国家間の歴史認識の相違について議論することを主眼に置いてきたために、ナショナルな歴史像からの脱却を図れていないのではないだろうか。近藤が指摘しているように、私たちが「国家の歴史」を語る時、その歴史は必然的に「自国中心主義的な傾向を免れにくい。」そうした傾向を抱えたままであれば、どれだけ対話を重ねても、複数国家の間でそれぞれのナショナリズムを強調するだけとなり、国家間の平和構築はおろか、有意義な関係性の構築も危うくなる。

例えば、仮に日中韓による一つの歴史を象ることに成功したとしても、それ

は三国を中心とした歴史を新たに作り出したというだけになる。周縁に位置づけられる国々の歴史（例えば、台湾やベトナムやタイ等の諸国、アイヌや沖縄、ウイグル族や済州島等）ないしは語られなくなる歴史（例えば個人史）がどうしても出てきてしまう。国家という視点を中心に置いた歴史の語りが抱えるこのような問題は東アジアに限ったことではない。共通歴史教科書の作成を成功させたドイツとフランスを含むヨーロッパ諸国もまた、同じ構造の問題を抱えている[5]。では、人々をナショナリズムから解放し、かつ、未来へ向けて人々の歴史理解をより開くことを可能とするような歴史を象る視点とはどのようなものなのだろうか。

＊　　　　＊　　　　＊

　2008年、シンポジウム「歴史和解のために」が開かれた。このシンポジウムのテーマは、緊張状態が続く東アジア情勢を受け、和解を求めてどういう手法で各国の歴史認識についてアプローチをしたらいいのかというものであった[6]。各々のパネリストが東アジア諸国で共有し得る歴史認識を形成するためにさまざまな提案をしていたが、とりわけ興味深かったのが台湾史を専門とする周婉窈（チョウ・ワンヤオ）による提案である。彼女の主張は「海洋史から、近代国家を考え直す」（朝日新聞2008年5月5日）というものであった。周によると、東アジア諸国がどのような筋道を辿って発展してきたのかを語る時、各国の歴史記述においてはその語りが自国中心主義的になっていて、東アジアの発展全体を捉える視点が描きにくくなっているという。周は、海を基点とすることによって、東アジア全体の発展の歴史を描くことができるのではないか、という考えを示している[7]。海は各国の重要な交流の場であったのであり、また、紛争の際にも欠かせない通路や場として機能してきた。それゆえ、海の歴史を辿る時、そこには必ず、東アジア諸国が共有し得る歴史がある、というのである。

　海洋史から歴史を象る試みは、海を中心に据えるため、歴史の主体をどこの国の誰に置くのか、という問題からは解き放たれる。海はすべての国家をつなぐ存在であり、さらにいうならば、国家なるものが誕生する遥か昔から存在していたものでもある。その意味するところは、いわゆる近代国家としての日本、中国、韓国の歴史が個々に成立する以前から、ナショナルな枠を超えて東アジ

ア各地をつなぐ歴史像を象ることができる、ということだ。

　このように海から歴史を象ることは、近代史のなかでは周縁に位置づけられることの多い国々や人々の歴史（先述のように、台湾やベトナムやタイ等の諸国、アイヌや沖縄、ウイグル族や済州島等）を再考する機会ともなり得る。

　海洋史という視点は、人々をナショナリズムから解放し、かつ、人々の歴史理解をより大きく開く可能性を多分に有している一つの視点である。しかしながら、ここで強調しておかなければならないことがある。それは、海洋史こそが正当な歴史認識を象る視点であると主張しているのではない、ということだ。歴史を象る視点は複層的であってよいのではないだろうか。近代国家を中心に据えた視点もまた、歴史を象る視点には違いない。私たちが共に歴史を語る時に求められることは、一つの視点に固執して歴史を見ることではなく、時に近代国家史という視点で、時に海洋史という視点で、そして時に個人史という視点で、というように、でき得る限りさまざまな視点から歴史の出来事を象るという構想力なのではないだろうか。こうした構想力を人々がもち得た時、国家の枠を超え出て、共に在る未来のために歴史を語るという場が築かれていくように思われる。

1）　教科書とは、「知・徳・体の調和がとれ、生涯にわたって自己実現を目指す自立した人間、公共の精神を尊び、国家・社会の形成に主体的に参画する国民及び我が国の伝統と文化を基盤として国際社会を生きる日本人の育成を目指す」ものである（『義務教育諸学校教科用図書検定基準』文部科学省HPより、一部抜粋）。この基準は教育基本法第2条（教育の目標）に基づいて定められている。
2）　歴史教科書をめぐる問題は、国際問題としてのみ表出しているのではない。家永教科書訴訟や新しい歴史教科書をつくる会による『新しい歴史教科書』の編纂に見られるように、日本国内においても歴史解釈や歴史記述をめぐる論争が起こっている。
3）　フランスのバカロレア（中等教育レベル認証の国家資格）とドイツのアビトゥア（中等教育修了資格ないし高等教育進学資格）の両資格を取得するコース。
4）　このような試みは1980年代から行われている。例えば、1984年には比較史・比較歴史教育研究会主催の「東アジア・歴史教育シンポジウム──自国史と世界史」に日本・中国・韓国・ベトナムの研究者や歴史教育の関係者らが参加し、歴史教育および歴史教科書記述に関する意見交流を行っている。このシンポジウムはその後、5年おきに開催されている。
5）　1992年、多国間対話の下に『ヨーロッパの歴史』という歴史共通教材が出版された。この教材作成には、フランス、ドイツ、イギリス、アイルランド、デンマーク、オランダ、ベルギー、スペイン、ポルトガルの計9カ国が参加した。しかしながら、トルコやギリシャなどの歴史記述が少なく、「ヨーロッパ」の定義がきわめて西ヨーロッパに偏っているという批判を浴びている。
6）　パネリストとして参加したのは日本・中国・韓国・台湾の歴史研究者らと、ドイツのゲオルク・エッカート国際教科書研究所の所長である。

7）　こうした海の視点で歴史を見る、という試みは日本国内においても見られる。赤坂憲雄によると、民俗学者・柳田國男の思想にはすでに、海洋史で日本の歴史を分析するという試みの片鱗を見ることができるという（赤坂憲雄『海の精神史――柳田國男の発生』小学館、2000年）。

参考文献

剣持久木・小菅信子・リオネル・バビッチ編『歴史認識共有の地平――独仏共通教科書と日中韓の試み』明石書店、2009年。

近藤孝弘『国際歴史教科書対話――ヨーロッパにおける過去の再編』中央公論社、1998年。

近藤孝弘『歴史教育と教科書――ドイツ、オーストリア、そして日本（岩波ブックレット）』岩波書店、2001年。

日中韓3国共通歴史教材委員会『未来をひらく歴史――日本・中国・韓国＝共同編集 東アジア3国の近現代史』高文研、2006年。

ペーター・ガイス、ギョーム・ル・カントレック監修『ドイツ・フランス共通歴史教科書【現代史】（世界の教科書シリーズ）』（福井憲彦・近藤孝弘監訳）明石書店、2008年。

齋藤一晴『中国歴史教科書と東アジア歴史対話――日中韓3国共通教材づくりの現場から』花伝社、2008年。

渡辺雅子編著『叙述のスタイルと歴史教育：教授法と教科書の国際比較』三元社、2003年。

出来事を物語ること、出来事の物語りを聴くこと

"かげ"に思いを馳せる

　「3.11」——2011年を境にこの表記は特別な意味を帯び、ある出来事を表象するものとなった。人々はこの数字から大地震、大津波を思い浮かべるだろう。このように、その出来事が起こる前と起こった後の私たちの世界の変容を象徴的に示す表記はほかにもある。例えば、「フクシマ」は土地名を表す「福島」とは明らかに別の意味を含むものとして用いられる。「フクシマ」と聞く時、私たちは多くの場合、原発事故という出来事を想起し、いまなお課題として残されている放射能汚染の問題について考えるだろう。また、「ヒロシマ」「ナガサキ」は戦争を想起させる代表的な言葉である。この言葉にふれる時、私たちは科学技術が誤った形で使用された結果、多くの命が一瞬で消え去ってしまった歴史に学び、核兵器の廃絶と平和な世界の構築を願うだろう。

　「フクシマ」「ヒロシマ」「ナガサキ」という言葉で表象される出来事の記憶は今日の世界に生きる人々が共有すべきであり、かつ、次世代に伝え続けるべき重大な課題である。そうであるからこそ、教育はこうした歴史的な出来事に関して正確な"事実"を子どもたちに伝えようと試みてきた。例えば、「ヒロシマ」に関して、私たちは原爆が投下された日時（1945年8月6日午前8時15分）や原爆がもたらした甚大な被害状況について、教科書を通して学んできたはずである。このような"事実"の伝達を通して、同じ過ちを二度と犯さないように教えることは、教育が担う重要な役割の一つである。

　だが一方で、次のような疑問が頭をよぎる。"事実"を知れば、私たちは起こった出来事を理解したことになるのだろうか。"事実"から取りこぼされてしまうものはないのだろうか。もし、そのようなものがあるとするならば、私たちはそれらとどのように向き合えばよいのだろうか。本章では、出来事を物語る

こと、そして出来事の物語りを聴くということに焦点を当てながら、この一連の問題について考えてみたい。

1 "事実"の傍らで漂う"かげ"

あなたは「ひめゆり学徒隊」と呼ばれた少女たちの存在を知っているだろうか。彼女たちは、第二次世界大戦中、日本で唯一の地上戦が行われた沖縄の地で従軍看護を担い、多くが戦禍で命を落とした。そのほとんどが砲弾を受けた負傷によるものであるが、なかには集団自決によるものもある。「ひめゆり学徒隊」の死は第二次世界大戦後、日本の平和教育のなかで重要な役割を担ってきた。うら若き純真無垢な乙女たちが戦争という未曾有の暴力によってその尊い命を奪われた──この語りは戦争を二度と起こしてはならないという感情を聴き手あるいは学習者に喚起させるのに、十分に有効なものであった。

ところで、あなたは「ふじ学徒隊」と呼ばれた少女たちを知っているだろうか。おそらく、知っている人は少ないだろう。なぜ「ふじ学徒隊」はあまり知られていないのか。

「ふじ学徒隊」は、想像を絶する惨劇といわれた沖縄の地上戦において25名中、23名の学徒が生き残った部隊であった[1]。生き残った者たちが多いという事実は一見すると、悲惨な戦争体験の語り手が多いことを意味するように思われる。しかしながら、実際のところ、「ふじ学徒隊」の多くは語らない（あるいは語れない）生者として生きるしかなかった。「ひめゆり学徒隊」を主題とする映画『ひめゆりの塔』が1953年に製作されたのに対し、「ふじ学徒隊」を主題とする映画『ふじ学徒隊』が製作されたのは2012年のことである。「ふじ学徒隊」の生存者らによる戦争体験集『平和を祈って』（積徳高等女学校昭和20年卒記念誌）が出版されたのも、戦後48年が経過した1993年のことである。

もちろん、彼女たちは公的に語ることを禁じられていたわけではない。だが、戦後長い間、「沖縄戦」の記憶が語られる時につねに引き合いに出されたのは、悲惨な地上戦で健気に兵士の傷の手当てをし、儚く散っていた乙女としての「ひめゆり学徒隊」であった。「ふじ学徒隊」の記憶は「ひめゆり学徒隊」の"事実"の傍らで"かげ"のように漂っていた。「ふじ学徒隊」の少女たちも、「ひ

めゆり学徒隊」と同様、戦争という出来事に翻弄された犠牲者には違いない。にもかかわらず、「ひめゆり学徒隊」に焦点づけて「沖縄戦」の記憶が語られる傍らで彼女たちは"かげ"のように漂わざるを得なかった。

　これには、犠牲者のなかでもとりわけ死者こそが戦争の悲惨さを伝えるのにふさわしい存在（英霊）として祀り上げられてきたことが関係している。矢野智司は、ある出来事の犠牲者＝死者への負い目がその死者への感謝の物語として立ち現れることがある、と述べる（矢野智司「死者への負い目と贈与としての教育——教育の起源論からみた戦後教育学の課題と限界点——」『近代教育フォーラム』No.16、2007年）。例えば、ひめゆり学徒隊に関する資料を展示しているひめゆり平和祈念資料館には、次のような感想がたびたび寄せられるという。「彼女たちの死は戦争を知らない者に戦争の悲惨さを教えてくれる。」「彼女たちの死があったからこそ、今のような平和な日本があるのだと思う。」これは、死者に対する負い目に根ざす生者の感謝の語りだといえるだろう。死者に対する負い目に根ざす生者のこうした感謝の語りは、それを聴く者に対して、結果として「私たち日本人」というアイデンティティの共有を要請・促進するものとして機能してしまうことがある。つまり、「私たち日本人」の戦争の記憶とは何であるか（何であるべきか）というように、民族主義的な観点で戦争という出来事の記憶を形作ってしまうことがあるのだ。

　「私たち日本人」の一人として死んでいった者への負い目に根ざす生者の感謝の語りを通して戦争の記憶を後世に伝えてこうとすると、たいていの場合、「私たち日本人」を特に象徴する死者にのみ、スポットライトを当てることとなる。そうなると、その傍らで漂わざるを得ない"かげ"が生まれてしまう。"かげ"とは、例えば、上述の「ふじ学徒隊」のような人々であり、東アジアで死んでいった人々であり、また、そこで生き延びた人々である。

　ここで注意しておかなければならないのは、「ひめゆり学徒隊」の歴史を後世に伝えようと尽力してきた人々が「ふじ学徒隊」にまつわる歴史的な出来事を意図的に"かげ"へと追いやったわけではない、ということだ。こうした人々の多くは、子どもたちに戦争という悲惨な出来事の記憶を残すことを通して、そのような惨事を二度と起こしてはならないということを伝えようと試みてい

る。だからこそ、非業の死を遂げた「ひめゆり学徒隊」の死を、忘れてはいけない重要な記憶として伝え続けてきたのだ。戦争の悲惨さを強調して伝えようとする時、多くの死者を出した「ひめゆり学徒隊」にまつわる語りは、戦争を生き延びた者の語りよりも、さらなる悲壮感をもって戦争の惨状について伝えることになるだろう。だが他方で、その場合、"かげ"に追いやられた人々にとっては自らの生の悲惨や苦悩、あるいは死の恐怖や理不尽さを語ることが難しくなる。沖縄戦という悲惨な出来事の記憶を後世に残さねばならないという使命感の下、「ひめゆり学徒隊」の悲劇を懸命に伝え続けてきた善き人々の前では、「ふじ学徒隊」が自らの生の悲惨や苦悩あるいは死の恐怖や理不尽さを語ることは難しかったのではないか。

　では、"かげ"を生み出さないようにでき得る限りの努力をして、一人でも多くの人々にスポットライトを当てればよいのだろうか。もちろん、そうした努力も大切であるし、実際に、戦争の被害者や他の災害の被災者に対してそうした取り組みを行っている団体もある。しかしながら、出来事を体験した者の体験すべてに網羅的に光を当てることは難しい。だとすれば、"かげ"は光を当てられることなく、人知れず消えていくしかないのだろうか。

2　"かげ"を物語るということ

　光を当てるのとは異なる方法で"かげ"に迫ろうとする試みがある。本節では、その試みの一つとして、文学で"物語る"という営みを紹介したい。とりわけ、本節では目取真俊の代表的な作品の一つである『水滴』（文藝春秋、1997年）の作品分析を通して、"かげ"をいかにして語り得るのかについて考えてみよう。

　『水滴』のあらすじは次の通りである。沖縄戦を体験した一人の老人、徳生（とくしょう）は、毎年6月23日の「沖縄戦戦没者慰霊の日」が近づくころになると、近隣の学校で自らの戦争体験を語り聴かせていた。当初、徳生は語り聴かせを辞退しようとした。思い出したくない戦争の記憶が甦るのを恐れたためだ。しかしながら、熱心に依頼する若い教師の粘り強さに根負けし、自らを奮い立たせ、語り部として講演に臨んだ。初講演の際、徳生は緊張と不安から終始うつむいたまま、あらかじめ共通語で書いてきた原稿を読んだ。日常生活では方言で話す

ことが多い徳生であったが、馴れない共通語につかえながらも、彼は真剣に話を聴く子どもたちに向けて用意してきた原稿を無我夢中で読んだ。語り終えた徳生を待っていたのは、感動の涙を流しながら拍手をする子どもたちの姿であった。徳生は驚きを隠せなかった。「何がそんなに子供たちを感動させたのか分からなかった」からだ。

　この講演は評判となり、徳生には、近隣の学校だけでなく、大学の調査グループや新聞社からの講演依頼も来るようになった。真剣な眼差しで聴き、感動して涙を流す人々の姿を前に、徳生の語りはしだいに変化していく。当初は、慣れない共通語につかえながらも無我夢中で原稿を読んでいた徳生も、幾度か講演をこなすと、「相手がどういうところを聞きたがっているのかわかるようになり、あまりうまく話しすぎないようにするのが大切」であることにも気づくようになっていった。この様子を側で見ていた妻・ウシは、徳生に次のように忠告をする。

　　嘘物言いして戦場の哀れ事語てぃ銭儲けしよって、今に罰被るよ
　　（ゆくしむぬ）　　（いくさば）　　　（じんもう）　　　　　　　（ばちかぶ）

　ウシにいわれるまでもなく、徳生は公の場で自らの戦争体験を語ることに負い目を感じていた。語る内容のすべてが「嘘」ではなかったが、子どもたちに語っていないこと、いや、語れないことがあったからだ。それでも、子どもたちから拍手や花束、感謝の言葉をもらうと嬉しくなり、講演を断ることができなかった。

　講演を始めてから十数年が経過したある６月、徳生の足が突然、冬瓜のように膨れ上がってしまう。それだけではない。体の自由がきかず、声も出せない。目はうつろに開いた状態で、端から見ると昏睡状態のようである。医師にも原因がさっぱりわからない。ところが、徳生の意識はしっかりしており、周囲の声もちゃんと耳に届いている。ある深夜、徳生がひとり寝室で寝ていると、深い傷を負った軍服の兵隊と思しき亡霊たちが列をなして現れた。彼らは、徳生の足元にひざまずいて膨れ上がった足から滴る水を飲んでいる。彼らは徳生に危害を加えることもなく、敬礼をして静かに壁の向こうへ消えていった。

兵隊たちに一晩中吸われたことによって一時的にしぼんだ足は、翌朝になるとまた腫れ出した。そして、深夜になると再び兵隊たちが腫れた足の水を飲みにやってきた。徳生は、彼らの「渇きをいやすことが唯一の罪滅ぼしのような気がして、親指を吸われることに喜びさえ覚え」ていた。

　三日目の晩、徳生はあることに気づく。列をなしている兵隊たちのなかに「石嶺」がいたのだ。石嶺は徳生と同じ鉄血勤皇隊員として部隊に配属され、共に沖縄戦の最前線で戦った仲間であり、「他の仲間には言えない本音を言い合う」関係にあった。石嶺の存在に気づいた時から、徳生は「とっくに気づいていながら認めまいとしてきたこと」を意識せざるを得なくなる。夜ごと現れる兵隊たちは皆、徳生や石嶺と同じ部隊に属し、瀕死の怪我を負ったがゆえに防空壕に取り残された者たちであった。なぜ自分がこんな目に遭わなければならないのか。嘆く徳生の脳裏に浮かんだのは、ウシのあの言葉であった。

　　嘘物言（ゆくしむぬ）いして戦場（いくさば）の哀れ事語（じんもう）てぃ銭儲けしよって、今に罰被（ばちかぶ）るよ

　あの戦争の最中、徳生が所属していた部隊は別の壕へと移動するように命じられた。「置いていかれるのを察知して助けを求める」瀕死の兵隊たちと、それを叱りつける下士官の怒号が聞こえるなか、徳生は途方に暮れた。傍らに瀕死の石嶺がいたからだ。じっと動けずにいたあの時、徳生はもしかしたらそのまま、石嶺とともに壕に残って死ぬつもりだったのかもしれない。

　ふと、徳生は隣で息絶えそうな石嶺に呼ばれた気がした。なけなしの水筒の水を石嶺の唇にこぼした徳生は、石嶺の口から滴り落ちる水を目にした途端、我慢できなくなり、貪るように水筒の水をすべて飲んでしまう。そして、「赦してとらせよ、石嶺……」といい残し、壕の外に向かって走り出したのであった。

　あれから数十年を経たいま、石嶺の亡霊は突然、徳生の前に姿を現し、彼の足の水を吸うのであった。２週間が経つころ、夜ごと現れ、水分補給をし、渇きを癒し続けてきた兵隊たちは少しずつ元気になり、談笑をするまでになっていた。徳生はしだいに恐れを抱く。この先ずっと、壕に仲間を置き去りにした

という記憶と死ぬ瞬間まで向き合い続けることになるのではないか。徳生は石嶺に懇願する。

　　イシミネよ、赦してとらせ……

　徳生にとっては渾身の謝罪であった。石嶺はただ微笑みながら徳生を見つめている。老い果ててなお、過去の罪を前に恐れ戦いている徳生。そんな徳生とは対照的に、戦争に参加したことの責任や罪をつきつけられることもなく、戦後の苦労など何も知らずに死んでいった石嶺は、17歳の若き姿のまま、爽やかに微笑んでいる。突如、徳生のなかに怒りが込み上げてきた。ついに、徳生は自らの思いを石嶺にぶつける。

　　この五十年の哀れ、お前が分かるか

　徳生の怒りを受けて、石嶺は「ありがとう。やっと渇きがとれたよ」といい残して去って行った。それは、生きていたころの石嶺からは聴いたことのないきれいな共通語であった。

3　物語ること、物語りを聴くことの可能性

　『水滴』の主題は一人の語り部が抱える負い目である。しかしながら、負い目だけが物語られているのではない。そこには、公の語りの傍らに漂う"かげ"が描かれている。
　『水滴』における公の語りとは何か。それは、徳生が馴れない共通語で聴き手の反応に合わせて形作っていた語りである。徳生は普段、沖縄の方言を使って生活をしている。ところが、公の場で話をするとなると方言は馴染まない。公の場では、誰もがわかる共通語で語ることが求められるからだ。悲惨な戦争体験を後世に伝えるために、共通語で、聴き手が関心をもちそうな部分とそうでない部分を調整しながら形作られる公の語り。それは決して「嘘」ではない。だが、"事実"そのものでもない。徳生には語らずに秘めたままにしておきたい記憶があったからだ。それにもかかわらず、語り部として徳生が形作った公の

語りは人々に共有され、後世に引き継いでいくべき「戦争体験」として広く受け入れられていった。

だが、つねに"かげ"が傍らで徳生にまとわりついていた。それは、石嶺にまつわる記憶である。その記憶は、忘れ去りたい記憶であると同時にどうしても忘れることのできない記憶でもあった。石嶺を壕に置き去りにしたという、長年連れ添ってきた妻・ウシにも話したことがないほどの負い目は、徳生の戦争体験のまさに中核をなす記憶であった。

『水滴』は、学校等の公の場で語られる「戦争体験」の記憶と、石嶺にまつわる"かげ"という徳生個人の記憶とを対照的に描いている。徳生が語った公の語りは、「嘘」ではないが事実そのものとも異なるものだった。そこには、真剣に聴いている聴衆に受け入れられるように語りたいという徳生の思いがあった。徳生は、聴衆が求める語りを、意識的にか無意識的にか、形作っていたのだ。

そもそも、"事実"を公の場で語ることは、語り部をある種の暴力に晒す危険性を伴う。例えば、徳生にとって、体験した事実をそのまま語るということはすなわち、石嶺を壕に置き去りにしたという事実もすべて公に晒すことを意味する。その場合、聴衆のなかにたった一人でもため息をつく者がいたならば——たとえ、そのため息が徳生の語った事実そのものに嫌悪感を示したわけではなくても——それは徳生を深く傷つけることとなっただろう。

さらに、公の場で語るという行為そのものが、語り部に自らの"かげ"を強く意識させ、彼（女）らを追い込んでしまう可能性もある。例えば、徳生は、「嘘」ではないが事実そのものでもない公の語りを語れば語るほど罪責の念に駆られ、ついには、ずっと自らの心のうちに密かにしまっていた石嶺の記憶と向き合い、葛藤することを余儀なくされた。

ここで考えてほしい。徳生を、そうした危険や葛藤を伴う場に立たせているのは誰だろうか。徳生はきっと、熱心な若い教師に依頼されなかったならば、そして、子どもたちが真摯に徳生の語りを受け止めていなければ、積極的に公の場で語ることはしなかっただろう。語り部として公の場で語ることを徳生に決意させたもの、それは、徳生の語りに熱心に耳を傾け、涙を流して拍手をす

る子どもたちであり、そうした次世代を担う子どもたちに対し、戦争という出来事がもつ重要な課題を伝達しようと真摯に取り組んでいる私たち一人ひとりである。

　『水滴』の最後、石嶺はきれいな共通語の「ありがとう」という一言を残して去って行く。これは何を意味しているのだろうか。亡霊・石嶺は、果たしてかつて徳生と語り合った、あの石嶺だったのだろうか。共通語の「ありがとう」を受けて、徳生は自らの罪を許してもらえたと思えたのだろうか。また、その後、徳生はそれまでと同じように、公の場で共通語を駆使し、子どもたちに向けて戦争体験を語り続けることができたのだろうか。

　小説『水滴』は事実ではない。いわゆる物語りである。しかしながら、徳生という架空の戦争体験者は、現実にいるであろう多くの戦争体験者の生を象徴してもいる。過酷な戦争を生き延びた一人ひとりの戦争の記憶のなかに、徳生にとっての石嶺がいるのではないだろうか。出来事の体験者の語りに耳を傾ける時、目の前の体験者の傍らに"かげ"が漂っているかもしれないことを心に留めつつ、彼（女）らの語りを聴くという姿勢もまた、大切なのではないか。

＊　　　　＊　　　　＊

　ここで、あらためて「ひめゆり学徒隊」の事例に立ち戻ってみたい。「ひめゆり学徒隊」として戦時中に従軍看護を担った人々がいたことも、彼女たちがまだうら若い少女であったことも、彼女たちの多くが戦争で命を落としたことも事実には違いない。しかしながら、「ひめゆり学徒隊」の語りが学校教育やメディアを通じて語られる時、それは多くの場合、「うら若き純真無垢な乙女の死」として伝えられてきた。そうした語りは、「ひめゆり学徒隊」以外の戦争体験者を表象するものとしては機能しないこともしばしばある。

　また、「うら若き純真無垢な乙女の死」という「ひめゆり学徒隊」の語りは、「ひめゆり学徒隊」と呼ばれた彼女たち一人ひとりの戦争体験の事実すべてを表しているとも限らない。「ひめゆり学徒隊」の一人ひとりに、徳生と同じような語れない"かげ"があったかもしれない。このように、"かげ"が出来事の体験者一人ひとりについてまわるだろうことに思いを馳せる時、私たちは、語られた"事実"を知りさえすれば、一人ひとりが実際に生きただろう出来事を理解

できたといえなくなるのではないだろうか。

　本章では、戦争という出来事を事例として、生きられた体験の記憶には、公の場で語られ得る"事実"と共に"かげ"が漂っていることがしばしばある、ということを論じてきた。このことは何も戦争という出来事にのみに当てはまるものではない。震災や公害病等、この世界には後世に語り継がれるべき出来事の記憶が数多く存在する。震災で大切な人を失った人々の姿が報道される一方で、自分の大切な人たちはみな助かった。誰かを失った人たちのことを考えると、とてもじゃないが、自分の体験を震災体験として語ることなどできない、と沈黙する人がいる。水俣病に関する訴訟や運動が公的機関に史料として残され、学校の歴史教科書に記載される一方で、訴訟や運動に参加しなかった（あるいは、できなかった）水俣病患者や、メチル水銀を流したチッソ工場で親族が働いていたという境遇に置かれた人々がどのように過ごしていたのかは、公にはほとんど語られない。

　"事実"に基づく公の語りに耳を傾けつつも、一方で、公の語りの傍らで漂う"かげ"に思いを馳せる構想力もまた、重要であろう。こうした構想力を育てることも、教育が担うべき役割の一つであるように思われる。

1）　戦時中に亡くなったのは2名であるが、終戦後、自ら命を絶った者も1名いた。「ふじ学徒隊」で生き残った人々はこの1名も戦争によって死に追いやられた者であると語り、「ふじ学徒隊」の戦没者は3名であるとしている。

参考文献

目取真俊『水滴』文藝春秋、1997年。
野村岳也監督作品『ふじ学徒隊』海燕社、2012年。
岡真理『記憶／物語』岩波書店、2000年。
スーザン・ブーテレイ『目取真俊の世界——歴史・記録・物語』影書房、2011年。
東北学院大学震災の記録プロジェクト金菱清（ゼミナール）編『呼び覚まされる霊性の震災学：3.11生と死のはざまで』新曜社、2016年。
山名淳・矢野智司編著『災害と厄災の記憶を伝える：教育学は何ができるのか』勁草書房、2017年。
矢野智司「死者への負い目と贈与としての教育——教育の起源論からみた戦後教育学の課題と限界点——」教育思想史学会『近代教育フォーラム』No.16、1-10頁、2007年。
米山リサ（小沢弘明・小澤祥子・小田島勝浩訳）『広島：記憶のポリティクス』岩波書店、2005年。

索　引

ESD　187, 188, 193, 196
PISA　26, 58, 135-139
TIMSS　26, 58, 135-137, 139

ア行

愛着（attachment）　37, 41
アカデミー　45
アタッチメント理論　37
アップル　147
アビ改革　48
アボッツホーム校　86, 88
アメリカ対日教育使節団　24
アリエス　14, 78, 79, 100
アンダーペイドワーク　172
アンペイドワーク　171, 172
生きる力　58
一斉教授　21, 67
『一般教育学』　113
一般ドイツ幼稚園　111
伊藤博文　17, 18
井上毅　18
インクルーシヴ教育　72, 73
インクルージョン　63
『隠者の夕暮れ』　107
インテグレーション教育　63, 73
ウィリス　146, 147
乳母　31-34
負い目　219, 224
『エミール』　100, 102, 104-106
恩物　32, 33, 111

カ行

改正高等学校令　53
学事奨励ニ関スル被仰出書　15
学習指導要領　25, 26, 55-59, 62, 138, 141, 189
学制　15-17, 32, 50, 65, 66
『学問芸術論』　100, 101
学力格差　137, 138, 140, 148-150, 159
学力低下　60, 137, 138, 147
学力低下論争　58, 59, 138, 140

学校化（された）社会　11, 27
学校教育法　10, 25, 60, 70, 73
家父長制　173
仮親　31
干渉教育令　17
観念連合　98
期待される人間像　25, 26
ギムナジウム　44, 48
義務標準法　56
球体法則　110
教育格差　3, 132-140, 142, 150, 148-150
教育学的誤謬　147, 148, 150
教育基本法　25, 28, 69, 70, 122, 215
教育刷新委員会　69, 70
教育勅語（教育ニ関スル勅語）　18, 19, 25, 60
教育的タクト　114, 115
教育的な統合（インテグレーション）　73
『教育に関する考察』　96, 98
教育の「逆コース」　25
教育の四大指令　55
教育令　17
教学聖旨　18
共通歴史教科書　202, 203, 205-209, 211, 214
共通歴史教材　202, 209-213
規律訓練　14, 15
ギルド　44, 45
ギンタス　147
グラマースクール　44, 48
グローバル・スタディーズ　188, 193, 196
ケイ　34
ケイパビリティ（capability）　160-163, 165
ゲオルク・エッカート国際教科書研究所　205, 215
ゲザムトシューレ　48, 49
『ゲルトルートはいかにその子を教えるか』　108
効果のある学校　148-150
郷校　12
工場法　82, 83

高等学校令　52
高等師範学校　52
高等女学校令　51, 54
公民館　122
合理的配慮　74, 75
国際教育（International Education）　186, 187, 191–193, 196, 198, 199
国際理解教育　184–193, 195, 196, 198, 199
国民学校　24
国民学校令　24
国民実践要領　25
5段階教授法　21, 114
子ども中心主義　22, 87–89
『〈子ども〉の誕生』　78, 79
〈子ども〉の発見　14
子どもの発見者　99, 100
子どもの貧困　3, 151, 156, 158, 159, 163, 165
コメニウス　91–96, 99, 108
コレージュ　44, 46–48
コンドルセ　46, 47
コンプリヘンシヴスクール　48, 49

サ 行

再生産　3, 133, 141, 143–145, 147, 150, 171
再生産労働　170–172
サマランカ声明　73
3歳児神話　36, 38–41
ジェンダー　3, 167–170, 173–182
『ジェンダー・トラブル』　176
ジェンダー・フリー　182
ジェントルマン教育（論）　96–98
死者への負い目　219
私塾　12
自然的教育　104
思想善導　23, 24, 53, 54, 119
七自由学芸　44
シチズンシップ教育　188
実業学校令　51, 54
実業補習学校　52, 60
実用専門学校　44
児童中心主義　36
児童福祉法　30
師範学校　52

師範学校令　17, 51, 52, 54
市民　188, 193
市民性教育　193, 196
社会化　12, 27, 141–144
社会教育　117, 122, 125, 129
社会教育法　118, 122, 124, 125, 130
『社会契約論』　101
社会的マイノリティ　183
シャドウ・ワーク　171
自由教育令　17
修道院学校　43
『シュタンツ便り』　108
生涯学習　117, 118, 123–126, 129, 130
生涯教育　117
障がい児教育　63–69, 71, 72
障害者差別解消法　74
障害者の権利に関する条約　62, 74
障害を理由とする差別の解消の推進に関する法律（障害者差別解消法）　74
小学校祝日大祭日儀式規定　19
小学校令　17, 51, 66
消極的教育　104
昌平坂学問所　12
助教法（モニトリアル・システム）　21
女性解放運動　173
ショーン　42
自力更生運動（農山漁村経済更生運動）　121, 129
新教育　86, 88, 89
新教育運動　78
尋常師範学校　52, 54
新日本建設ノ教育方針　25
黒塗教科書　25
生産労働　170–172
青年学校　60
『世界図絵』　93, 95
セクシュアリティ　167–168, 175, 177, 178, 181, 182
セクシュアル・マイノリティ　176, 177, 181, 182
セックス　168, 176
総合的な学習の時間　58, 138, 190–193
相対的貧困　151–154

タ 行

第一次小学校令　66
第一派フェミニズム　173
『大教授学』　93
第三次小学校令　21, 66
大正自由教育運動（大正新教育運動）　22-24, 28, 35, 67
第二次小学校令　19
第二波フェミニズム　173-175
確かな学力　58, 59, 147
タブラ・ラサ　98
『探究』　107
小さい大人　78, 79
力のある学校　148
地球市民　191, 196, 197
知能検査　67
地方改良運動　120, 129
中央教育審議会　25, 26, 57, 123, 189, 194
中学校令　17, 51, 54
中等学校令　54
ツィラー　114
帝国大学令　17, 51
デイム・スクール（おばさん学校）　79, 81, 82, 84, 88
テクニカルスクール　48
寺子屋　12, 13, 21
統一学校運動　47
特殊教育　63, 73, 74
特別支援教育　63, 72, 76
特別ニーズ教育　73
特別ニーズ教育に関する世界会議　73
ドルトン・プラン　87, 88

ナ 行

二部教授　21
『人間知性論』　96
人間の教育　110
『人間不平等起源論』　101
ヌスバウム　160, 164, 166
ノーマライゼーション　72

ハ 行

ハウスクネヒト　21
ハウプトシューレ（基幹学校）　44, 45, 48

パーカースト　87
『白鳥の歌』　109
八大教育主張　23
バトラー　175, 176
林羅山　12
藩校　12
バーンスティン　147
反省的実践家　42
汎知学（Pansophia）　92-94
非現実化の暴力　177
非正規雇用　128
非正規雇用者　126
非正規雇用率　153
非正規労働者　170
ビネー　67
ひめゆり学徒隊　218-220, 225
貧困率　151, 153
貧民教育論　96
フェミニズム　167-169, 175, 176
フェミニズム運動　174
フェミニズム教育　168, 169, 182
ふじ学徒隊　218, 219, 226
フレーベル　32, 33, 106, 109-112
ブルデュー　144-147
文化資本　145
文法学校　44
ペスタロッチ　106, 109, 110, 112, 113
ベル　21, 85
ヘルバルト　106, 109, 112, 113, 115
ヘルバルト学派　21, 22, 114, 115
ボーヴォワール　174
ボウルビィ　36-39
ホスピタリズム（施設病）　36
母性　34, 35, 37, 39, 42
ボールズ　147

マ 行

マイノリティ　3, 129, 181, 182
マジョリティ　3, 182
『未来をひらく歴史』　209, 211
メトーデ（die Methiode）　108-110, 113
モダンスクール　48
元田永孚　18
モニトリアル・システム　85, 86
森有礼　17, 50, 52, 54

ヤ 行

山川菊栄　13
ゆとり教育　58-60
ユネスコ　73, 185, 189, 192
幼稚園教育要領　62
幼稚部教育要領　62
4段階教授法　113, 114

ラ 行

ライン　114
ランカスター　21, 85, 86
ラングラン　117
ランジュヴァン改革　47
リカレント教育　11
陸軍現役将校学校配属令　53
リセー　46-48
リテラシー　135
臨時教育審議会　123
『リーンハルトとゲルトルート』　107
ルソー　99-105
レアールシューレ（実科学校）　44, 45, 48
歴史教科書対話　202-205, 207, 213
歴史共通教材　215
レディ　86
連合国最高司令官総司令部（GHQ）の民間情報教育局（CIE）　24, 55
労働学校案　97, 98
ロック　91, 92, 95-99

子どもと教育の未来を考える Ⅱ

2017年10月15日　初版第1刷発行
2023年9月15日　初版第4刷発行

編著者　岡　部　美　香

発行者　木　村　慎　也

・定価はカバーに表示　　印刷　恵友社／製本　和光堂

発行所　株式会社　北樹出版
URL:http://www.hokuju.jp

〒153-0061　東京都目黒区中目黒1-2-6　電話(03)3715-1525(代表)

© Mika Okabe. 2017, Printed in Japan　　ISBN978-4-7793-0554-2
（落丁・乱丁の場合はお取り替えします）